Thomas Meyer

Was ist
Politik?

VS VERLAG FÜR SOZIALWISSENSCHAFTEN

Bibliografische Information Der Deutschen Bibliothek
Die Deutsche Bibliothek verzeichnet diese Publikation in der Deutschen
Nationalbibliografie; detaillierte bibliografische Daten sind im Internet über
<http://dnb.ddb.de> abrufbar.

1. Auflage Januar 2003
Unveränderter Nachdruck der 1. Auflage 2006

Alle Rechte vorbehalten
© VS Verlag für Sozialwissenschaften | GWV Fachverlage GmbH, Wiesbaden 2006

Lektorat: Frank Schindler

Der VS Verlag für Sozialwissenschaften ist ein Unternehmen von
Springer Science+Business Media.
www.vs-verlag.de

Umschlaggestaltung: KünkelLopka Medienentwicklung, Heidelberg
Druck und buchbinderische Verarbeitung: MercedesDruck, Berlin
Gedruckt auf säurefreiem und chlorfrei gebleichtem Papier
Printed in Germany

ISBN-10 3-8100-3545-9
ISBN-13 978-3-8100-3545-5

Inhalt

Vorwort

Das vorliegende Buch ist aus der praktischen Seminararbeit hervor gegangen und für diese gedacht. Es entspricht in der Auswahl der Themen, im Niveau der Darstellung und hinsichtlich der verwerteten Quellen annähernd dem, was in einem Einführungsseminar geleistet werden kann. Es ist in keiner Hinsicht auf Vollständigkeit angelegt, will aber das Weiterfragen durch gezielte Verweise anregen. Wunsch und Absicht des Autors bestehen vielmehr darin, durch den Zugang zu den Themen, die Art der Darstellung und die Auswahl der behandelten Fragen ein fundiertes Verständnis der Eigenart des Politischen, seiner charakteristischen *Logik*, zu ermöglichen.

Der spezifische Zuschnitt der Themen spiegelt auch Seminardiskussionen wieder, die sich aus den grundlegenden Fragen häufig ergeben haben. Das gilt besonders für die neu hinzu gekommenen Kapitel 15 bis 18. Soweit bei den einzelnen behandelten Autoren jeweils auf ein Werk verwiesen wird, wären für begleitende Seminararbeiten je nach unterschiedlichen Voraussetzungen die geeigneten Teile davon auszuwählen.

Für die kritische Durchsicht des Textes der ersten Auflage und Hinweise zum ganzen oder zu einzelnen Teilen des Buches dankt der Verfasser sehr herzlich Prof. Dr. Ulrich von Alemann, Universität Düsseldorf, Prof. Dr. Reimund Seidelmann, Universität Gießen, Prof. Dr. Mario Telo, Université Libre, Brüssel und Dr. Johannes Kandel, Akademie der politischen Bildung. Friedrich-Ebert-Stiftung, Berlin. Für eine kritische Durchsicht auch der zweiten Auflage und zahlreiche wichtige Anregungen ist Frau Kristina Wied, Dipl.-Journalistin, Universität Münster, Frau Anja Mikler M.A., Universität Dortmund und Herrn Priv.-Doz. Dr. Udo Vorholt, Universität Dortmund zu danken. Die Verantwortung für das Buch trägt natürlich der Autor allein.

Einleitung

Die Allgegenwart der Politik in den Medien

Das Thema Politik ist in der heutigen Mediengesellschaft allgegenwärtig. In Magazinen, Talkshows, den vielfachen täglichen Nachrichten, Meldungen und Kommentaren fast aller Gattungen und Formate der Massenmedien begegnet es uns auf Schritt und Tritt. Wohl nie zuvor in der Geschichte war das Informationsangebot zu Themen, Ereignissen, Schauplätzen und Personen der Politik so reichhaltig, vielfältig und jederzeit leicht zugänglich wie im Zeitalter der elektronischen Massenmedien. Es könnte daher scheinen, als werden die Bürger nunmehr so umfassend, gründlich und dauerhaft mit allen Informationen, Erklärungen und Deutungen zum politischen Leben versorgt, dass sich weitere Angebote zum Verständnis des Politischen erübrigen. Es könnte auch scheinen, als treten die Massenmedien mit ihren politischen Informationsangeboten allmählich an die Stelle der politischen Bildung.

In merkwürdigem Kontrast zur medialen Allgegenwart des Themas findet sich in der einschlägigen Literatur eine stattliche Reihe von Abschiedserklärungen und sogar unverblümten Nachrufen an die Sache, um die es bei alledem letztlich gehen soll. In Büchern und Artikeln wird seit dem Anfang der neunziger Jahre das *Ende der Politik* deklariert. Zur Begründung werden Argumente ins Feld geführt, die durchaus Gewicht haben. Von ihnen wird in diesem Buch in den abschließenden Kapiteln ausführlich die Rede sein.

Bei beiden Vorstellungen, der von der unbegrenzten Verfügbarkeit angemessener Informationen zum Verständnis der Politik und der von ihrem Ende, handelt es sich bei Licht besehen um komplementäre Missverständnisse. Sie liegen allerdings in der Erfahrungswelt der Mediengesellschaft, die sich seit kurzem rasch und gründlich durchgesetzt hat, nahe. Diese neuen Erfahrungen sind Anlass zur vorliegenden *Einführung in die Politik,* insbesondere ihrer Konzentration auf die Logik des Politischen sowie die Auswahl der herausgehobenen Themen.

Die unentwegte Thematisierung von Politik, die allgegenwärtige Präsentation ihrer jeweils prominenten Spitzenakteure und die fortwährende Erwähnung von Ereignissen, Problemen und Stichworten aus dem politischen Leben – das alles ist für sich genommen keine sichere Hilfe, geschweige denn eine Garantie für das angemessene Verständnis des Politischen, auf das dabei jeweils direkt oder indirekt Bezug genommen wird. Für das, was in der „wirklichen" Politik tatsächlich vorgeht, für den Ablauf ihrer Prozesse, das Gewicht und die Wirkungsweise der einzelnen Faktoren, die sie prägen und vorantreiben, für die Ursachen ihrer Ergebnisse und die Rolle ihrer öffentlichen Personen sagen der Hinweis auf einzelne Ereignisse oder die Darstellung ausgewählter Episoden zumeist recht wenig, oft gar nichts und nicht selten das Falsche. Die Bruchstücke der Berichterstattung *können* ganz außer Zusammenhang stehen mit der realen Logik der ablaufenden politischen Prozesse und der Kräfte, die auf sie einwirken, kurzum dem angemessenen *Verständnis* des Politischen – und sie tun dies auch, wie die genauere Betrachtung erkennen lässt, regelmäßig.

Um einem verbreiteten Missverständnis vorzubeugen, sei sogleich klargestellt, dass natürlich auch die Selbstdarstellung der Politik und ihre Darstellung in den Medien wichtige Elemente von Politik sein können und oft auch sind. Nur eben: Politik, die sich darin erschöpft, hört auf, Politik im gesellschaftlich wohlverstandenen Sinne zu sein. Was aber ist Politik, jenseits ihrer Darstellung oder – vorsichtiger gefragt, über ihre Darstellung hinaus? Das ist eine der Schlüsselfragen für die vorliegende Einführung.

Verständnis und Scheinverständnis von Politik

Kundige Beobachter sind zu dem Befund gelangt, dass die Überflutung mit unsortierten politischen Einzelinformationen und isolierten Bildeindrücken ohne angemessene Deutung und Einordnung bei einem großen Teil des Publikums eher zu einem *Scheinverständnis* von Politik führt. Der Scheininformierte meint, insbesondere unter dem Eindruck der bildlich-sinnlichen Naheffekte des Fernsehens, bei allem, was berichtet wird, stets mittendrin und darum auch aus erster Hand eingeweiht zu sein in die Geheimnisse des doch immer ein wenig fremden Geschehens. Dabei kann er durch das, was er wahrnimmt, die Vorgänge, auf die Bezug genommen wird, in aller Regel nur unzureichend verstehen, die jeweils genannten Sachverhalte kaum treffend zuordnen, und die wirkliche Rolle der Faktoren, die ins Spiel kommen, aus dem, was die Bilder zeigen, nicht handlungsorientierend beurteilen. Die Darstellung des Politischen in den Massenmedien selbst bietet dafür, außer in wenigen Qualitätsprodukten der Print- und Funkmedien für ein hochinformiertes Spezialpublikum, höchst selten eine zureichende Handhabe.

Wo solches Scheinverständnis sich ausbreitet, verringern sich nicht nur die Chancen der Bürgerinnen und Bürger zu einem der Sache angemessenen Urteil und daher zur eigenen erfolgversprechenden Einwirkung auf das politische Geschehen. Weit problematischer noch als dieser Mangel selbst ist nämlich das auf diesem Wege auf der Seite vieler Mediennutzer erzeugte Bewusstsein, längst alles verstanden und durchschaut und darum keine weitere Ergründung mehr nötig zu haben.

Chancen und Risiken medialer Politikvermittlung

Die Produkte der Akteure, die für die Darstellung des Politischen in den Medien zu sorgen haben, Journalisten und Moderatoren, zeugen recht häufig von dem gleichen Missverständnis der medialen Produzenten-Seite. Nicht selten scheint ihnen eine durch gelungene mediale Präsentation erzielte hohe Aufmerksamkeit für ihre Produkte als der Maßstab ihres Erfolgs und nicht die gelungene Erklärung dessen, wovon sie berichten. Die angemessene Darstellung der sachlichen *Eigenart des Politischen* selbst bei den Themen und Personen, die jeweils ins Spiel gebracht werden, gerät dabei ins Hintertreffen.

Das Politische geht in all zu vielen Fällen bei seiner Übersetzung in die um Aufmerksamkeit allein bemühte Sprache der Massenmedien verloren – was keineswegs unvermeidlich ist. Es ist dann zwar irgendwie von Politik die Rede, aber das, was sie selbst in der Sache ausmacht, was in ihr wirksam ist und zum Erfolg oder Misserfolg ihrer einzelnen Projekte führt, wird nicht mehr sichtbar.

Der unbestreitbare Vorzug der modernen medialen Politikvermittlung, ihr erfreulich großes, im Prinzip sogar unbegrenztes Publikum, scheint bislang im häufigeren Falle den allzu hohen Preis zu fordern, das Politische selbst, das auf diesem Wege dargestellt wird, in unangemessener Weise zu verflüchtigen.

Es hat sich gleichwohl als ein seinerseits bloß an der Oberfläche verharrendes kulturkritisches *Vorurteil* erwiesen, dass eine solche mediale Verzerrung die ganz und gar unvermeidliche Begleiterscheinung des Wirkens der Massenmedien selbst sei. Tatsächlich lässt aber, wie die Erfahrung und die wissenschaftliche Forschung zeigen, auch die besondere Eigenart der medialen Konstruktion der Wirklichkeit einen ausreichenden Spielraum für eine der Sache angemessene Präsentation der Logik des Politischen, wo sie tatsächlich *gewollt* und in der Sache auch *gekonnt* wird. Das setzt zunächst ein solides Verständnis der Logik politischer Prozesse bei denjenigen voraus, denen ihre Übersetzung in die Formensprache der Massenmedien obliegt. Und es setzt natürlich voraus, dass Politik auch jenseits ihrer medialen Darstellung noch wirklich stattfindet.

Ziele dieses Buches

Dieses Buch versteht sich nicht als eine weitere Vermittlung von Informationen über Politik. Es will vielmehr zum Verständnis der *Logik des Politischen* hinführen, wie sie sich aus seinem unverwechselbaren gesellschaftlichen Funktionszweck und der Art, wie er in modernen Gesellschaften erfüllt wird, ergibt. Dabei geht es im Zeitalter der Mediendemokratie unvermeidlich auch um die Frage eines tiefgreifenden Wandels der Politik unter dem starken Einfluss des Mediensystems und seiner unverwechselbaren Regeln.

Es geht nicht um eine ausführliche Darstellung der Politikwissenschaft, auch wenn in allen Teilen von den aktuellen Fragestellungen und bewährten Ergebnissen der Politikwissenschaft ausgegangen wird. Auf konkrete politische Themen und Fragen der Politikwissenschaft wird nur im ersten Kapitel und in einigen Ausnahmefällen direkt Bezug genommen. Politikwissenschaftliche Probleme werden nur in den Fällen dargestellt, wo dies aus besonderen Gründen geboten ist. Im Ganzen gesehen werden die Ergebnisse der Politikwissenschaft der Darstellung zugrunde gelegt, aber nicht eigens referiert. Die Kontroversen, Arbeitsweisen und Theoriebestände sind also, außer im ersten Kapitel, *nicht* Thema dieses Buches. Dazu liegt eine ganze Reihe einschlägiger und aktueller Einführungen vor. Nur wo die Sicht eines Sachverhalts in der Politikwissenschaft in grundlegender Weise umstritten ist, wird die entsprechende Kontroverse sichtbar gemacht. Das ist insbesondere bei der Frage des Wandels der Politik in der Mediendemokratie, bei den Grundfragen der Wissenschaftstheorie und bei einigen der neuen politischen Fragen der Fall.

Das vorliegende Buch versteht sich auch nicht als Einführung in einzelne Teilgebiete der Politik oder Politikwissenschaft, wie etwa Wirtschafts-, Außen-, Kommunal- oder Sozialpolitik. Es möchte vielmehr übergreifende Grundlagen für das Verständnis politischer Prozesse in *allen* Bereichen bieten. Das Hauptziel des Buches besteht also darin, *das Politische* selbst in seiner Eigenart, in seiner Logik, in seinen Abläufen und seinen unverwechselbaren Funktionen für Bestand und Erhalt der Gesellschaft sichtbar zu machen, zu beschreiben und zu erklären. Es versteht sich als eine Hinführung zu der Fähigkeit, *das Politische überall dort, wo es gesellschaftlich in Erscheinung tritt, zu erkennen und in seiner Funktionsweise zu verstehen.*

Damit soll vor allem auch für Nicht-Politikwissenschaftler ein Beitrag zur Verbesserung politischer Kompetenz in dreifacher Hinsicht geleistet werden: *erstens* im Sinne des *Verständnisses* für politische Zusammenhänge und der Fähigkeit, sie angemessen beurteilen zu können; *zweitens* im Sinne der Befähigung, bei den Vermittlungsaufgaben ihrer *medialen* oder *pädagogischen Darstellung*, zu wissen, worauf es für das Verständnis des Politischen selbst vor allem ankommt; und *drittens* im Sinne der Förderung praktischer Handlungsfähigkeit, also der erfolgversprechenden Teilhabe am politischen Meinungsbildungs- und Entscheidungsprozess.

Die vorliegende Einführung in die Politik unterscheidet sich von anderen Büchern dieser Art unter anderem vor allem darin, dass sie die im Kern neuartige Situation von Politik in der Mediengesellschaft zum zentralen Bezugs- und Ausgangspunkt nimmt, aber erst, nachdem die fortgeltende Logik des Politischen in elementarer Weise eingeführt worden ist (Meyer 2001). Die darauf folgende Einbeziehung der Rolle der Mediengesellschaft geschieht in zwei einander ergänzenden Perspektiven. Zum einen konzentriert sich die Darstellung auf das, was auch in der Mediengesellschaft das für Politik unverwechselbar Charakteristische bleibt, aber in der medial vermittelten Politik, selten direkt und bei weitem nicht häufig genug wenigstens indirekt erkennbar wird. Zum anderen werden in mehreren Kapiteln die teilweise tiefgreifenden Veränderungen beschrieben, die Politik durch den Einfluss des Mediensystems erfährt (Politische Ästhetik, Mediendemokratie). Im Anschluss daran wird der Frage nachgegangen, was von der Logik des Politischen unter dem Einfluss des Mediensystems übrig bleibt. Das oft benutzte Bild, dass beide, Mediensystem und politisches System, sich nun unentwirrbar verflechten, trägt zum Verständnis der neuen Realität wenig bei. In der genauen Unterscheidung der Prozesse und Faktoren dieses neuartigen Wechselverhältnisses liegt die bessere Gewähr für das Verständnis von Art und Reichweite der Verflechtungen.

I. Grundlagen: Begriffe und Funktionen

Kapitel 1:
Politikwissenschaft. Ein Überblick

Politik und Politische Ideen

Politik kann wie alles, was der Erfahrung zugänglich ist, aus höchst unterschiedlichen Beobachtungsperspektiven und Verwendungsinteressen heraus beschrieben, verstanden, erklärt und dargestellt werden. Die Wahrnehmungen des Alltags sind andere als die der Kunst, der Massenmedien, des praktischen Verwendungsinteresses oder der Wissenschaft, die sich der Politik systematisch zuwendet. Obgleich all diese Zugänge in ihren unterschiedlichen Zusammenhängen durchaus ihre jeweils eigene Berechtigung haben, kann der verlässlichste Maßstab für das, was Politik in Wirklichkeit ist, wie sie funktioniert, wie weit ihr Anspruch reicht, was ihr zugehört, was sie leisten kann, worin ihre Grenzen liegen und vor allem auch, welche praktischen Handlungsmöglichkeiten sie jeweils bietet, in letzter Instanz doch am zuverlässigsten aus ihrer wissenschaftlichen Analyse gewonnen werden. Denn nur sie beschäftigt sich in kontinuierlicher, methodisch kontrollierter, erfahrungsorientierter und systematisch selbstkritischer Art und Weise mit der Beantwortung all dieser Fragen.

Obgleich natürlich die Politikwissenschaft wie jede andere systematische Erkenntnisbemühung stets unabgeschlossen und irrtumsanfällig bleibt, und darüber hinaus in jeder ihrer Entwicklungsepochen von revidierbaren Grundüberzeugungen der Menschen geprägt ist, die sie betreiben, dürfen ihre Ergebnisse doch als die zum jeweiligen Zeitpunkt am besten gesicherten Erkenntnisse über das gelten, was Politik in ihren unterschiedlichen Ausprägungen ist und sein kann. Das ist einer der entscheidenden Gründe dafür, dass zwar alle anderen Konstruktionen des Politischen – von der Kunst über das Alltagsverständnis bis zu den Massenmedien – unbestreitbar ihre eigene Berechtigung und für ihren jeweiligen Verwendungskontext auch ihren eigenen Erkenntniswert haben. Politikwissenschaft könnte keine von ihnen in ihren jeweiligen eigenständigen Funktionen ersetzen. Was der objektiven Gehalt ihres Erkenntnis- oder Vermittlungsanspruchs anbelangt, so müssen sie sich gleichwohl an den Befunden der Politikwissenschaft messen lassen.

Anfänge der Politik als Wissenschaft

Das Politische gehört zu den Grundbedingungen des gesellschaftlichen Zusammenlebens von Menschen. Die Beschäftigung mit ihm in Erzählungen und Mythen, Religion und Dichtung ist, soweit wir wissen, beinahe so alt wie die Beschäftigung der Menschen mit den Bedingungen ihrer gesellschaftlichen Existenz überhaupt. Politische Ideen finden sich schon in den ältesten Mythen, von denen wir Kenntnis haben. Politik als Wissenschaft freilich ist jüngeren Datums.

Als erster historischer Höhepunkt wissenschaftlicher Politikbetrachtung gilt aus gutem Grund die politischen Philosophie der Klassiker des *antiken Griechenland*: Platon (427-347) und Aristoteles (384-322). Wie der Historiker Christian Meier beschrieben hat, ist nicht nur das Wort „Politik", sondern auch das Politische selbst im griechischen Stadtstaat, der polis, entstanden (Meier 1989). *Politikos* ist das, was sich auf die öffentlichen Angelegenheiten der *polis* bezieht. Diese selbst aber ist zum ersten Mal in der Geschichte ein Schauplatz, an dem die Frage nach der besten Ordnung für das gesellschaftliche Zusammenleben in strittiger Weise öffentlich gestellt und im Meinungsstreit unter Mitwirkung der Bürger im vollen Bewusstsein der Vorläufigkeit jeder Antwort entschieden wird. Das Politische als offenes Ringen um die beste öffentliche Ordnung unter maßgeblicher Beteiligung der Adressaten der zu fällenden Entscheidungen selbst ist auch der Anlass für die Entstehung von Politik als Wissenschaft.

Die politische Philosophie der in der polis, dem politischen Gemeinwesen von Athen wirkenden Denker Platon und Aristoteles ist einerseits eine Reaktion auf die im politischen Leben selbst fortwährend gestellte und umkämpfte Frage nach der besten Ordnung des Gemeinwesens. Sie versucht andererseits durch ihre systematischen Überlegungen und Untersuchungen das Nachdenken über diese Fragen den unmittelbaren politischen Auseinandersetzungen zu entziehen und auf eine für jeden vernünftigen Menschen nachvollziehbare und überprüfbare Grundlage zu stellen. Mit dem Anspruch der allgemeinen Nachvollziehbarkeit und objektiven Überprüfbarkeit der Erklärung politischer Sachverhalte und der Vorschläge für ihre Gestaltung gewinnt das Denken über Politik im Kern seinen *wissenschaftlichen* Charakter. In dieser Hinsicht gleichen sich die politischen Theorien von Platon und Aristoteles, obgleich sie in der Art der Durchführung des Programms und in dessen Ergebnissen zu höchst unterschiedlichen Resultaten gelangt sind.

Platon gelangt von der reinen Idee einer gerechten Ordnung und dem konsequenten Nachdenken über das, was sie voraussetzt und verlangt, zum Begriff eines Staates als wohlgeordneter Hierarchie einer organischen Einheit (Platon 1985). In ihrer soll derjenige die entscheidende Macht ausüben, der die Idee der Gerechtigkeit am klarsten erkennen und am entschlossensten ins Werk setzen kann. Diese Vorstellung begründet Platon in nachvollziehbaren Schritten mit vernünftigen Argumenten, die seinen Zeitgenossen systematisch geschlossen und daher zwingend erscheinen sollten. Aristoteles hingegen setzt auf die Erfahrung und den systematischen Vergleich in seiner Zeit tatsächlich praktizierter Verfassungen und zieht daraus empirisch gestützte Schussfolgerungen über die Bedingungen gerechter und stabiler politischer Verfassung (Aristoteles 1994). Ihm zufolge kann der Staat nicht als eine vorab gegebene organische Einheit verstanden werden, sondern nur als eine Vielheit von Gleichen, die durch Verständigung untereinander jeweils erst zur Einheit gelangen müssen.

Für beide Denker bestand das Ziel der praktischen Philosophie darin, zu zeigen, welche Bedingungen der Organisation des Gemeinwesens und der Bürgertugend erfüllt sein müssen, damit für alle ein gutes Leben in stabilen Verhältnissen möglich ist. Beide konnten in ihrer Epoche voraussetzen, dass eine alle Bürger des Gemeinwesens verbindende Sittlichkeit als lebendige Überlieferung wirksam war. Sie konnten daher in ihren Theorien analytische, logische, erfahrungsbezogene und normative Argumente plausibel miteinander verbinden.

Das christliches Mittelalter

Im *christlichen Mittelalter*, in den großen Lehren von *Augustinus* (354-430) bis zu *Thomas von Aquin* (1225-1274) hatte die politische Theorie einen anderen Sinn. Dieser orientierte sich an der Frage, welche Rolle der Staat in dem die ganze Welt beherrschenden göttlichen Heilsplan spielt, den die Theologie erkannte und auslegte. Da in dieser kulturellen Epoche die Gewissheit herrschte, dass das eigentliche Ziel des menschlichen Lebens außerhalb der irdischen Lebensspanne liege, drehte sich das politische Denken um die Frage, welchen Beitrag der Staat zu diesem von Gott gesetzten Endzweck leisten könne (Fetscher/Münkler 1988: Bd. 2).

In dem Dualismus zwischen den kirchlichen und den weltlichen Belangen, den Endzwecken und den irdischen Zwecken des menschlichen Lebens wurde dem Staat die Rolle eines Gewährleisters zugemessen. Er sollte jene Ordnung sichern, die dem Einzelnen ein gottgefälliges Leben ermöglicht, und er sollte auch selbst im Einvernehmen mit der kirchlichen Macht auf eine solche Lebensführung hinwirken. Staat und Politik sollten demzufolge stets ihrer unüberwindbaren Begrenzung eingedenk sein, dass sie zur Erfüllung des Sinns des menschlichen Lebens keinen direkten Beitrag leisten können. Das politische Denken war somit ein unselbständiger Bestandteil der Theologie und wie diese letzten Endes an den Zielen des als objektive Wirklichkeit verstandenen göttlichen Heilsplans ausgerichtet.

Anfänge der Moderne

Mit dem Übergang aus dem christlichen Mittelalter in die Epoche der Moderne stellen sich dem politischen Denken die Fragen der gemeinschaftlichen Ordnung auf radikale Art neu. Es muss nun die Frage beantworten, wie eine für alle verbindliche und von allen akzeptierte Ordnung möglich ist, wenn sie nicht länger in der Selbstverständlichkeit einer gemeinsamen Sittlichkeit oder in der zwingenden Gewissheit eines göttlichen Heilsplans verankert werden kann. Die ersten großen Antworten auf diese Grundfrage der modernen Politik gaben in ihrem je verschiedenen Erfahrungszusammenhang auf je unterschiedliche Weise *Niccolo Machiavelli*

(1469-1527) und *Thomas Hobbes* (1588-1679). Sie mussten, durch die Natur ihrer Aufgabe bedingt, dabei zugleich auch neue Quellen für die allgemeine Überzeugungskraft ihrer Argumente erschließen. Die Verfahren, die sie wählten, haben ihnen den Ruf eingebracht, Begründer der politischen Theorie als Wissenschaft im modernen Sinne zu sein.

Machiavelli beantwortet die Frage nach der Möglichkeit einer politischen Ordnung, die ihre Verbindlichkeit ausschließlich aus sich selbst schöpft, mit seiner Theorie einer Politik als Machtkunst und einem politischen Denken als Lehre von den Bedingungen der Begründung und Erhaltung politischer Macht (Machiavelli 1963). In nüchterner Analyse ohne theologische Voraussetzungen will er zeigen, wie ein erfolgreicher Herrscher handeln muss, der nicht auf die Sittlichkeit der Bürger bauen kann, aber dennoch Ordnung und Frieden schaffen muss. Hobbes beantwortet dieselbe Frage, indem er auf naturwissenschaftlich strenge Weise demonstriert, dass auch Menschen, denen ausschließlich am eigenen Leben und an der Befriedigung ihrer eigenen Bedürfnisse gelegen ist, sich zur Übertragung aller ihrer natürlichen Rechte an einen gemeinsamen Herrscher entschließen werden, damit sie im gesichertem Frieden leben können (Hobbes 1965). Ein Herrschaftsvertrag der zwar egoistischen, aber doch verstandesbegabten Menschen begründet den Staat und die Legitimität politischer Herrschaft.

Hobbes' Nachfolger *John Locke* (1632-1704) korrigiert diese Konstruktion in einer wichtigen Hinsicht. Die Menschen treten in einen sie dann alle gemeinsam bindenden Gesellschaftsvertrag ein, nicht indem sie ihre Rechte an einen selbst nicht gebundenen Herrscher abtreten, sondern indem sie die Sicherung ihrer grundlegenden Naturrechte als Sinn und Zweck politischer Herrschaft festlegen und diese so organisieren, dass der Staatsgründungszweck stets gesichert bleibt: durch Grundrechte sowie die Rechtsbindung politischer und, parlamentarische Kontrollrechte (Locke 1966). Damit wiesen die Theoretiker des Gesellschaftsvertrags einen neuen wissenschaftlichen Weg, wie moderne politische Systeme, die ohne transzendente Grundlagen auskommen müssen, analysiert und legitimiert werden können. Sie wiesen damit zugleich einen modernen Weg der Verbindung von analytischen und normativen Theorien in der Politikwissenschaft.

Entwicklung in Deutschland

Die moderne Politikwissenschaft in ihrer gegenwärtigen Gestalt hat sich auf diesen Grundlagen erst über zahlreiche weiter Zwischenschritte herausgebildet (v. Alemann 1995). Dazu zählen insbesondere die im aufgeklärten Absolutismus entwickelten Politikfeldlehren des 18. und 19. Jahrhunderts (Kameralistik), die untersuchten, wie eine erfolgreiche Wirtschafts-, Ordnungs- oder Sozialverwaltung vorzugehen hat. Dazu zählten seit der Mitte des 19. Jahrhunderts die empirisch forschende Soziologie, die der Politikwissenschaft als moderne Gesellschaftswissenschaft voranging ebenso wie die Nationalökonomie und die Staatslehre im 19. und frühen 20. Jahrhundert.

In Deutschland fasste die Politikwissenschaft als Universitätsdisziplin erst nach dem Zweiten Weltkrieg Fuß. Ihrem Gründungszweck nach galt sie in erster Linie als „Demokratiewissenschaft", die nach der Erfahrung mit den totalitären Diktaturen bei allen Studierenden unabhängig von der gewählten Fachrichtung, nicht nur Verständnis für die Funktions- und Erfolgsbedingungen der Demokratie wecken, sondern auch eine Identifikation mit ihren Werten begründen sollte. Die Ausdifferenzierung, Ausweitung und Professionalisierung des Faches Politikwissenschaft hat dann allmählich, gegenüber den Nachbardisziplinen mit deutlicher Verspätung, zur seiner Ausbildung als einer normalen universitären Wissenschaftsdisziplin geführt.

Eine bleibende Besonderheit der Politikwissenschaft besteht gleichwohl darin, dass ihre Vertreter je nach Forschungsfeld und je nach den wissenschaftstheoretischen Orientierungen verschiedenartige wissenschaftliche Methoden auf unterschiedliche Weise auswählen und zusammenführen.

Teildisziplinen

Nach einer Darstellung der UNESCO von 1950 untergliedert sich das Fach Politikwissenschaft als akademische Disziplin wie folgt:

Abb. 1: Spektrum der Politikwissenschaft nach UNESCO 1950

I.   Politische Theorie
  1. Politische Philosophie, Ethik und Herrschaftstheorie
  2. Geschichte der politischen Ideen
  3. Wissenschaftstheorie und Methodologie

II. Politische Institutionen und Systeme
  1. Verfassung
  2. Die jeweilige (nationale) Regierungsform
  3. Regionale und lokale Regierungsformen
  4. Vergleichende Institutionenlehre
  5. Öffentliche Verwaltung
  6. Wirtschaftliche und soziale Aufgaben des Staates

III. Politische Soziologie
  1. Politische Parteien
  2. Gruppen und Verbände
  3. Beteiligung der Bürger an Regierung und Verwaltung durch Wahlen und Partizipation
  4. Öffentliche Meinung, Medien, Politische Sozialisation

IV. Außenpolitik und Internationale Politik
  1. Außenpolitik der Staaten
  2. Internationale Beziehungen und Organisationen
  3. Sicherheitspolitik und Friedensforschung
  4. Völkerrecht
  5. Entwicklungsländerforschung
  6. Transnationale Politik

Quelle: v. Alemann/Forndran 1990, S. 29

Diese Gliederung enthält in ihren Haupt- und Unterthemen einige der wichtigsten Teilbereiche der Politikwissenschaft. Von Fall zu

Fall werden die Teilbereiche auch etwas anders gruppiert oder benannt, mitunter auch weiter ausdifferenziert. Insbesondere haben in der Zeit nach der Erstellung dieser Tabelle die Bedeutung der *Politischen Kultur,* der *Europäischen Union* und die Erforschung einzelner wichtiger Politikfelder (wie Sozialpolitik, Kommunalpolitik, Bildungspolitik) erheblich an Bedeutung gewonnen und spielen bei der Gliederung der Teildisziplinen des Fachs daher eine wachsende Rolle. Angesichts der entscheidenden Bedeutung, die in den letzten Jahren die Massenkommunikation für alle Bereiche der Politik und den Charakter des Politischen selbst gewonnen hat, sollte sie zumindest als wichtiges Element in den Teildisziplinen eine angemessene Rolle spielen.

Wissenschaftstheorien und Paradigmen

Die Wissenschaftstheorie (Metatheorie der Wissenschaft) ist der Begründung unumgänglicher Grundfragen in Bezug auf das gewidmet, was eine Wissenschaft zur Wissenschaft macht und von anderen Formen des Wissens, wie dem künstlerischen oder Alltagswissen, unterscheidet. Darum sollte jeder, der sich für die Ergebnisse einer Wissenschaft interessiert, gewisse Grundkenntnisse von ihr, ihren Methoden und deren verschiedenen Voraussetzungen, Begrenzungen und Möglichkeiten haben. Nur in diesem Falle kann er verstehen, worauf der Anspruch der Wissenschaftlichkeit beruht, welche Alternativen zu einem jeweils gegebenen Anspruch bestehen und welche Vorentscheidungen in die Ergebnisse unsichtbar eingeflossen sind. Ein Einblick in die Unterschiede der Methoden gibt erste Antworten auf Fragen dieser Art.

Auch in Deutschland ist die Zeit seit längerem vorüber, da sich die Verfechter konkurrierender Wissenschaftstheorien in Soziologie, Philosophie und Politikwissenschaft gegenseitig die Wissenschaftlichkeit oder sogar die moralisch-politische Verantwortbarkeit ihrer Methoden und Arbeitsergebnisse absprachen. Mittlerweile haben sich auf allen Seiten drei Einsichten verbreitet: *erstens,* dass unterschiedliche Arten des Wissenschaftsverständnisses, sofern bestimmte Mindestansprüche erfüllt sind, einander kritisch herausfordern und damit ihrerseits zum Wissenschaftsfortschritt durch Kritik und Dialog beitragen können, indem sie Begrenztheiten und Schwachstellen der einzelnen Ansätze sichtbar machen; *zweitens*, dass die Ergänzung des einen Forschungsansatzes durch die anderen eine Bereicherung der wissenschaftlichen Forschungserträge auf den meisten Feldern mit sich bringt, so z.b. auf dem Gebiet der politischen Kulturforschung; *drittens*, dass unterschiedliche Forschungsfelder, wie etwa die Geschichte der politischen Ideen oder die Wählerforschung den Vorrang unterschiedlicher Ansätze verlangen.

In den meisten politikwissenschaftlichen Lehrbüchern werden seit den siebziger Jahren für die Politikwissenschaft in Deutschland als maßgebliche Wissenschaftstheorien die folgenden drei vorgestellt: (1) der *normativ-ontologische* Ansatz, (2) der *historisch-dialektische* Ansatz und (3) der *empirisch-analytische* Ansatz (z.b. v. Beyme 1987, v. Alemann 1885, Patzelt 2001). Die ursprünglich unversöhnlichen Kontroversen zwischen ihnen haben sich mittlerweile weitgehend relativiert und Möglichkeiten der Überlappung, der Kombination und der Konvergenz werden genutzt (Patzelt 2001: 208ff.). Da in ihnen aber weiterhin eine jeweils spezifische Sicht der politischen Wirklichkeit zum Ausdruck kommt und sie noch immer die Schwerpunkte unterschiedlicher Orientierungen und Forschungsrichtungen im Fach Politikwissenschaft markieren, ist eine Grundkenntnis ihrer Differenz weiterhin informativ und notwendig (Münkler 1994: 258ff.). Ich möchte diesen drei Modellen eine weiteres, mittlerweile höchst einflussreiches, hinzufügen: (4) den Ansatz der Theorie der *autopoietischen Systeme*. Er unterscheidet sich einerseits von den anderen in wesentlicher Hinsicht und ist in den Sozialwissenschaften, einschließlich der Politikwissenschaft weit verbreitet.

1. Das normativ-ontologische Wissenschaftsmodell

Die beiden charakterisierenden Begriffe im Namen dieses Modells weisen auf die Besonderheit dieses Ansatzes hin. Er möchte aus der Erkenntnis des Seins des Menschen in der Gesellschaft diejenigen Normen gewinnen, die für ein wohlgeordnetes Gemeinwesen und die zu ihm gehörende Bürgertugenden notwendig sind. Dieser Ansatz geht auf einen der Gründerväter der Politikwissenschaft, den antiken griechischen Philosophen Aristoteles zurück und führt im Kern dessen Methode und Erkenntnisse fort.

Das Erkenntnisinteresse dieses Wissenschaftsverständnisses besteht in aller erster Linie in der Klärung der normativen Voraussetzungen guter Politik und guter politischer Ordnung aus dem Wesen von Mensch und Polis (Maier 1971). Sodann werden empirisch gegebene Verfassungen und politische Gemeinschaften darauf hin analysiert und bewertet, ob sie diesen immer gültigen (ontologischen) Bedingungen gerecht werden. Die Untersuchung empirischer Regelmäßigkeiten und geschichtlicher Entwicklungszusammenhänge interessiert die Forschung auf der Basis dieses Ansatzes nur insoweit, wie sie zu diesen Fragen einen Beitrag leisten kann. Die eigentliche politische Wirklichkeit, um deren Erkenntnis es demzufolge geht, ist das normativ verstandene Wesen des Menschen und die Bedingung seines Zusammenlebens mit anderen in der politischen Gemeinschaft.

Nach Meinung dieses Ansatzes ist allein die mit philosophischen Methoden erfolgende Erkenntnis des Wesens der menschlichen Existenz in der Gemeinschaft mit anderen der Weg zur Erkenntnis der Wirklichkeit des Politischen. Zwischen der Erkenntnis der Normen, die darin enthalten sind und derjenigen der jeweils faktischen Gegebenheiten des Zusammenlebens von Menschen in politischen Gemeinschaften besteht demnach kein prinzipieller wissenschaftlicher Unterschied. Beide gehören zu den vorrangigen Aufgaben der Politikwissenschaft.

2. Das historisch-dialektische Wissenschaftsmodell

Das historisch-dialektische Wissenschaftsverständnis in der Politikwissenschaft schließt vor allem an das Geschichts- und Gesellschaftsverständnis des Philosophen *Georg Wilhelm Friedrich Hegel* (1770-1831) und des politischen Ökonomen *Karl Marx* (1818-1883) an, zumeist ohne den dogmatischen Schematismus zu übernehmen, der einen bedeutenden Teil der marxistischen Tradition beherrscht hat. Diese undogmatische Orientierung gilt vor allem für die Kritische Theorie der Frankfurter Schule. Diesem Ansatz zufolge kann jede gegebene politische Realität immer nur als ein Zeitausschnitt in einem dynamischen historischen Prozess verstanden werden. Die Merkmale der jeweils gegebene politischen Wirklichkeit, ihre charakteristischen Eigenschaften, Strukturen und ihre stets wirksame Entwicklungsdynamik lassen sich nur aus ihrem Entstehungsprozess erklären und weisen immer auf spezifische Weise über den gegenwärtigen Zustand hinaus (Adorno 1969, Habermas 1969).

Die Herauslösung gegebener politischer Strukturen aus ihren historisch-dynamischen Kontext und ihre Behandlung als naturähnlich gegebener Wirklichkeit muss sie daher unweigerlich verfälschen. Politische Wirklichkeit in diesem Verständnis ist niemals der Status quo als solcher, sondern immer nur der übergreifende Kontext und die historische Dynamik, in die er eingebettet ist.

Dialektisch ist dieses Wissenschaftsverständnis, weil es von der Annahme ausgeht, dass sich gesellschaftliche und politische Realität immer als ein spezifisches Wechselverhältnis von formgebender Gesamtstruktur und Prägung der Einzelelemente darstellt. Im Rahmen einer kapitalistisch geprägten Wirtschaftsstruktur beispielsweise müssen alle wichtigen gesellschaftlichen und politischen Erscheinungen im Hinblick auf die Dominanz dieser ökonomischen Formation gesehen und interpretiert werden, zu der sie auf je eigene Weise auch wieder beitragen. Die großen geschichtlich entstandenen und vorübergehenden Gesellschaftsformationen sind in diesem Sinne der dialektische Bezugsrahmen für die Analyse und das Verständnis aller einzelnen Gegebenheiten und Zusammenhänge. Er muss bei der Analyse des Wählerverhaltens genauso in Rechnung gestellt werden wie bei dem Versuch, die Rolle von Parteien, Gewerkschaften, Vereinen und Parlamenten zu verstehen.

Normativ ist das historisch-dialektische Wissenschaftsverständnis in einem besonderen Sinne. Anders als das normativ-ontologische Modell geht es nämlich nicht von der Gültigkeit überhistorischer (ontologischer) und im menschlichen Wesen selbst unwandelbar begründeter Normen politischen Handelns und politischer Verfassung aus. Es nimmt vielmehr an, dass sich derselbe Impuls menschlicher Emanzipation in jeder gegebenen gesellschaftlichen Formation auf jeweils spezifische Weise zeigt und entfaltet. Diesen Anspruch analytisch herauszuarbeiten und mit der Realität zu konfrontieren ist eines der wichtigsten Ziele des Ansatzes. Insofern verfolgt er neben der Erklärung der jeweils gegebenen politischen Verhältnisse immer auch die Absicht einer Kritik der gegebenen Verhältnisse auf der Basis der in ihnen enthaltenen, aber an ihrer Realisierung gehinderten oder unterdrückten normativen Potentiale. Die normative Grundorientierung des Ansatzes orientiert sich an dem in der geschichtlichen Entwicklung selbst erkannten Ziel der menschlichen und gesellschaftlichen Emanzipation auf der Basis von Gleichheit.

3. Das empirisch-analytische Wissenschaftsmodell

Das empirisch-analytische Wissenschaftsverständnis in den Sozialwissenschaften und der Politikwissenschaft orientiert sich am Erkenntnisideal der Naturwissenschaften. Es geht in der maßgeblich von dem Philosophen *Karl R. Popper* (1902-1994) geprägten Lesart davon aus, dass das Verständnis von Wissenschaftlichkeit und wissenschaftlicher Methodologie in allen Bereichen menschlicher Erkenntnis einheitlich sein sollte (Popper 1966). Demzufolge ist Wissenschaft nur als Erfahrungswissenschaft möglich, die Gesetzeshypothesen über den kausalen Zusammenhang beobachtbarer Phänomene aufstellt und diese in methodologisch strenger Weise anhand von Beobachtungen und Experimenten überprüft.

Der Kern einer jeden wissenschaftlichen Theorie wird durch universelle Wenn-Dann-Sätze gebildet, die dem im Wenn-Satz konstatierten Sachverhalt mit dem im Dann-Satz beschriebenen Phänomen für alle gleichartigen Fälle kausal miteinander verknüpft. Eine solche kausale Gesetzeshypothese kann einen Sachverhalt wissenschaftlich erklären, denn sie führt die im Dann-Satz beschriebene Wirkung in allen gleichartigen Fälle auf das Vorliegen einer gesetzmäßigen Ursache (Wenn-Satz) zurück.

Das Erkenntnisziel einer so verstandenen Wissenschaft besteht nun ausschließlich darin, für möglichst alle erklärungsbedürftigen Phänomene im jeweiligen Erkenntnisbereich Erklärungen dieser Art zu finden und die aufgestellten Gesetzeshypothesen durch systematische empirische Forschung zu überprüfen. Eine Überprüfung kann immer nur indirekt durch gescheiterte Widerlegungsversuche erfolgen, denn auch eine beliebig große Zahl an Bestätigungen kann niemals sicher stellen, dass weitere Überprüfungen dann doch nicht dem generellen Erkenntnisanspruch der Gesetzeshypothese widersprechen, alle gleichartigen Fälle erklären zu können, wodurch diese dann doch widerlegt wäre. Schon eine einzelne widerlegende Beobachtung hingegen beweist, dass die aufgestellte Gesetzeshypothese ihren Erkenntnisanspruch verfehlt. Sie muss dann entweder preisgegeben oder in ausreichendem Maße weiterentwickelt und neu gefasst werden.

Es gehört zum Selbstverständnis dieses Wissenschaftsbegriffs, dass die Begründung von ethischen, moralischen oder politischen Handlungsnormen mit wissenschaftlichen Methoden nicht möglich ist und darum kein Gegenstand gerechtfertigter wissenschaftlicher

Forschungsprogramme sein kann. Empirisch-analytische Wissenschaft muss vielmehr von einem unüberwindlichen Dualismus von Normen und Fakten ausgehen und sich allein auf die kausal-analytische Erklärung der Fakten beschränken. Normen können allenfalls als Erkenntnisobjekte ins Spiel kommen, wenn sie von Akteuren im politischen Untersuchungsfeld wirksam vertreten und dann als Tatsachen behandelt werden können.

Die Entscheidung darüber, welche Normen in einem Gemeinwesen gelten sollen, kann in diesem Verständnis in keiner Weise ein Erkenntnisproblem der Sozialwissenschaft sein. Diese Selbstbeschränkung macht in ihrem Selbstverständnis die besondere wissenschaftliche Tugend dieser Wissenschaftstheorie aus. Wirklich ist ihr zufolge in der Welt des Politischen für die Wissenschaft nur, was sich dem in dieser Wissenschaftstheorie begründeten Forschungsansatz und Methodeninstrumentarium erschließt.

4. Das Modell der autopoietischen Systeme

Dieses auf den deutschen Soziologen *Niklas Luhmann* (1927-1998) zurückgehende Wissenschaftsmodell unterscheidet sich von den drei zuvor genannten in wichtiger Hinsicht und kann darum als ein eigenständiger Ansatz betrachtet werden. Es hat seit den neunzehnhundertsiebziger Jahren in den Sozialwissenschaften und der Politikwissenschaft beträchtlichen Einfluss gewonnen. Auch in diesem Falle ergibt sich das Erkenntnisprogramm des Wirklichkeitsverständnisses dieser Wissenschaftstheorie aus den in ihrem Namen verbundenen Schlüsselbegriffen.

Diesem Modell zufolge ist die Welt ein Zusammenhang aus Systemen, die in jeweils größere Systeme eingebettet sind, sich ihrerseits in kleinere Systeme untergliedern und miteinander in Wechselwirkung stehen. All diese Systeme haben die grundlegende Eigenschaft selbstschöpferisch (autopoietisch) auf Änderungen in ihrer Umwelt und in ihrem Inneren zu reagieren, um jede Art von Herausforderung und Störungen auf produktive Weise zu überwinden, damit das System unter veränderten Bedingungen seine wesentlichen Funktionen weiterhin erfüllen kann.

Als System wird dabei eine wohlgeordnete Einheit aus einzelnen Elementen verstanden, die nach einer gemeinsamen Regel zur Erfüllung eines gemeinschaftlichen Zweckes systematisch zusammenwirken. Im politischen System z.B. wirken Elemente wie die Institutionen der Regierung und Gesetzgebung, die Parteien, die Medien, Bürgerinitiativen, Verfassungsgerichte und Verbände nach Regeln der Machtbildung zusammen, um gesamtgesellschaftlich verbindliche Entscheidungen, die für alle anderen Teilsysteme der Gesellschaft Gültigkeit gewinnen, zu erzeugen. Jedes System ist durch eine Grenze von seiner Umwelt getrennt und in seinen eigenen Strukturen und Funktionsweisen wesentlich weniger komplex als diese. Systeme sind nach diesem Verständnis Strukturen zur Reduktion und Bewältigung von Komplexität.

Jedes System funktioniert nach einem eigenen Code, einem strikten Regelsystem, das die Operationen des jeweiligen Systems dirigiert. Im Fall des politischen Systems ist dieses die Macht, im Wirtschaftssystem das Geld, im Wissenschaftssystem die Wahrheit. Systeme sind gegeneinander wegen ihrer unvereinbaren Codes operativ abgeschlossen. Diese Verschlossenheit der Teilsysteme gegeneinander kann zwar an einzelnen Stellen durch Kupplungen überwunden werden, ist aber ansonsten durchgängig wirksam.

Die Theorie der autopoietischen Systeme schließt daher in ihrer reinen Fassung das Hineinwirken eines Systems in das andere aus. Dieses hat insbesondere weitreichende Folgen für das Verständnis der Handlungsmöglichkeiten des politischen Systems mit Bezug auf die Steuerung und Gestaltung der anderen gesellschaftlichen Teilsysteme. Das politische System wird in der Konsequenz zu einem gleichrangigen gesellschaftlichen Teilsystem gegenüber allen anderen und büßt seine in der übrigen Politikwissenschaft zumeist verteidigte Überordnung über die gesellschaftlichen Teilbereiche ein. Damit entzieht dieser Ansatz zugleich auch einer normativen Politikwissenschaft den Boden. Die geschlossene Funktion der Systeme lässt für die Einspeisung normativer Gesichtspunkte von außen oder eine normative Steuerung von innen durch gestaltungsmächtige Akteure keinen Raum.

Der Erkenntnisweg sozialwissenschaftlicher Analyse, die sich an der Theorie autopoietischer Systeme orientiert, ist die rationale Rekonstruktion realer Systeme. Insofern erhebt das Modell den Anspruch einer empirischen Überprüfbarkeit seiner Aussagen. Da es jedoch nicht zur Aufstellung empirischer Gesetzeshypothesen führt, bleibt die Frage einer methodisch kontrollierten Prüfung des Erfahrungsgehaltes der auf seiner Basis formulierten wissenschaftlichen Aussagen offen.

Methodenvielfalt

Wissenschaft ist von anderen Formen des Wissens und Erkenntnisgewinns durch die methodische, intersubjektiv nachvollziehbare und in diesem Sinne objektive Überprüfbarkeit ihrer Erkenntnisse gekennzeichnet. In dieser Einführung in die Politik kann es nicht um eine differenzierte Darstellung der breiten Methodenpalette der Politwissenschaft gehen, zumal dazu eine Reihe hervorragender Überblicksdarstellungen vorliegen, die über den Gesamtzusammenhang und über jede der in Betracht kommenden Methoden im Einzelnen informieren (v. Alemann/Forndran 1990, Nohlen 1994)). Für jeden, der sich mit einer wissenschaftlich fundierten Einführung in die Politik beschäftigt, ist es aber ratsam, sich zumindest einen tragfähigen Eindruck davon zu verschaffen, auf welchem Wege die präsentierten Erkenntnisse zustande gekommen sind und welche Geltungsansprüche sie erheben.

Die Politikwissenschaft ist wie keine andere akademische Disziplin von einer hochgradigen Methodenvielfalt gekennzeichnet. Dies ist bei ihrem heute erreichten Stand der Entwicklung kein Ausdruck von Unsicherheit, sondern eine Folge von zwei besonderen Gegebenheiten des Faches. Die eine besteht in dem schon dargestellten Pluralismus der Wissenschaftstheorien mit ihren unterschiedlichen Vorstellungen darüber, was das leitende Erkenntnisinteresse und darauf bezogen das Wahrheitsverständnis der Politikwissenschaft sein müsse. Die andere Gegebenheit besteht in der Vielfalt der Erkenntnisobjekte, von der Geschichte der politischen Theorien über die politische Kultur bis hin zur Messung von Einstellungen. Es liegt auf der Hand, dass die unterschiedlichen Wissenschaftstheorien eine unterschiedliche Affinität zu den verschiedenen Methoden der wissenschaftlichen Arbeit aufweisen. Während der empirisch-analytische Ansatz am Erkenntnisideal der exakten Naturwissenschaften orientiert ist und dementsprechend die dort beheimateten quantitativen Methoden des Messens bevorzugt, geben die anderen Ansätze in je unterschiedlicher Weise den qualitativen Methoden des Verstehens, Vergleichens und systematischen Argumentierens, die in den Geistes- und Kulturwissenschaften beheimatet sind, den Vorzug.

Die Zeit ist aber in der Politikwissenschaft längst vorüber, als jede der dargestellten Wissenschaftstheorien einen Ausschließlichkeitsanspruch für sich selbst und die von ihr bevorzugten Methoden erhob. An seine Stelle ist gegenwärtig ein Verständnis getreten, dass jede der unterschiedlichen Methoden je nach Gegenstandsbereich, besonderer Fragestellung und spezifischem Erkenntnisinteresse eines Projekts einen wissenschaftlich anerkennungswürdigen Beitrag zum Wissenszuwachs des Faches leisten kann (v. Alemann 1995: 137f.). Das ist jedenfalls dann der Fall, wenn die angewandten Methoden offen gelegt werden und intersubjektiv nachvollziehbar sind.

Methoden-Beispiele

Die in diesem Buch dargestellten Ergebnisse politikwissenschaftlicher Politikanalyse beruhen, wie bei jeder wissenschaftlichen Arbeit üblich, zum Teil auf eigenen Forschungsarbeiten des Autors, zum Teil auf Forschungsarbeiten anderer Autoren und zum größeren Teil auf einen in der Politikwissenschaft allgemeingültig gewordenen Wissensbestand, der sich im Verlaufe der themenbezogenen Diskurse allmählich herausgebildet hat. Um dem daran interessierten Leser einen Einblick in die Vielfalt und in die Eigenart des politikwissenschaftlichen Methodenreservoirs zu geben, sollen in den folgenden Abschnitten einige der wichtigsten und gebräuchlichsten Methoden, bezogen auf die Themen des vorliegenden Buches, vorgestellt werden. Zur vertieften Beschäftigung mit ihnen sei vor allem auf die ausführlichen Darstellungen von Alemann/ Forndran (1990) und Nohlen (1994) verwiesen.

Hermeneutik, historische Methode

Bei der Interpretation der klassischen politischen Theorien, etwa derjenigen von Platon und Aristoteles, kommt zunächst die hermeneutische Methode der angemessenen Textinterpretation ins Spiel, deren Ziel es ist, den Sinn der herangezogenen Texte aus den Prämissen ihrer eigenen Zeit heraus zu verstehen. Dabei werden in einer wiederholten zirkulären Bewegung in einem hypothetischen Vorgriff auf die Bedeutung des ganzen Textes dessen einzelnen Aussagen interpretiert, deren Verständnis die vorläufige Gesamtinterpretation des ganzen Textes korrigiert, wodurch wiederum die

Einzelaussagen genauer gedeutet werden können. Diese wiederholte Deutungsbewegung der Texte wird auf die Bedeutung der verwendeten Begriffe in ihrer Zeit bezogen. Historische Methoden der Rekonstruktion der Ereignisse und ihres Sinnzusammenhangs in einer Epoche oder einem geschichtlichen Entwicklungsabschnitt und des Verständnisses der Absichten der Handelnden vor dem Sinnhorizont ihrer Epoche erlauben das angemessene Verständnis der untersuchten Texte und Theorien sowie ihrer Bedeutung zu ihrer Zeit. Dabei klärt uns die hermeneutische Methode des Sinnverstehens darüber auf, dass wir die Hervorbringungen aus anderen Epochen doch immer nur aus dem Sinnhorizont unserer eigenen verstehen können. Im gelungenen Verstehen verschmelzen die Sinnhorizonte beider, indem wir aus den Voraussetzungen der eigenen Epoche doch den Sinn der Texte und Handlungen einer anderen verstehen können.

Die Darstellungen der politischen Theorien und der Verweis auf die jeweils verschiedenen kulturellen Hintergrundselbstverständlichkeiten, aus denen heraus sie zu verstehen sind, verdanken sich der Anwendung dieser geistes- und kulturwissenschaftlichen Methoden. Das gilt im vorliegenden Buch vor allem für die Themen der Kapitel 3 und 10.

Empirische Deskription

Die empirische Deskription beschreibt ausgewählte Erfahrungsbereiche auf der Basis begründeter Ordnungsmodelle oder überprüfbarer theoretischer Grundannahmen. Auf diese Weise können die beschriebenen Sachverhalte systematisch untersucht und in eine weiter gespannte Theoriebildung einbezogen werden. Der Versuch einer theoretisch gänzlich unvermittelten Beschreibung hingegen muss immer scheitern, da er sich entweder in der unendlichen Fülle der Einzeldaten verliert oder den Zusammenhang zu systematischen politikwissenschaftlichen Forschungsfragen nicht herzustellen vermag. Die Beschreibung erfolgt bei der empirischen Deskription zwar methodisch kontrolliert auf empirische Weise sowie intersubjektiv nachvollziehbar und kritisierbar, aber im Vorgriff auf die Rolle der beschriebenen Sachverhalte für bestimmte Modelle oder Theorien.

Die Methode der klassifizierenden Beschreibung auf der Basis theoretischer Annahmen kann an zwei Beispielen aus der Themenpalette des vorliegenden Buches illustriert werden. Das eine bezieht sich auf die politische Kulturforschung (Kapitel 11), Aus der Beschreibung ähnlicher Aussagen befragter Bürger aus unterschiedlichen Ländern entstehen die Typologien der ähnlichen und der unähnlichen Einstellungen gegenüber dem Politischen. Ohne die theoretischen Annahmen darüber, welche Typen für das Verhältnis von politischen Kulturen zu politischen Systemen Bedeutung haben können, wären diese Beschreibungen nicht möglich. Sie verfügen aber auch über eine eigenständige Fundierung in der Erfahrungswelt, die letzten Endes darüber entscheidet, ob die vorläufig zugrunde gelegten Theorien als empirisch gehaltvoll und relevant anerkannt werden können oder nicht. Das Gleiche gilt für die Beschreibung der Abläufe politischer Prozesse zwischen politischen Führungsgruppen, demoskopischen Umfragen, Parteien und Massenmedien im Kapitel über die Mediendemokratie (Kapitel 13). Die Hypothesen über das politische Regime in der Mediendemokratie informieren die Beschreibungen, die auch unabhängig von der Geltung der Hypothesen intersubjektiv nachvollziehbar und kritisierbar sind. Die Stichhaltigkeit der Beschreibung in diesem Sinne ist dann eine der relevanten empirischen Instanzen für die Überprüfung der Theorie.

Empirisch-analytische Theorie

Eine gesetzesförmige empirische Theorie ist das Erkenntnisideal der Naturwissenschaften. Vor allem die empirische-analytisch orientierten Sozialwissenschaftler streben danach, diesem Theorietypus auch in ihren jeweiligen Wissenschaftsdisziplinen möglichst nahe zu kommen. Die angestrebten Theorien sollen universelle Gesetzesaussagen enthalten, in denen zwei oder mehr Variablen auf empirisch überprüfbare Weise kausal miteinander verknüpft sind. Eine Theorie dieses Typs bestünde in der Politikwissenschaft in einem der in diesem Buch behandelten Themenfelder, beispielsweise in der Aussage der politischen Kulturforschung: Immer dann, wenn der Typ der in einem politischen Gemeinwesen real geltenden politischen Kultur und der Typ des in ihm institutionalisierten politischen Regierungssystems nicht übereinstimmen, entstehen schwerwiegende politische System-Krisen unterschiedlichen Typs: die Folgen reichen je nach den spezifischen Randbedingungen von der Apathie, über die Entfremdung bis zur Revolution (Kapitel 11).

34

Voraussetzung für die wissenschaftlich angemessene Formulierung einer solche Theorie ist u.a., dass sich die gesetzmäßig miteinander verbundenen variablen Größen (politische Kultur, institutionelles System, politische System-Krise) klar definieren und empirisch eindeutig beschreiben lassen. Die wichtigste Bedingung für ihre mögliche Geltung ist, dass sich eine ausreichend große Zahl von Fällen finden lässt, die den von der Theorie erklärten Sachverhalt repräsentieren. Wenn diese Bedingungen erfüllt sind, dann gilt eine solche Theorie so lange als wahr, wie sich kein einziger Fall finden lässt, der ihr widerspricht.

Eine solche Theorie kann, wenn sie im beschriebene Sinne relevant und gültig ist, gleichzeitig drei Funktionen erfüllen. Sie kann beobachtbare Ereignisse wissenschaftlich erklären, denn sie nennt den Grund für das eingetretenen Ereignis (die System-Krise). Sie erlaubt die wissenschaftlich fundierte Prognosen, dass das Ereignis eintreten wird, wenn die Ausgangsbedingungen nicht verändert werden. Und sie ermöglicht wissenschaftliche Politikberatung für gezielte Veränderungen in der politische Wirklichkeit, um nicht gewollte Ereignisse abzuwenden (Veränderung der politischen Kultur oder des Institutionen-Systems zur Vermeidung der Systemkrise). Freilich lässt sich in die soziale Realität der Politik selten so trennscharf eingreifen wie in die Natur. Zudem ist fast in allen einschlägigen Fällen sowohl die politische Legitimation zu dem gewünschten Eingriff wie auch die überzeugte Mitwirkung der von ihm betroffenen Menschen nötig, wen er erfolgreich sein soll. In diesem Sinne können Theorien diese Art oft eher zur Selbstaufklärung der Bürger beitragen, weil zeigen, was sich ändern muss, um unerwünschte Folgen zu vermeiden.

Individual- und Aggregatdatenanalysen

Bei der Wahlforschung, der Meinungsforschung und, bezogen auf den vorliegenden Text, besonders auch bei der politischen Kulturforschung werden vor allem Methoden der Individual- und Aggregatdatenanalyse benutzt. Individualdaten werden durch Fragebögen oder Interviews methodisch auf solche Weise erhoben, dass das Ergebnis von der Peron des Fragestellers sehr weitgehend unabhängig ist. Sie erlauben eine qualitative Interpretation von Einstellungen und Motiven der Befragten, etwa über ansonsten kaum zugängliche politische Weltbilder von Bürgern. Die Zusammenfassung vieler Individualdaten mit besonderen statistischen Methoden nach Ähnlichkeitsmerkmalen ergibt Aggregatdaten. Falls diese den Anspruch der Repräsentativität erheben, also aus einer begrenzten Zahl Befragter auf die Gesamtverteilung der bei ihnen angetroffenen Merkmale in der Gesamtbevölkerung geschlossen werden soll, müssen spezielle statistische und demografische Regeln eingehalten werden, die dann einen hohen Grad von Wahrscheinlichkeit der erzielten Ergebnisse begründen können. Individualdaten und ihre Analyse spielen in der politischen Kultur- und Beteiligungsforschung (Kap. 7 u. 11) eine Rolle, etwa wenn anhand exemplarischer Einstellungen einzelner Personen das politische Weltbild der politischen Untertanen-Kultur interpretiert wird. Aggregatdaten, ihre systematische Erhebung und ihre Interpretation kommen hingegen ins Spiel, wenn die Frage untersucht wird, wie groß der Anteil von Bürgern dieses Typs in einer gegebenen Gesellschaft, etwa der Bundesrepublik Deutschland, ist.

Vergleichende Methode

Der systematische, methodisch kontrollierte Vergleich ist eine der in der Politikwissenschaft am häufigsten angewandten Methoden. Das ist nicht überraschend, da er in gewissem Maße das naturwissenschaftliche Experiment auf dem Feld der Gesellschaftsforschung ersetzt. Denn wenn derselbe Faktor, etwa ein Parteiensystem, ein Wahlrecht oder ein Regierungssystem daraufhin untersucht und verglichen wird, wie er sich unter unterschiedlichen Randbedingungen, in anderen Umwelten, gepaart mit anderen Faktoren (etwa politische Kultur, ökonomischer Entwicklungsstand einer Gesellschaft) verhält, dann lassen sich systematische Erkenntnisse über Bedingungsverhältnisse oder sogar Ursache-Wirkungsbeziehungen zwischen diesen Faktoren ermitteln, je mehr Fälle untersucht werden um so gesicherter.

Wenn der Vergleich methodisch angeleitet und daher wissenschaftlich gehaltvoll sein soll, so bedarf er einer theoretischen Orientierung.

Die bloße Gegenüberstellung unterschiedlicher Fallbeispiele ist noch kein Vergleich, oft aber das Ausgangsmaterial dafür. Fast alles, was die Politikwissenschaft interessiert, kann vergleichend erforscht werden. In diesem Buch werden beispielsweise im Kapitel 14 die Parteien und die Mediendemokratie miteinander verglichen, indem die Rolle der Parteien bei der Formulierung und Durchsetzung politischer Handlungsprogramme durch die Führungsgruppen der Parteien in beiden Fällen gegenübergestellt werden. Dabei geben theoretische Annahmen über den veränderten Einfluss der Massenmedien und ihrer Funktionsregeln auf die Öffentlichkeit und die politischen Führungsgruppen diesem Vergleich eine Orientierung. Verglichen werden auf eine solche Weise auch die verschiedenen Typen Politischer Kultur miteinander (Kap. 11) oder die Politikbegriffe einiger Klassiker des politischen Denkens (Kap. 3).

Diskursanalyse

Die Welt der Politik ist eine Welt der Diskurse. Der Begriff Diskurs wird in den Sozial- und Kulturwissenschaften in mehrfacher Bedeutung verwendet. Diskurse sind a) die Gesamtheit der Meinungsbeiträge zum einen Thema (z.B. Sozialpolitik, Volksbegehren) unabhängig von dem Medium ihres Ausdrucks und b) der jeweils bestimmte Text im weiteren Sinne, der einen politischen Informations- oder Meinungsbeitrag repräsentiert, sei es ein Zeitungsartikel, ein Interview, eine Fernsehsendung, ein Radiobeitrag, eine Politikerrede, die Fernseh- oder Radionachrichten oder eine einschlägige Sequenz in einer soap opera oder Quiz-Sendung. Soweit Diskurse in beiden Bedeutungen für den politischen Prozess in weitesten Sinne, also insbesondere auch für die politische Urteilsbildung der Bürger, von Belang sind, können sie Gegenstand politikwissenschaftlicher Untersuchungen sein. Das gilt im vorliegenden Buch in erster Linie für die politische Berichterstattung in den Massenmedien.

Zum Verständnis möglichst aller Facetten ihres Inhalts, der zugrunde liegenden Absichten und ihrer möglichen oder wahrscheinlichen Wirkungen werden unterschiedliche Varianten der Diskursanalyse angewandt. Dabei spielt vor allem die genaue Analyse der verschiedenen Zeichensysteme (etwa Bilder und Sprache), die benutzten Codes (etwa Anspielungen auf Mythen oder Stereotypen) sowie die in ihnen jeweils zum Ausdruck kommende Botschaft eine zentrale Rolle. Bei den in den Kapiteln 12. u.13 dargestellten Prozessen der Mediendemokratie kommen diskursanalytische Methoden einerseits dadurch ins Spiel, dass die Darstellungsmittel und Auswahlprinzipien medialer Diskurse über Politik analysiert werden. Und zum anderen dadurch, dass der politische Inhalt medialer Diskurse untersucht und auf die dargestellten politischen Sachverhalte vergleichend bezogen wird.

Normativer Diskurs

In mehreren Kapiteln dieses Buches werden Argumente vorgetragen, um normative Aussagen zu stützen. Das gilt beispielsweise für Aussagen über Menschenrechte und Demokratie (Kapitel 5) sowie die Forderungen für eine Globalisierung der Demokratie in der globalisierten Gegenwartswelt (Kapitel 15). Diese Argumentation folgt der philosophischen Methode des normativen praktischen Diskurses. Diese nennt und begründet eine Reihe von Bedingungen, die erfüllt sein müssen, damit einerseits alle Teilnehmer eines praktischen Diskurses die erstrebte Übereinstimmung über die verhandelten Normen (Menschenrechte, demokratische Prinzipien) als gültig anerkennen können, und damit zweitens auch Menschen, die an diesem Diskurs nicht selbst teilgenommen haben, seine Ergebnisse dennoch als für sich selber gültig nachvollziehen können.

Die Methode des normativen Diskurses legt die – ihrerseits nach denselben Regeln begründbaren – Bedingungen fest, dass 1) alle Aussagen in ihrer Form klar und verständlich formuliert und 2) in ihrem Inhalt von allen beteiligten Sprechern wahrhaftig vertreten werden. Sie verlangt 3) die Freiheit des Diskurses von äußerem Druck und fremdgeleiteten Interessen. Sie beruht 4) auf der Regel, dass alle eingebrachten Argumente so formuliert sein müssen, dass sie von allen Betroffenen im Prinzip anerkannt werden können (Universalisierbarkeit) und 5), dass nur solche Normen als für alle gültig angesehen werden müssen, die gegen alle nach den Regeln eines solchen Diskurses vorgebrachten Argumente überzeugend verteidigt werden können. Weil auf solche Weise begründete Normen prinzipiell auf der Anerkennung durch alle Betroffenen beruhen, haben sie für alle eine unbedingte Gültigkeit.

Da die moderne Politikwissenschaft auf die grundlegenden Legitimationsideen der Menschenrechte und der Demokratie bezogen sind, kann sie ohne normative Diskurse dieser Art oder einen Rückgriff auf seine Ergebnisse kaum auskommen.

Die Methoden in der Praxis

Die Auswahl der jeweils zu untersuchenden politikwissenschaftlichen Probleme hängt unvermeidlich in ausschlaggebender Weise von den Erkenntnisinteressen der Wissenschaftler ab. Die Anwendung der wissenschaftlichen Methoden soll und kann demgegenüber gewährleisten, dass die Ergebnisse, die sie erzielen, intersubjektiv nachvollziehbar und kritisierbar und in diesem Sinne objektiv sind. In welcher Weise und in welchem Maße die einzelnen Politikwissenschaftler Methoden kombinieren, um Antworten auf ihre Forschungsfragen zu gewinnen, hängt wiederum von ihrem wissenschaftstheoretischen Verständnis ab.

Während z.B. für einen empirisch-analytisch arbeitenden Politikwissenschaftler Daten über Wahlverhalten in einem Lande als ein selbständiges Forschungsergebnis gelten können, werden sie für Forscher der anderen beschrieben wissenschaftstheoretischen Ausrichtung nur ein Element in weitergefassten Erklärungsversuchen darstellen; also etwa (historisch-dialektisch) für eine Erklärung über den Zusammenhang der sozial-ökonomischen Herrschaftsverhältnisse und das politische Bewusstsein der Bevölkerung oder (normativ-ontologisch) für eine Untersuchung über den politischen Zustand des betreffenden Gemeinwesens und das Selbstverständnis seiner Bürger. Die einzelnen Forschungsergebnisse sollten dabei jedoch immer anhand der erläuterten und weiterer einschlägiger Forschungsmethoden gewonnen werden und intersubjektiv kritisierbar bleiben. Dieses Verständnis von Politikwissenschaft liegt den Darstellungen der einzelnen Kapitel des folgenden Textes zugrunde (vergl. Auch v. Alemann 1995, Patzelt 2001).

Der knappe Überblick über die Politikwissenschaft in diesem Einführungskapitel verfolgt in erster Linie den Zweck, jedem Leser der nachfolgenden Kapitel deutlich zu Bewusstsein zu bringen, dass keine Darstellung politischer Sachverhalte und Probleme jemals den Anspruch erheben kann, der alternativlose Ausdruck der Sache selbst zu sein. Alle Darstellungen sind unvermeidlich das Ergebnis wissenschaftstheoretischer Vorentscheidungen und kritisierbarer methodischer Erkenntnisbemühungen.

Kapitel 2
Begriff und Gegenstand der Politik

Definitionen von Politik

Politik ist die Gesamtheit der Aktivitäten zur Vorbereitung und zur Herstellung gesamtgesellschaftlich verbindlicher und/oder am Gemeinwohl orientierter und der ganzen Gesellschaft zugute kommender Entscheidungen. So kann in einer ersten Annäherung das Politische in seinem charakteristischen Unterschied zu wirtschaftlichem, kulturellem oder sozialem Handeln beschrieben werden. Dabei zeigt schon der genauere Blick auf die Bestandteile dieser Annäherungsdefinition eine Reihe von Eigenarten, die Politik stets kennzeichnen. Dazu gehören insbesondere der *offene Charakter* politischer Entscheidungen, denn immer sind in ihrem Handlungsraum Alternativen möglich, zumeist auch den Handelnden wohl bewusst. Immer gibt es mehr als eine Möglichkeit, wie die politischen Entscheidungen in ihren Inhalten beschaffen und in ihrer Form zur Geltung gebracht werden können. Immer geht es um diejenigen Entscheidungen, die *allen* im jeweiligen Handlungsfeld *zugute* kommen oder die *alle binden* sollen. Dieses Doppelgesicht des Politischen, in seinem Entstehungsprozess stets für Alternativen offen und in seinen Ergebnissen dann für alle Betroffenen *verbindlich* zu sein, ist eine der wesentlichen Eigenarten der Politik im Unterschied zu den anderen zentralen gesellschaftlichen Grundfunktionen, die ebenfalls universell sind, also für alle menschlichen Gesellschaften unverzichtbar. Eine solche grobe Einstiegsdefinition kann der ersten Orientierung dienen, sie bedarf freilich, um verlässlich zu sein, der vielfältigen Präzisierung und einiger Einschränkungen. Beides wird im Verlaufe der Darstellung erarbeitet.

In der langen Geschichte der theoretischen Analyse der Politik ebenso wie in ihren gegenwärtigen wissenschaftlich fundierten Beschreibungen ist eine verwirrende Fülle von Definitionen des Politischen erarbeitet worden. Sie erwecken auf den ersten Blick den Eindruck, die Bestimmung des Politischen sei so mannigfaltig wie die Anzahl und die Orientierung der Autoren, die sich zum Thema geäußert haben. *C. Böhret, W. Jann, E. Kronenwett* (1988) haben eine informative Liste solcher Definitionsversuche zusammengestellt.

Abb. 2: Auswahl wissenschaftlicher Politikbegriffe

- Politik ist die Summe der Mittel, die nötig sind, um zur Macht zu kommen und sich an der Macht zu halten und um *von der Macht den nützlichsten Gebrauch zu machen,* ... Politik ist also der durch die Umstände gebotene und von den Vermögen (virtù) des Herrschers oder des Volkes sowie von der spezifischen Art der Zeitumstände abhängige Umgang mit der Macht (*Machiavelli,* um 1414)

- Politik ist die *Kunst des Staatslebens,* die Bewegung des öffentlichen Lebens, die auf Ziele ausgerichtet ist. Politik bestimmt, „was geschehen soll und wie es geschehen soll. Sie bezeichnet die Aufgaben des Staatslebens und ihre Lösung" (*Blunschli* 1864)

- Politik ist das Streben nach *Machtanteil* oder nach Beeinflussung der *Machtverteilung,* sei es innerhalb eines Staates oder zwischen den Menschengruppen, die er umschließt (*Max Weber* 1919)

- Die Politik ist der Ausgangspunkt *aller praktischen Handlungen einer revolutionären Partei,* und sie kommt auch im Verlauf dieser Handlungen und in deren Endergebnis zum Ausdruck ... – Politik und Taktik sind das Leben der Partei ... (*Mao Tse-Tung* 1948)

- Politik ist der Kampf *um die rechte Ordnung (Shur v. d. Gablenz 1950/ 1965)*

- Politik ist die *autoritative* (von Regierenden, von Herrschenden) verfügte *Verteilung* von materiellen und immateriellen *Werten* in der Gesellschaft (nach *Easton* 1954/1964)

- Politik (ist) gesellschaftliches Handeln, ... welches darauf gerichtet ist, gesellschaftliche *Konflikt über Werte* verbindlich *zu regeln* (Lehmbruch 1968)

- Politik (ist) „der alle Bereiche des gesellschaftlichen Lebens durchdringende *Kampf der Klassen* und ihrer Parteien, der Staaten und der Weltsysteme um die Verwirklichung ihrer *sozialökonomisch bedingten Interessen* und Ziele ..." (Wörterbuch der marxistisch-leninistischen Soziologie 1969)

- Politik ist der Komplex *sozialer Prozesse,* die speziell dazu dienen, das Akzept administrativer (Sach-)Entscheidungen zu gewährleisten. Politik soll verantworten, legitimieren und die erforderliche Machtbasis für die Durchsetzung der sachlichen Verwaltungsentscheidungen liefern (nach Luhmann)

- Politik ist die *Führung von Gemeinwesen* auf der Basis von Machtbesitz (*Wilkens,* Evangelisches Staatslexikon 1975)

- Politik (ist) der *Kampf um die Veränderung oder Bewahrung* bestehender Verhältnisse (Graf von Krockow 1976)

Aus C. Böhret/W. Jann/E. Kronenwett: Innenpolitik und politische Theorie. Opladen 1979

Obgleich, wie die folgende Darstellung im Einzelnen zeigen wird, Politik tatsächlich ein höchst komplexer Prozess mit vielfältigen Facetten, Dimensionen und Akzenten in der jeweils konkret gegebenen Lage ist, lassen sich ihre grundlegende Funktion für die Erhaltung und Gestaltung der Gesellschaft sowie das Charakteristische ihres Vollzugs dennoch im wesentlichen Kern klar und allgemeingültig beschreiben. Bereits die Durchsicht und der Vergleich der auf den ersten Blick so widersprüchlichen Liste berühmter Definitionen des Politischen lässt erkennen, dass die Unterschiede weniger aus unüberbrückbaren Gegensätzen im Kern der Definitionen resultieren. Sie ergeben sich vielmehr daraus, welches ihrer Elemente oder welche ihrer in der Definition selbst unausgesprochenen Voraussetzungen jeweils in besonderer Weise herausgehoben und beleuchtet werden.

Verbindende Definitionsmerkmale

Der Annäherungsdefinition am Beginn dieses Kapitels widerspricht keine dieser so unterschiedlichen Beschreibungen von Politik. Auffällig ist die Differenz zwischen den Darstellungen, die die Rolle des *Gemeinwohls* für die Politik hervorheben und jenen, die die Rolle der *Macht* in den Mittelpunkt stellen. Es liegt auf der Hand, dass es bei diesen beiden Begriffen keinesfalls notwendigerweise um Gegensätze geht, denn die politische Verwirklichung von Entscheidungen, die dem *Gemeinwohl* dienen sollen, ist in aller Regel nur möglich, wenn eine *Macht* die Verbindlichkeit dieser Durchsetzung für alle direkt oder indirekt gewährleistet. Andererseits werden kaum je politische Verbindlichkeitsansprüche öffentlich verfochten, die nicht für sich wenigstens den Anspruch erheben, dem Gemeinwohl zu dienen. Ob dies tatsächlich der Fall ist, und wie sich die damit gestellte Frage entscheiden lässt, ist freilich kein Problem der Definition von Politik, sondern eine sachlich-politische und politikwissenschaftliche Anwendungsfrage eigener Art, die in ihren konkreten Details nicht immer eine einvernehmliche Antwort findet.

Die Begriffe des *Gemeinwohls* und der *Macht* haben offensichtlich eine aufschlussreiche Gemeinsamkeit, die sie für die Kennzeichnung des Politischen in besonderer Weise geeignet erscheinen lässt. Bei beiden geht es um die Vorstellung oder um die Durchsetzung von Handlungen, deren Folgen *für alle Mitglieder* einer Gesellschaft Gültigkeit erlangen, ohne ihnen individuelle Ausweichmöglichkeiten offen zu lassen. Es geht beide Male, wenn auch im Falle des Gemeinwohls mit einer inhaltlichen Akzentuierung und im Falle der Macht mit einer Betonung der formalen Seite, um die Gültigkeit von *Entscheidungen* für alle Gesellschaftsglieder, die dem einzelnen keine Wahlmöglichkeiten mehr offen lässt und ihn darum *unbedingt* betrifft.

Gesellschaftliche Funktion von Politik

Eine der beiden entscheidenden Annäherungen an das, was Politik für jede Gesellschaft bedeutet, ergibt sich aus der Analyse der unverzichtbaren Funktionsbedingungen menschlicher Gesellschaften, die der amerikanische Soziologe *Talcott Parsons* erarbeitet hat (Parsons 1991). Sie zeigt und begründet in überzeugender Weise, welche Grundfunktionen in allen menschlichen Gesellschaft erfüllt sein müssen, wenn auch auf jeweils höchst unterschiedliche Weise, damit sie lebensfähig sind und Bestand haben können. Aus der vergleichenden Betrachtungen einfacher, noch wenig differenzierter Gesellschaften in den Frühzeiten der Geschichte, mit den hochgradig differenzierten Gesellschaften der Gegenwart, ergänzt durch Vergleiche zwischen unterschiedlich verfassten Gesellschaften gleicher Epochen hat *Parsons* für das Verständnis der gesellschaftlichen Rolle von Politik weitreichende Schlussfolgerung gezogen.

Vier Grundfunktionen müssen in der einen oder anderen Weise immer erfüllt sein, damit Gesellschaften überhaupt bestehen können. Sie werden von vier unterschiedlichen Typen gesellschaftlichen Handelns erfüllt *Wirtschaft, Kultur, Solidarität und Politik*. Keine dieser Grundfunktionen kann durch die anderen ersetzt werden, keine ist nur eine Folge der anderen, sie sind in ihrer gesellschaftlichen Rolle gleich ursprünglich und gleichrangig. Die Reihenfolge ihrer Nennung bedeutet darum keine Gewichtung ihrer Bedeutung für die Gesellschaft:

Abb. 3: Politik und Gesellschaft

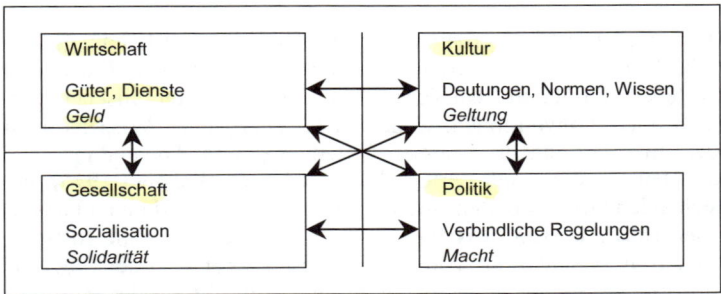

Eigene Darstellung

1. Wirtschaftliches Handeln (Ökonomie)

Dabei geht es um die Erzeugung von Gütern und Dienstleistungen, durch die zunächst die Grundbedürfnisse des Lebens und Überlebens, darüber hinaus aber auch viele andere menschlichen Bedürfnisse befriedigt werden können. Durch wirtschaftliches Handeln, Herstellen und Tauschen, Verteilen und Reparieren, Dienstleistungen und dergleichen mehr, passt sich die Gesellschaft an die natürlichen Umstände ihrer Umwelt an und ermöglicht auf elementarer Stufe zunächst das physische Leben der Menschen, aus denen sie besteht. Die grundlegende *Logik*, an der sich wirtschaftliches Handeln bemisst, ist der Tausch. Er vollzieht sich im weitesten Sinne am Markt, dem Ort der Präsentation, des Vergleichs und des Austauschs von Gütern und Diensten.

Das *Medium*, das den *Tausch* reguliert, ist das *Geld*. So unterschiedlich die Arten und Grenzen des Tauschs und seines Vollzugs, die Prägung, die Materialität und die Rolle des Geldes, die Art der bevorzugten Dienstleistungen und Güter wie auch die Techniken ihrer Herstellung sein mögen, die Grundfunktion wirtschaftlichen Handelns als solche muss in jeder Gesellschaft erfüllt sein, irgendeine Art von Tausch und von Geld ist immer vorhanden. Ihre Logik und der gesellschaftlichen Zweck, dem sie dient, müssen immer erfüllt sein. Alle Varianten wirtschaftlicher Zweckerfüllung, so unterschiedlich sie auch sein mögen, sind in diesem Sinne funktional gleich bedeutend, also äquivalent.

2. Kulturelles Handeln (Kultur)

Tiergesellschaften werden durch unwillkürlich wirkende geneti-
sche Programme instinktiven Handelns integriert, koordiniert und
gesteuert. Für deren Realisierung bedarf es weder moralischer Normen noch Konventionen, weder eines spezifischen Wissens noch
der Entscheidung über dessen Gewinnung und Anwendung. Die
aus dem „instinkt-reduzierten" Wesen Mensch (Plessner 1975), bestehenden Gesellschaften sind hingegen elementar auf einen künstli-
chen Ersatz dessen, was für das Verhalten der Tiere die Instinkt-
steuerung bedeutet, unbedingt angewiesen. *Kultur* ist der Inbegriff
für die Gesamtheit der Leistungen, die an die Stelle der unmittelbaren Natur die Steuerung des menschlichen Verhaltens und Zusammenlebens in Gesellschaften ersetzen. Normen und Werte,
Deutungen und Begründungen, Sinn, Beziehungen und Wissen,
Erwartungen und Erzählungen sind der Stoff, aus dem die Orientierung im Handeln und die Verknüpfung der Motivationen vieler mit
den gesellschaftlichen Notwendigkeiten, Zwängen und Möglichkeiten besteht. Menschliche Lebensformen sind dadurch gekennzeichnet, dass in ihnen nicht nur Informationen und Wissen, sondern vor allem Gründe für Handlungen konstitutiv sind. Vom
Mythos über die Religion bis zur Wissenschaft und dem öffentlichen Diskurs über die Erwartungen und Rechtfertigungen für das
Handeln der Menschen und die Funktion der gesellschaftlichen Institutionen spannt sich der Bogen kultureller Handlungen. Ihr
Steuerungsmedium, gleichsam die Währung für das Hervorbringen
und die Geltung kultureller Erzeugnisse, ist *Sinn.* Von ihm hängt
ihre Fähigkeit der wirksamen Vermittlung kulturell erzeugter Orientierungen an alle ab, die in einer Gesellschaft zusammenleben.
Der Beitrag, den das kulturelle Handeln zur gesellschaftlichen
Integration leistet, besteht demnach in der Erzeugung und Auf-
rechterhaltung der *unsichtbaren Muster* der Weltdeutung, der individuellen Orientierung und der kollektiven Handlungskoordination
(*Parsons* 1951*).* Das Medium der Steuerung der Handlung in diesem Bereich, nämlich Sinn, gewährleistet die Überzeugungskraft
der kulturellen Leistungen im jeweiligen Bezugsraum historischer
Epochen und Gesellschaften. In ihm entstehen auch die Interpretationen und Normen, an denen sich die *Legitimität* politischen Handelns bemisst.

3. Solidarisches Handeln (Gemeinschaft)

Familien im weitesten Sinne, also dauerhafte Lebensgemeinschaf-
ten von Erwachsenen mit Kindern und nicht lediglich der auf die
bürgerliche Ehe gegründete Sozialverband, vermitteln mit ihren
emotionalen Energien und wechselseitigen Bindungen die Sociali-
sation der nachwachsenden Generationen in die Gesellschaft. Sie
befriedigen in dichter emotionaler Zuwendung zugleich die wichtigen biologischen und soziale Bedürfnisse ihrer Mitglieder und
festigen auf dieser Basis die Normen, Regeln, Rollen, Erwartungen
und sozialen Kompetenzen der jeweiligen Gesellschaft. Diese für
den Selbsterhalt und die Erneuerung der Gesellschaft unverzicht-
bare Leistung ist nur solidarischen Kleingruppen wie der Familie
möglich, weil sie den Druck der Übernahme gesellschaftlicher Anforderungen mit emotionaler Zuwendung und der Befriedigung
elementarer individueller Bedürfnissen verbinden können. Sie stabilisieren den Einzelnen durch Solidarität emotional im konfliktreichen Prozess seines Hineinwachsens in das System der gesellschaftlichen Erwartungen, seiner sozialen Disziplinierung und Prägung. Durch die Solidarität, die sie geben und erfahren lassen, begründen sie dessen Fähigkeit zu solidarischem Handeln.

4. Politisches Handeln (Politik)

Politisches Handeln schließlich erzeugt diejenigen Regelungen des
Zusammenlebens, die für die ganze Gesellschaft verbindlich gelten
sollen. Keine menschliche Gesellschaft kann ohne *ein gewisses
Maß* und eine *gewisse Art* solcher Regelungen bestehen. In einfachen, kaum ausdifferenzierten Gesellschaften sind es Überlieferungen über gesellschaftliche Rollen, die zu verbindlichen Entscheidungen für besonders befugte Personen über Krieg und Frieden, Leistungen für das Gemeinwesen, die Verteilung von Pflichten
und Lasten oder Vorrechten berechtigen. Im Falle der hoch komplexen Gesellschaften der Gegenwart sind es Gesetze, Verordnungen und
Regelungen, Leistungen und öffentliche Handlungsprogramme, die in
öffentlich rechtlich genau festgelegten Institutionen (z.B. Parlamenten) und Verfahren erzeugt werden. Zwar kann ohne ein gewisses
Maß an für alle verbindliche Regelungen keine Gesellschaft bestehen,
wie dicht das Netz solche Regelungen und Leistungen, die für alle

verbindlich gelten, aber jeweils ist, wie die Entscheidungen, die es hervorrufen, jeweils zustande kommen, auf welche Handlungsbereiche sie sich erstrecken, darin unterscheiden sich Gesellschaften im Verlauf der geschichtlichen Entwicklung und je nach politischem Selbstverständnis in erheblichem Maße voneinander.

Politik als sozialer Handlungstyp

Der Grundtatbestand selbst jedoch ist universell: jede Gesellschaft bedarf verbindlicher Regelungen, also politischen Handelns. Das Medium der Politik ist *Macht*, denn sie allein vermag die Durchsetzung des verbindlich Gemachten zu gewährleisten. Die Art ihres Zustandekommens, ihre Legitimation, ihre Reichweite hingegen variieren von Epoche zu Epoche, von Gesellschaft zu Gesellschaft, von politischem System zu politischem System.

Nach *Parsons'* Modell der universalen Grundfunktionen für die Lebensfähigkeit menschlicher Gesellschaften gehört Politik in einem elementaren Sinne zu den vier bestandsnotwendigen sozialen Handlungstypen. Beschreibung und Erklärung dieses Modells erscheinen überzeugend. Es enthält einen weiten Spielraum für die Entfaltung und Differenzierung des Politikbegriffs in historischer und aktueller Perspektive. Informativ an Parsons' Modell ist nicht nur die Beschreibung des eigentlichen gesellschaftlichen Zweckes politischen Handelns, sondern auch der aus der Zweckbeschreibung folgende Sachverhalt, dass Politik ein gesellschaftlicher Handlungstyp mit bestimmten regelmäßigen Handlungsfolgen ist, aber nicht notwendigerweise ein Handeln, dass allein im Rahmen eigens zu diesem Zwecke eingerichteter politischer Institutionen, wie Parlamente, Regierungen oder Parteien, stattfinden muss.

In gering differenzierten Gesellschaften ohne ein System speziell ausgegliederter politischer Institutionen findet dennoch politisches Handeln statt, damit der Zusammenhalt der Gesellschaft gewährleistet werden kann. Ebenso ist in den hochdifferenzierten Gesellschaften der Gegenwart Politik nicht ausschließlich im Rahmen der politischen Institutionen zu finden, die für sie speziell eingerichtet sind. Politik ist demnach ein gesellschaftlicher Handlungstyp, der auch an seinen Zwecken und Wirkungen und nicht allein an den Formen seiner Organisation und Institutionalisierung zu bemessen ist.

Zwei Arten gesamtgesellschaftlicher Verbindlichkeit

Der *funktional* bestimmte Politikbegriff, wie er aus dem *Parsonschen* Modell folgt, wirft eine grundlegende Frage auf, die gerade in der Gegenwart von besonderem Interesse ist. Die charakterisierende Eigenschaft der *gesamtgesellschaftlichen Verbindlichkeit* kann nämlich von zwei Seiten betrachtet werden. Eindeutig ist die Seite der mit Sanktionsdrohungen bewährten Verbindlichkeiten für alle, wie sie beispielhaft in *Gesetzen* und *Verordnungen* ihren Ausdruck findet. Solche Regelungen können ja, obgleich sie dem Anspruch nach für alle gelten, vom einzelnen auch verletzt werden und werden dann, damit ihre allgemeine Geltung nicht in Frage gestellt wird, durch Strafen sanktioniert. Es gehört zur Charakteristik der Politik, das zugleich immer auch mit den Verbindlichkeiten der Regelung selbst verbindlich festgelegt ist, wer in welchem Verfahren die Macht zur Ausübung der Sanktionen innehat. In diesem Sinne ist Politik unvermeidlich *öffentlich*, nämlich durch die Geltung der Regelung, die sie hervorbringt und die Form ihrer Sanktionierung.

Öffentlich „verbindlich" sind aber, wenn auch in einer anderen Art und Weise, auch Leistungen, die allen Angehörigen einer Gesellschaft zugute kommen, ohne dass ihnen ein Entscheidungsspielraum offen bliebe, ob sie diese in Anspruch nehmen wollen oder nicht, also bestimmte *öffentliche Güter*. Die Verbesserung der Luftqualität in einem gegebenen Lebensraum beispielsweise ebenso wie deren Verschlechterung, sind Handlungsergebnisse, die in ihren Wirkungen unausweichlich und unvermeidlich für alle Mitglieder der Gesellschaft sind, die diesen Lebensraum teilen. Sie teilen damit die charakterisierende Grundeigenschaft des Politischen. Sie sind ebenso wie die bewusst herbeigeführten politischen Regelungen, etwa die Qualität der Verkehrswege, im Positiven wie im Negativen eine Form des „Zwangskonsums" für große Kollektive ohne Entscheidungsoptionen für dessen einzelne Mitglieder oder Teilgruppen. Die Eigenschaft der unvermeidlichen Verbindlichkeit kennzeichnet daher *Kollektivgüter* dieser Art.

Wenn auch nicht in genau demselben Sinne wie die normativen verbindlichen Regelungen, die politische Entscheidungen beispielhaft in der Form des Gesetzes herbeiführen, so ist die Erzeugung solcher Kollektivgütern, die einen „Zwangskonsum" für alle bedeuten, darum auch in einem charakteristischen Sinne politisch.

Auch sie ist Resultat einer Wahlhandlung von Entscheidungsakteuren, für die Alternativen nach Maßgabe öffentlicher Interessen stets möglich sind und die, wenn sie erst einmal ihre Wirkung entfalten, für alle gelten. Beide Seiten möglicher gesamt gesellschaftlicher Verbindlichkeit müssen daher für die Bestimmung des Politischen in Betracht gezogen werden.

Kapitel 3
Vier historische Modelle der Politik

Dolf Sternbergers Politikbegriffe

Das Politische zeigt je nach der Perspektive seiner Betrachtung und der Gewichtung seiner Elemente verschiedene Facetten. Der für die Geschichte der Politikwissenschaft in der Nachkriegszeit bedeutende Politikwissenschaftler *Dolf Sternberger (1907-1989)* hat am Ende der siebziger Jahre den lehrreichen Versuch unternommen, die Spielarten und die Sichtweisen des Politischen anhand von drei historischen Modellen aus der politischen Philosophie dreier unterschiedlicher Epochen zu erklären (Sternberger 1978). Er möchte auf diesem Weg die relative Berechtigung höchst verschiedener Betrachtungsweisen des Politischen sowie die Unmöglichkeit, diese aufeinander zu reduzieren, vor Augen führen. Als Autoren dieser verschiedenartigen Sichtweisen des Politischen bezog er sich auf *Aristoteles (384-322 v. Chr.)*, *Augustinus (354-430)* und *Machiavelli (1469-1527)*. Da deren Modelle auch in der Gegenwart noch in der Politik, in der politischen Berichterstattung der Massenmedien und in der Politikwissenschaft von fortwirkender Bedeutung sind, erweist sich der Blick auf die charakteristischen Unterschiede zwischen ihnen für das Verständnis des Politikbegriffs als höchst aufschlussreich. Angesichts der seit der Mitte der neunziger Jahre des zwanzigsten Jahrhunderts prägenden öffentlichen Debatte über die Veränderungen des Politischen in der Informations- und Wissensgesellschaft wird als ein viertes, von den drei anderen deutlich unterschiedenes Modell, das kybernetische Politikmodell des deutschamerikanischen Politikwissenschaftlers *Karl-W. Deutsch* (1912-1992) in diese Betrachtung mit einbezogen. Es ergänzt die Palette der wesentlichen Politikbegriffe, wie in dem entsprechenden Abschnitt gezeigt werden soll, auf informative Weise.

Sternberger unternimmt den Versuch, das höchst komplexe und nie ganz auf ein einziges zentrales Merkmal festzulegende Charakteristische des Politischen aus den drei geschichtlichen Wurzeln

heraus zu verstehen, aus denen es, in seiner Deutung, hervor-
wächst, sich verzweigt und zu dem facetten- und spannungsreichen
Phänomen des Politischen wird, mit dem wir heute leben. Er
möchte auf diesem Wege zugleich ein Beitrag zum Verständnis
der vielgestaltigen Nuancierung des Begriffs der Politik leisten
und die grundlegenden Modelle rekonstruieren, nach denen im
Verlaufe der europäischen Geschichte Politik nicht nur *theoretisch
verstanden*, sondern auch *legitimiert* und *praktiziert* worden ist.
Die Bedeutung dieser Unterscheidung Sternbergers liegt vor allem
darin, dass sie auch heute noch verbreitete Varianten des Politik-
verständnisses von ihren Ursprüngen her beschreibt, in ihren Voraussetzungen, Begründungen und Folgen versteht und damit auch
rational unterscheidbar und beurteilbar macht.

Bei der folgenden kurzen Skizze der Eigenarten dieser Modelle kommt es weder auf eine werkgetreue und zeitgerechte Interpretation im Sinne ihrer historischen Urheber noch auf die detail-
getreue Wiedergabe der Absichten und Darstellungen Sternbergers
an. Sein Ansatz soll vielmehr zum Ausgang genommen werden,
die höchst unterschiedlichen Arten von Politikverständnis, die dargestellt werden, in ihren Voraussetzungen, ihren Folgen und ihrem
Kontrast verständlich zu machen und, zum Zwecke eines erweiterten Verständnisses von Politik, einer vergleichenden Beurteilung
zu unterziehen. Diese Grund-Modelle spielen in der Kommunikation über Politik, in den Legitimationsbestrebungen politischer Akteure und – wenn auch in sehr unterschiedlichem Ausmaß – in der
politischen Theorie immer wieder eine charakteristische Rolle.

1. Das Verständigungs-Modell (Aristoteles 384-322 v.Chr.)

Der Unterschied zu Platon

Für Aristoteles ist, in kennzeichnender Unterscheidung zur Position seines Lehrers und Vorgängers *Platon*, charakteristisch, dass
die *Polis*, die Sphäre des Politischen, auf der Gleichheit der Bürger
begründet ist, obgleich diese als Menschen und als Privatpersonen
höchst ungleich sind. Diese Gleichheit bezieht Aristoteles entsprechend der Kultur seiner Zeit aber allein auf die freien Männer und
nicht auf die Frauen, die Sklaven und die in die heimische Polis
zugereisten Personen. Die Polis, der Staat, das Gemeinwesen, in

dem sich Politik ereignet, ist der Bereich der Gleichheit. Alles was an verbindlichen Entscheidungen entsteht, muss sich daher aus zwanglosen Verständigungsprozessen zwischen Gleichen ergeben, die letztlich allein der Überzeugungskraft der besseren Argumente und Vorschläge folgen.

Aristoteles Kernsatz lautet: *Der Staat aber ist eine Gemeinschaft von Gleichen.* Da diese Gleichen nur als Staatsbürger gleich sind, nämlich gleichermaßen frei, im übrigen aber höchst unterschiedliche Voraussetzungen ihres persönlichen Vermögens, ihrer Talente, ihrer Fähigkeiten, ihrer Interessen und ihrer Meinungen mitbringen, die ihr gesellschaftliches und privates Leben prägen, besteht Politik in der Aufgabe, aus der ursprünglichen Vielheit höchst unterschiedlicher Gleicher dennoch Einheit, nämlich die Gemeinsamkeit der für alle verbindlichen Entscheidungen, erst hervorgehen zu lassen.

Polis und Oikos (Politik und Haushalt)

Mit dieser prägnanten Beschreibung des Wesens des Politischen wendet sich Aristoteles scharf gegen das Politikverständnis *Platons*. Diesem zufolge ist der Staat von vornherein eine geordnete Einheit, in der jeder Einzelne entsprechend seinen angeborenen Seelenkräften einen vorbestimmten Platz einnimmt und unter der Oberleitung der durch ihre Natur dazu berufenen Leiter nach vorbedachtem Plan mit allen anderen zusammenwirkt (Platon 1985). Im platonischen Verständnis ist Politik die Aufgabe, ein Gemeinwesen zu regieren, das durch die spezifischen Ungleichheiten seiner Glieder immer schon von vornherein einer festen Ordnung unterliegt, die nur noch von den dazu berufenen herausragenden Einzelnen erkannt und durch ihr praktisches Herrschaftsverhalten gepflegt und aufrecht erhalten werden muss. Sie entspricht darin dem privaten Haushalt des antiken Griechenlands, von dem Aristoteles die Sphäre des Politischen hingegen radikal abgrenzt.

Gerade im Kontrast zu den Ungleichheitsbeziehungen im privaten Haushalt, der Sphäre des wirtschaftlichen Handelns und der persönlichen Verhältnisse tritt das Einzigartige der politischen Sphäre, wie Aristoteles es als Erster in dieser Weise klar beschrieben und begründet hat, deutlich hervor. Dort herrschen nämlich drei Arten von Beziehungen vor, bei denen es immer um ein Verhältnis zwischen Ungleichen geht. Im Hinblick auf die Sklaven, die gänzlich Unfreien, ist der Herr des Haushalts Despot; im Bezug auf die noch unmündigen Kinder, ist er ein königlicher Vormund und gegenüber der Gattin ist er wie ein Staatsmann, der über Gleiche herrscht, aber eben doch wegen seines vorgeblichen Geschlechtervorrangs dauerhaft zur Herrschaft berufen ist.

Zeitübergreifende Bedeutung

Sobald der Hausherr aber aus der Privatsphäre heraus in die öffentliche Sphäre der Polis tritt, ist er deren Wesen entsprechend, nur noch Gleicher unter Gleichen. Während der Herr im Haushalt über Nicht-Gleiche regiert, regieren die Staatsmänner in der Polis über Gleiche, nämlich über ihresgleichen, und darum immer nur auf Zeit und mit deren Zustimmung. Jeder von ihnen kann je nach dem Ergebnis des Auswahlverfahrens das eine Mal befristet und unter Einhaltung der Gleichheitsbedingung regieren und das andere Mal regiert werden.

Mit dieser bahnbrechenden Charakterisierung des Wesens der Politik beschreibt Aristoteles zum einen eine tatsächliche Entwicklung, die sich aufgrund besonderer Voraussetzungen im Athen des fünften vorchristlichen Jahrhundert ergeben hatte (Meier 1989). Und er begründet diese zum anderen mit Argumenten, die eine den Anlass ihrer Entstehung überragende universelle Geltung beanspruchen. Das gilt natürlich nicht für den durch und durch zeitbedingten Ausschluss derjenigen großen Gruppen von Menschen aus dem politischen Handlungsbereich, die den kulturellen Orientierungen der Zeit entsprechend nicht über die menschlichen Voraussetzungen verfügen sollen, frei und vernünftig über sich selbst und das Schicksal des Gemeinwesens mit zu entscheiden (Frauen, Fremde, Sklaven). Da von den Gleichen keiner von Hause aus zur Herrschaft über die Anderen berufen ist, kann Herrschaft unter den Bedingungen der Gleichheit nur noch nach Normen und auf Wegen erfolgen, denen alle von der Entscheidung betroffenen Gleichen nicht nur prinzipiell beipflichten, sondern auch tatsächlich im gegebenen Einzelfall ihre Zustimmung geben können. Das hat gewichtige Folgen für die Verfassung des Gemeinwesens (*Polity*), für den politischen Prozess (*Politics*) und auch, für die in einem solchen Gemeinwesen möglichen politischen Handlungsprogramme (*Policy*).

Wenn Politik ihrem eigentlichen Wesen nach die Herrschaft von Gleichen über Gleiche ist, so kann sie immer nur Herrschaft auf Zeit sein, nämlich befristet auf die Dauer, die das Mandat der jeweils Beherrschten vorsieht. Sie kann auch nur in der Weise ausgeübt werden, dass sie die Freiheit der Gleichen erhält und schützt. Solche Politik verlangt auf der Ebene des Gemeinwesens im Prinzip eine demokratische Verfassung, in der das Verfahren der Auswahl der vorübergehend Herrschenden ebenso festgelegt ist, wie ihre Amtsdauer, und die Befugnisse ihrer Herrschaft. Für die Politiken, die sie legitimerweise verfolgen können, bedeutet dieses Politikverständnis eine Begrenzung auf solche Handlungsprogramme, die mit der Grundvoraussetzung der Freiheit und Gleichheit der Bürger verträglich sind, denn nur sie können den Anspruch erheben und einlösen, eine Herrschaft von Gleichen über Gleichen zu sein und deren Bedingungen zu erhalten. Der Prozess, in dem politische Entscheidungen vorbereitet und durchgesetzt werden, sei es über Ämter, Gesetze oder Handlungsprogramme kann also nur ein Verständigungshandeln zwischen Gleichen sein, in dem sie einander mit überzeugenden Argumenten, Erwägungen, Informationen in öffentlicher Aussprache zu überzeugen versuchen. Am Ende eines solchen Verständigungsprozesses zwischen Gleichen steht im günstigsten Falle die Einstimmigkeit und im Normalfall die Mehrheitsentscheidung.

Das Potential des aristotelischen Politikbegriffs

Das Politische in diesem aristotelischen Sinne weist seiner Substanz nach auf eine menschenrechtlich fundierte Demokratie hin, auch wenn Aristoteles aufgrund der kulturellen Gebundenheit seiner eigenen Epoche eine solche Konsequenz ausdrücklich nicht zieht. Außer durch den Ausschluss der Zugereisten, der Frauen und der Sklaven erfährt die Demokratie in seinem Modell auch noch weitere Einschränkungen dadurch, dass den Vermögenden und besser Gebildeten politische Vorrangstellungen eingeräumt werden, die einen sozialen Ausgleich und damit die Stabilität des Staates garantieren sollen. Das Modell der Politik selbst aber, das Aristoteles auf der Basis der tatsächlich ausgeübten Praxis im Athen seiner Zeit entwickelt, enthält einen historisch unüberholbaren Anspruch. Es ist eine in der Politikwissenschaft immer wieder erörterte offene Frage, in welchem Maße und unter welchen Bedingungen es sich unter modernen Bedingungen konkretisieren und realisieren lässt.

Aristoteles führt zur Begründung von *Politik als Verständigungshandeln* unter Gleichen nicht nur normativ moralisch-politische Argumente ins Feld, nämlich die Wahrung der Gleichheitsbedingung, sondern auch empirisch gestützte Stabilitätsüberlegungen. Wenn die Bürger als Gleiche das eine Mal Herrschende und das andere Mal Beherrschte sind, werden sie mit der Zeit zu höchst kompetenten Staatsbürgern, die sich mit ihrem Gemeinwesen ohne Vorbehalte identifizieren, ihre Aufgaben erfüllen und das Handeln der jeweils Regierenden angemessen zu beurteilen vermögen. Sie sind zudem als gemeinsame Urheber der für alle verbindlichen Entscheidungen im Höchstmaß motiviert, verantwortlich an deren Verwirklichung mitzuwirken. Sie werden ihrem Gemeinwesen infolgedessen Unterstützung, Überzeugungskraft, Handlungsfähigkeit und Legitimität verleihen.

Für Aristoteles galt es als eine Selbstverständlichkeit, dass politische Gemeinwesen, die solchen Ansprüchen genügen, eine bestimmte bescheidene Größe, etwa die des Stadtstaates von Athen, nicht überschreiten dürfen, wenn sie ihren eigenen Normen entsprechend funktionsfähig bleiben sollen. Sie mussten zudem wirtschaftlich autark sein. Es ist eine offene Frage, ob der Anspruch eines solchen Politikmodells auf die modernen Flächenstaaten mit ihren unvergleichlich größeren Zahlen von Bürgerinnen und Bürgern sowie auf die hoch komplexen Gesellschaften der Gegenwart mit ihren unübersichtlichen Verhältnissen, Kommunikationsnetzen und Entscheidungswegen noch in vollem Maße angewandt werden kann. Zumindest kommt es jedoch als ein Maßstab in Betracht, der verschiedene Stufen der Annäherung zulässt.

2. Das Macht-Modell (Niccolò Machiavelli 1469-1527)

Verbreitete Missdeutung

Die Theorie der Politik Machiavellis war vielfältigen Missdeutungen unterworfen, von denen auch *Sternbergers* eigene Interpretation nicht frei ist (Münkler 1990). Es wird Machiavellis Politikverständnis als Ganzem nicht gerecht, wenn es aus einem einzigen, besonders spektakulären Werk, *Der Fürst (Il Principe 1532),* herausgelesen wird und alle anderen Schriften des Staatsmannes und Philosophen außer Acht gelassen werden. Da aber gerade in Machiavellis Werk *Der Fürst* ein Verständnis von Politik zu Tage tritt, das tatsächlich in Theorie und Praxis in der Geschichte eine erhebliche Rolle spielt, ist dessen idealtypische Darstellung bei Sternberg für das Verständnis der Vielseitigkeit von Politik und ihrer Begriffe dennoch aufschlussreich. Für eine Einschätzung der historischen Leistung und Bedeutung Machiavellis ist dieses idealtypische Modell hingegen nur von begrenztem Nutzen

In diesem Modell, das aus Machiavellis wirkungsgeschichtlich bedeutendstem Werk allein entlehnt ist, wird Politik als die *Gesamtheit der Techniken für die Aufrichtung und Erhaltung staatlicher Macht* um jeden Preis beschrieben. Der Inhaber der Macht ist demnach ausschließlich an deren Erwerb und Erhalt interessiert und relativiert infolgedessen sämtliche anderen Ziele und Normen öffentlichen Handelns auf diesen einzigen Zweck hin. Alle Regeln und Zweckbestimmungen von Politik, die in den Traditionen des politischen Denkens, zumindest auf der Ebene der legitimierenden Ansprüche, stets eine ausschlaggebende Rolle gespielt haben, werden dem Interesse der Sicherung der Macht um ihrer selbst Willen untergeordnet. Der tyrannische Herrscher, der Fürst, ist zu allem berechtigt, was seine Macht und damit zugleich die Stabilität des Staates erhält. Täuschungen, Grausamkeiten und Kunstgriffe sind ohne Einschränkungen legitim, sofern sie nur wirksam den Zwecken der Macht dienen.

Machiavelli als Modell

Politik ist in diesem Modell nichts anderes als eine Summe von wertfreien Kunstfertigkeiten und Techniken. Die glückliche Eroberung und die kluge Sicherung der bloßen Macht sind ihre einzigen Ziele. Tugenden, die verlässlich das Gemeinwesen erhalten und stützen, können in der gegebenen Situation bei den Bürgern nicht mehr vorausgesetzt werden, denn sie alle streben letztendlich ebenso wie der Fürst nur nach dem, was ihnen selbst am meisten nützt. Daher müssen, unter den gegeben Umständen einer tugendlosen Gesellschaft, alle Mittel der Machtsicherung erlaubt sein, um öffentliche Ordnung überhaupt noch möglich zu machen. Deren Gewährleistung liegt letztlich auch im eigentlichen Interesse der beherrschten und getäuschten Bürger selbst, die ja ihrerseits für ihre Sicherheit und sogar für die Verfolgung ihrer eigenen Zwecke einer durch Macht gesicherten Ordnung bedürfen, die sie allerdings infolge ihres Mangels an republikanischen Tugenden aus eigenen Kräften selber nicht mehr schaffen und gewährleisten können.

An die Macht gelangt ein neuer Herrscher, so wie es in der Frührenaissance tatsächlich häufig geschah, indem er das Glück eines günstigen Augenblicks (fortuna) durch sein entschlossenes Geschick (virtù) für sich nutzt. Hat er die Macht erlangt, darf er in den Mitteln ihrer Sicherung nicht wählerisch sein. Der Fürst muss „vom Guten nicht abgehen, soweit er kann, aber zum Bösen schreiten ..., wenn es nötig ist" (Machiavelli 1963: 73). Er muss die Tugenden nicht wirklich haben und praktizieren, sondern, soweit dies für die Sicherung der staatsbürgerschaftlichen Gefolgschaft von Nöten ist, nur glaubhaft vorspielen. Jede List, jede Verstellung, jede Lüge, die der Machterhaltung dienen, sind politisch gerechtfertigt, denn der einzige Zweck ist ja immer nur die Eroberung, Sicherung und Erhaltung der Macht. Politik ist in diesem Modell allein Machtstreben und die Kunst, es zum Erfolg zu führen. Sie ist die Gesamtheit der Techniken, die dazu die beste Handhabe bieten, entkleidet von jeder Moral, von jeder Rücksichtnahme auf Rechte und Beteiligungschancen der Staatsbürger. Politik ist nichts als reine Technik der Macht.

Entdecker der „reinen Politik"

Interpreten Machiavellis haben bis in die Gegenwart hinein in ihm, soweit sie das skizzierte Modell für seine Definition des Politischen hielten, den Entdecker der „reinen Politik", der „Politik an sich" gesehen, weil er die Macht so kompromisslos wie kein anderer Denker vor oder nach ihm als Achse des Politischen bloßgelegt hat, um die sich alles andere, was in ihr sonst noch eine Rolle spielen mag, drehen muss. Sternberger spricht infolgedessen mit Bezug auf dieses Modell von einer „Dämonologik" oder „Dämonie der Macht" (Sternberger 1978: 159ff).

Das Modell ist auch als Begründung einer erfahrungswissenschaftlich orientierten Politikwissenschaft gedeutet worden, da Machiavelli, auch wenn seine Ideen für die Rechtfertigung von Politik in der Moderne wenig tauglich seien, doch zum ersten Mal ganz ungeschminkt gezeigt habe, wie Politik wirklich funktioniere, unabhängig davon, was die Politiker und Machthaber zur Rechtfertigung ihres Handelns öffentlich vortragen, eine Politik ganz ohne Bezugnahme auf Normen und Ideale. In diesem Sinne ist Machiavelli als

Entdecker der Politik gefeiert worden, wie sie wirklich ist und nicht wie sie ihren eigenen Legitimationsansprüchen gemäß eigentlich sein sollte oder wie sie von den Politikern dargestellt wird. Politik *als Realität reduziert sich* in dieser Auslegung des Machiavellischen Modells auf nacktes Machthandeln und die Geschicklichkeit, es zum Erfolg zu führen.

3. Das Heils-Modell (Augustinus 354-430)

Der Gottes-Staat

Im Titel der berühmten Schrift, auf die das Politikverständnis des Aurelius Augustinus zurückgeht, wird dessen Charakteristik kenntlich: „Vom Gottes Staat". Dieses 413-425 n. Chr. entstandene umfassende Werk hat in der Deutung Sternbergers „den eschatologischen Begriff des Politischen in die Welt gesetzt" (Sternberger 1978: 309) Damit ist gemeint, dass Politik nur gerechtfertigt ist, wenn sie einen Beitrag zur endzeitlichen Erlösung der Menschen leistet und sich dessen bewusst bleibt, dass sie nur als ein Mittel zu diesem Zweck ihre Rechtfertigung finden kann. Das politische Gemeinwesen wird von Augustinus mit dem lateinischen Wort civitas bezeichnet, das in die deutschen Sprache mit Bürgerschaft oder Staat übersetzt wird.

Politisches Handeln findet laut Augustinus seine letzte Rechtfertigung allein darin, dass es der Idee der göttlichen Gerechtigkeit dient, die nicht von den Staatsbürgern selbst bewirkt und inhaltlich bestimmt werden kann, sondern nur vom göttlichen Willen allein, der sich ja allen politischen Entscheidungsprozessen entzieht. Gerechtigkeit ist nicht ein von den Menschen selbst bestimmtes Verhältnis der Menschen untereinander, sondern die Erfüllung religiöser Gebote, die zugleich auch Erlösung versprechen. Die Erfüllung der wahren Gerechtigkeit ist als Erlösung des Menschen von seinen irdischen Verstrickungen letztlich darum auch Erlösung von der Politik selbst. Der eigentliche Endzweck aller Politik ist daher paradoxerweise ihre eigene Überwindung nach Maßgabe von göttlichen Normen und Zielvorstellungen, die sich der politischen Entscheidung prinzipiell entziehen.

Unzulängliche Politik

Politik kann ihrem eigentlich legitimierenden Zweck aus diesem Grunde darum immer nur höchst unvollständig gerecht werden und steht letztlich sogar in einem prinzipiellen Gegensatz zu ihm, da sie die Erlösung, durch die sie allein gerechtfertigt werden kann, durch die ihr zu Gebote stehenden Mittel und Verfahren weder selbst herbeiführen noch garantieren kann. Sie kann und muss allerdings einen im Ergebnis unsicher bleibenden Beitrag dazu leisten, solange sie zugleich das Bewusstsein dafür wach hält, dass alles, was sie mit ihren eigenen Entscheidungen vermag, nur eine unvollkommene Vorbereitung der Erlösung ist, aus der sie gleichwohl ihre einzige Rechtfertigung erfahren kann. Die Aufgabe ist erst dann erfüllt, wenn am Ende der Geschichte Gott selbst die Regentschaft über die Menschen übernimmt und dann rein und ohne Vermischung mit anderen Motiven, Interessen und Belastungen seiner Gerechtigkeit Geltung verschafft.

Der irdische Staat

Augustinus' Politikbegriff ist demzufolge höchst spannungsreich. Der irdische Staat (lat.: civitas terrena) ist nicht imstande, die himmlischen Belange ganz zu erfassen, obgleich er doch ausschließlich von ihnen seine relative Rechtfertigung erfahren kann. Jeder irdische Staat ist prinzipiell unzulänglich, aber doch eine Notwendigkeit auf Erden, um wenigstens das hier erreichbare Maß an Frieden und einer Annäherung an die göttlichen Gebote der Gerechtigkeit zu gewährleisten. Der allein ohne Einschränkungen legitime *Gottesstaat (lat.: civitas Dei)* ist auf Erden immerhin in der Gemeinschaft derer annähernd repräsentiert, die ernsthaft nach der Gerechtigkeit Gottes streben und ihr in dem Gemeinwesen, in dem sie leben und in ihrem Leben selber nacheifern. Ihnen kommt im Staat darum eine herausgehobene Rolle zu.

Der irdische Staat ist als ein Werk der Gewalt seit seiner ersten Entstehung ursprünglich böse und darum in einem prinzipiellen Widerspruch zum Gottesstaat als Reich des Friedens und der göttlichen Wahrheit. Er ist dennoch auf Erden unverzichtbar, denn allein er kann den relativen Frieden garantieren und den Raum schaffen, in dem die der göttlichen Gerechtigkeit entgegenstrebenden Gemeinde ihr Werk verfolgen, durch Mission verbreiten und durch Einwirkung auf den Staat zur Geltung bringen kann. Je mehr die den irdischen Staat Beherrschenden sich an diesem Ziel orientieren und sich der Gemeinschaft der Gläubigen fügen und selbst ihrerseits wieder auf die Ausübung des Glaubens hinwirken, um so näher kommen sie der alleinigen Legitimation ihres Handelns.

Immer aber stehen sich die Vertreter der irdischen Gemeinschaft und die Vertreter des Gottesstaates unversöhnlich gegenüber. Auf der einen Seite die Gemeinschaft derer, die das irdische Prinzip des Eigennutzes, der Gewalt, der Orientierung an materiellen Gütern und Reichtümern repräsentieren und auf der anderen Seite die Gemeinschaft der Gläubigen, die ihr Bestreben allein an den Erfordernissen der göttlichen Gerechtigkeit orientieren. Beide sind vielfältig miteinander und mit dem Staat verwoben. Wer der irdischen oder der göttlichen Gemeinschaft angehört, entscheidet sich ja nicht durch formelle Gruppenzugehörigkeit, denn auch in der Kirche sind die Sünder zahlreich und unter den Außenstehenden können sich Pilger der göttlichen Gerechtigkeit befinden. Letzten Endes ist die Zugehörigkeit zu der einen oder anderen Gemeinschaft eine Frage der individuellen Handlungsmotive und Glaubensüberzeugungen allein und nicht der äußeren Gruppenzugehörigkeiten im Staate.

Unvermeidliche Mischungsverhältnisse

Auch der Staat selbst unterliegt den Unsicherheiten dieses Mischverhältnisses. Während staatliches Handeln immer auch unter dem Einfluss von irdischen Interessen steht und in seinen Mitteln und Wegen zutiefst der irdischen Welt verhaftet bleibt, allein schon durch die Mittel der Macht, des Zwanges und der Gewalt, kann er doch ein wenig teilhaben an ihrer legitimierenden Idee, wenn er nach der göttlichen Gerechtigkeit strebt und der Verbreitung des Glaubens an sie dient.

In diesem Modell der Politik gewinnt politisches Handeln seine stets nur relative Rechtfertigung nicht aus der Zustimmung der Bürger und auch nicht aus der Kunst der Befestigung und Stabilisierung der irdischen Ordnungssysteme. Die Teilhabe der Menschen als Bürger an politischen Entscheidungen spielt keine Rolle. Die Kunst der Machtsicherung kann die Verwerflichkeiten des Verfehlens der eigentlichen politischen Ziele gerade zum Extrem steigern, wenn sie sich von der göttlichen Gerechtigkeit entfernt. Politik ist allein dadurch gerechtfertigt, dass sie ihren stets unsicher und ungewiss bleibenden Beitrag zum Heil leistet, dessen Inhalt und dessen Erlangung nicht von ihr bestimmt ist, zu der sie aber ihren wegbereitenden Beitrag leisten muss.

Dieses Modell legt die Vorstellung nahe, dass die irdische Politik um so eher einen Anspruch auf Legitimität erheben kann, je stärker sie unter dem Einfluss der Kräfte steht, die schon auf Erden die göttliche Gerechtigkeit repräsentieren, ganz unabhängig davon, wie viele Menschen dem zustimmen und auch weitgehend unabhängig davon, welche Mittel zur ihrer Gewährleistung für notwendig erachtet werden. Die letztendliche Legitimation politischen Handelns liegt in ihrem Beitrag zur endzeitlichen Erlösung. Charakteristisch für dieses Politikverständnis bleibt der Zwiespalt, demzufolge der Staat einerseits immer vom Bösen mitgeprägt ist und andererseits sich davon auch wieder teilweise ablösen kann, je mehr er der jenseitigen Erlösungshoffnung dient, die weder durch die Zustimmung ihrer Bürger noch durch die Kontrolle über ihre Mittel gewährleistet werden kann.

4. Das Informations-Modell (Karl W. Deutsch 1917-1992)

Kybernetische Politik

Der deutsch-amerikanische Politikwissenschaftler *Karl W. Deutsch* hat zu Beginn der sechziger Jahre ein *kybernetisches Modell* der Politik entwickelt (Deutsch 1960). Er geht davon aus, dass im anzustrebenden Idealfall die gesamtgesellschaftlichen Steuerungsleistungen der Politik durch die unbehinderte Zirkulation von Informationen aus allen Teilen der Gesellschaft zu den zentralen Steuerungseinheiten und von diesen zurück in alle Teile der Gesellschaft erfolgen kann. Der politische Prozess ist in diesem Sinne ein Steuerungsvorgang lediglich auf dem Wege der angemessenen Informationsverarbeitung, ohne den Einsatz von Macht und ohne den Zwang, unauflösliche Konflikte durch Herrschaftshandeln regeln zu müssen.

In diesem kybernetischen Modell wird der politische Steuerungsprozess in vollkommener Analogie zu den Steuerungsvorgängen in Organismen oder technischen Systemen verstanden, in denen für Konflikte, für Macht und Herrschaft kein Platz ist. Kybernetik verstand sich ja von Anbeginn als die wissenschaftliche Beschäftigung mit Kommunikations- und Steuerungsvorgängen in Systemen aller Art. Die politische Steuerung hoch komplexer Gesellschaften ist in diesem Sinne um so wirkungsvoller und angemessener, je mehr sie sich dem Ideal des unbehinderten, uneingeschränkten, von jeder willkürlichen Einflussnahme befreiten Austauschs von Nachrichten und Informationen zwischen allen Teilen des Systems annähert.

Im Maße, wie diese Bedingung des umfassenden und unbegrenzten Informationsaustauschs zwischen allen Elementen des Gesamtsystems erfüllt ist, können alle Teile des Systems, und damit auch das System im Ganzen, jederzeit durch Lernen die bestmögliche Anpassung an den Entwicklungsprozess des Ganzen vollziehen. Tauschprozesse zwischen den Beteiligten und gebotene Anpassungsleistungen können sich auf diese Weise in einem Gleichgewichtsprozess vollziehen, der frei von Willkür, Einseitigkeiten und Privilegien bleiben kann.

Der Staat als Informations-Netzwerk

„Wenn wir ... einen Staat oder ein politisches System als Netzwerk von solchen Kanälen und „Befehlsketten" auffassen, dann können wir die „Integration" der einzelnen Menschen in einem Volk an ihrer Fähigkeit messen, Informationen aus einem weiten Bereich verschiedener Themen mit relativ geringer Verzögerung und geringen Verlusten an relevanten Einzelheiten zu empfangen und zu übermitteln" (Deutsch 1960: 218). Politische Regulierung besteht dann in nichts anderem als in angemessener Informationsverarbeitung und politisches Handeln nur darin, Steuerungsinformationen aufzunehmen und umzusetzen und in geeigneter Form weiterzuleiten. Die hauptsächliche Krise politischer Gemeinwesen entsteht aus Informationsüberlastungen, die mit den vorhandenen Informationskanälen nicht zu bewältigen sind. Konflikte lösen sich im Kern in Begrenzungen auf dem Felde der Informationsverarbeitung auf. Man könnte demnach politische Konflikte nicht allein unter dem Gesichtspunkt untersuchen, ob sie für den einen oder anderen Kontrahenten vorteilhaft oder für das System, in dem sie auftreten, notwendig und unvermeidbar seien, sondern auch unter dem Gesichtspunkt der Leistungsfähigkeit oder Fehlleistungen der Steuerungsanlagen, der Grenzsignale und der Manövrierfähigkeit der beteiligten Organisationen und Gruppen.

Macht erscheint in einem solchen kybernetischen Modell vor allem als das Problem der Behinderung von Informationsströmen.

Wenn „Wille" als Wunsch verstanden wurde, nicht zu lernen, so ist „Macht" die Fähigkeit, nicht lernen zu müssen. In dieser einfachen Bedeutung sind Wille wie Macht Elemente der Pathologie des sozialen Lernens, und die Beharrlichkeit, mit der Moralisten, Philosophen und Theologen vor dem Willen und vor der Macht gewarnt haben, so Deutsch, gewinnt hier ihren guten Sinn.

Macht, Interesse, Information

„Wenn sie zum Exzess getrieben werden, können Wille und Macht in ihrer einfachen Bedeutung die Entscheidungssysteme, in denen sie die Oberhand gewinnen, zugrunde richten."(Deutsch 1960: 329) Sie sind funktional und produktiv für das gesamtgesellschaftliche Wachstum nur in dem Maße, wie sie ihrerseits an den Schaltstellen der Informationsverarbeitung den optimalen Fluss von Information und Nachrichten ermöglichen und befördern.

Hartnäckige Interessenkonflikte und das Phänomen der Macht selbst lösen sich in einem solchen kybernetischen Modell weitgehend in Defizite der Informationsverarbeitung auf. Im Maße wie die Kanäle der umfassenden Informationsvermittlung in allen Teilen der Gesellschaft von Störungen, Behinderungen und willkürlicher Einflussnahme frei sind, kann die Koordination der Teile der Gesellschaft miteinander und die Steuerung der gesamtgesellschaftlichen Entwicklung über den Austausch von Information allein erfolgen. Politische Herrschaft löst sich im Netzwerk uneingeschränkter und umfassender Informationsströme auf.

Abb. 4: Vier Politik-Modelle

Zeit Kultur	Autor	Ziele	Weg
5. Jh. v. Chr. Antike	Aristoteles	Moralische Praxis Glück	Verständigung zwischen Gleichen
4./5. Jh. n. Chr. Übergang zum Mittelalter	Aurelius Augustinus	Erlösung Befriedung	Heils-Politik Religiös geleiteter Staat
15./16. Jh. Übergang zur Moderne	Niccolò Machiavelli	Ordnung	Macht-Technik
20. Jh. Moderne	Karl W. Deutsch	Lernendes System	Freier Informationsfluss

Eigene Darstellung

Eine Bilanz der Modelle.
Der Einfluss der Kultur-Epochen

Für das Verständnis der vier Modelle des Politischen ist die Würdigung der Epoche, in der sie entstanden sind und der Probleme, auf die sie antworteten, unerlässlich. Es geht im vorliegenden Zusammenhang aber nicht um die genaue historische Zuordnung und die ausgewogene Interpretation der Absichten der Urheber dieser Modelle und ihrer Funktion in ihrer eigenen Zeit. Vielmehr sollte der Blick auf vier einander weithin entgegengesetzte Möglichkeiten gelenkt werden, das Politische zu bestimmen und zu verstehen, die auch in der Gegenwart anzutreffen sind und die in ihrer Zuspitzung auf ihre je eigene Weise zumindest wichtige Facetten des Politischen sichtbar machen. *Sternbergers* Anspruch bestand ja darin, anhand der aus der Geschichte des politischen Denkens gewonnenen Modelle gegenwärtige Sichtweisen von Politik in ihren Eigenarten, Unterschieden und Voraussetzungen um so deutlicher kenntlich zu machen. Dieses Erkenntnisinteresse bleibt aktuell

Aristoteles verfasste seine Theorie in der Hochzeit der *antiken* Demokratie in Athen. Er war zugleich darum bemüht, die Demokratie für die freien Athener theoretisch zu begründen, im Kern festzuhalten und durch eine Reihe mäßigender und einschränkender Regelungen auf Dauer zu stabilisieren. Er konnte sich auf die unangefochtene Geltung der *sittlichen Überlieferung* seines Gemeinwesens stützen, wonach die ethische Praxis der Bürger in dem Gemeinwesen, in dem sie lebten, zum wichtigsten Teil ihres eigenen Selbstverständnisses und ihrer Glückserwartung gehörten.

Augustinus steht an der Schwelle von der Antike zum *christlichen Mittelalter*. Er hatte u.a. zu erklären, warum das mächtige Rom trotz der Übernahme des Christentums als Staatsreligion 325 dem Ansturm der heidnischen Barbaren nicht standhalten konnte. Ihm kam es infolgedessen darauf an, das absolut gesetzte Christentum zugleich aus der allzu engen Verquickung mit dem Staat zu befreien und doch seinen ausschlaggebenden Einfluss auf ihn für die Zukunft sicherzustellen. Er wollte zeigen, wie sich eine absolut gewisse Erlösungshoffnung des Christentums als oberster Zweck allen menschlichen Handelns widerspruchsfrei mit Staat und Politik verbinden lässt. Es steht an der Schwelle zu einer Zeit, in der bis zum Anbruch der Renaissance im fünfzehnten Jahrhundert die christliche Offenbarungsreligion als absoluter Bezugspunkt für das Verständnis von Individuum, Staat und Gesellschaft und ihres Verhältnisses zueinander galten.

Machiavelli versucht am Ende des christlichen Mittelalters, als dessen Gewissheitsansprüche in den öffentlichen Arenen zerfielen, zu begründen, wie politische Ordnung auch dann noch möglich ist, wenn im Handeln der Bürger weder sittliche Traditionen unangefochten gelten, wie in der Antike, noch ordnungsstiftende religiöse Gewissheiten von allen geteilt werden. Ihm geht es um die Möglichkeit der Begründung von Ordnung überhaupt in einer ungewissen Übergangszeit zwischen Christlichem Mittelalter und moderner Kultur.

Karl W. Deutsch ist als politischer Philosoph nicht vergleichbar mit den drei zuvor genannten Schöpfern großer politischer Modelle. Er repräsentiert als einer der ersten Politikwissenschaftler die seit den sechziger Jahren in den Natur-, Gesellschafts- und Kulturwissenschaften um sich greifende optimistische Überzeugung, dass sich die hoch komplexen Gesellschaftssysteme der Moderne nur noch angemessen als selbststeuernde Systeme begreifen lassen, in denen alle Entscheidungen und Entwicklungen letzten Endes nur noch aus dem ungehinderten Austausch von Informationen zwischen den Teilen der großen Systeme entspringen. Eine Tradition, die später von höchst einflussreichen Theoretikern wie Niklas Luhmann fortgesetzt wurde, die Politik als ein selbstschöpferisches Teilsystem der Gesellschaft verstanden. Macht, Heilserwartungen oder Spielräume für politisch entschiedene große Entwicklungsalternativen haben in solchen komplexen Systemen keinen Platz mehr, die sich durch ihre für alle Beteiligten unüberschaubaren Informationsströme selbst steuern. Ihnen kommt nach diesem Modell in der Politik aber auch keine sinnvolle Rolle mehr zu.

Orientierungsmarken

Diese Politikmodelle antworten auf Probleme und Hoffnungen ihrer Epoche in einer Weise, die ihnen über sie hinaus Bedeutung und fortwirkendes Interesse vermittelt. Sie geben ihre je eigene klare und einfache Antwort auf das, was Politik ist oder sein soll. Darum wirken sie in unterschiedlichem Ausmaß gerade in Zeiten der Verunsicherung oft als Quelle für Orientierungsversuche, weniger in der

Politikwissenschaft als vielmehr in der Politik selbst und in der Publizistik.

Die Kultur der Moderne hat mit ihrer zunehmend universell anerkannten Begründung von Menschrechten und Demokratie als allgemein verbindlicher Legitimationsgrundlage die Voraussetzungen politischen Handelns auf eine neue Grundlage gestellt, die ihre Rechtfertigungsmöglichkeiten und weithin auch ihren realen Vollzug beherrschen (Habermas 1992). Diese müssen in ihr Verständnis als zentrale Grundbedingung Eingang finden. Die klassischen Modelle der Politik müssen daher in der Gegenwart in diesem Licht betrachtet werden.

In den Politikbegriffen der modernen Politikwissenschaft finden sich vielfältige direkte und indirekte Bezugnahmen auf sie. Das ist exemplarisch erkennbar an der Konzeption des Politikwissenschaftlers *Werner J. Patzelt,* der vorschlägt, bei jeder Untersuchung politischer Sachverhalte stets in besonderer Weise auf die vier herausgehobenen *Dimensionen* der *Macht*, der *Ideologie*, der *Kommunikation* und der *Normen* zu achten (Patzelt 2001: 38f.). In ihnen finden sich deutliche Anklänge an die vier dargestellten Modelle des Politischen. An die Stelle der Zuspitzung von Politik auf eine dieser Kategorien allein tritt nun aber der Verweis auf die unvermeidliche Bedeutung einer jeden von ihnen und insbesondere auf den Prozess ihrer Wechselwirkung als Elemente eines angemessenen modernen Politikbegriffs.

Kapitel 4
Das Politische und die Politik

Aristoteles als Ausgangspunkt

Eine Eigenart von Politik, die nicht von allen Autoren hervorgehoben und von einigen auch nicht zu deren engeren Definitionsmerkmalen gerechnet wird, kommt in der begrifflichen Unterscheidung zwischen „*der Politik*" und „*dem Politischen*" zum Ausdruck. Sie geht auf Aristoteles' Kritik an Platons Politikverständnis zurück. Sie richtet sich gegen Platons Idee, dass der Staat letztlich eine organische Einheit sein solle, in der jedes Glied die seinen Wesenskräften angemessene Stelle einzunehmen hat, aber die für alle verbindlichen Entscheidungen letztlich allein von dem Staatslenker getroffen werden können, der über das umfassendste und am besten gesicherte Wissen von allen verfügt. In diesem Sinne ist der Staat dann immer schon eine in sich gegliederte Einheit mit einer klar definierten Rolle dessen, der diese Einheit zum Ausdruck bringt, organisiert und über sie wacht. Aristoteles kritisierte diese Vorstellung mit Blick auf die Praxis der Ansätze politischer Demokratie in der athenischen Polis. Er machte geltend, dass im Unterschied zu den verschiedenen Formen der privaten Herrschaft von Menschen über Menschen im damals vorherrschenden Familien- und Hauswirtschaftssystem, Politik etwas *prinzipiell Anderes* und Neues ist.

Politik ist nämlich der Prozess, in dem aus der ursprünglichen Vielheit freier und gleicher Menschen mit unterschiedlichen Meinungen, Interessen und Lebensweisen durch Verständigung Übereinstimmung in den Grundfragen entsteht, die allen gemeinsam sind. Dieser aristotelische Begriff des Politischen setzt die Allgegenwart und Normalität von Differenzen über das, was geregelt werden soll, voraus. Indem er Politik ihrem Wesen nach als Verständigungshandeln zwischen Gleichen bestimmt, enthält er im Kern einen demokratischen Beteiligungsanspruch, auch wenn diese Konsequenz erst in der Neuzeit ohne Einschränkungen gezogen worden ist. Die Umwandlung ursprünglicher Vielheit von Interessen und Meinungen in die Einheit des verbindlichen Handelns auf dem Wege der Verständigung erscheint in Lichte dieser Tradition als das eigentliche Charakteristikum des Politischen.

Hannah Arendts Aktualisierung

Hannah Arendt, die diesen qualifizierten Politikbegriff in den Jahren nach dem Zweiten Weltkrieg gegen die Erfahrung des Totalitarismus erneut begründet, aktualisiert, und für moderne Gesellschaften geltend gemacht hat, weist zurecht darauf hin, dass das Politische in diesem Verständnis vergleichsweise spät in der Menschheitsgeschichte entstanden ist, nämlich erst in der griechischen Polis seit dem fünften vorchristlichen Jahrhundert. Es konnte in langen Perioden der Weltgeschichte keine Rolle spielen, weil die ursprüngliche Differenz in den Meinungen sowie die Rechte der Bürgerinnen und Bürger nicht anerkannt wurden. Und es könnte infolge bestimmter Entwicklungstendenzen der modernen Gesellschaft, etwa der Lähmung der Politik durch die atomare Bedrohung oder die Überforderung des Staates durch eine Überfülle immer neuer zusätzlicher Verpflichtungen, aus der menschlichen Gesellschaft auch wieder verschwinden (Arendt 1993).

In diesem Verständnis verkörpert die Verständigung der Vielen über das, was ihnen gemeinsam ist, allein den eigentlichen Anspruch des „Politischen" (Meier 1989). Zum Politischen in diesem engeren Sinne gehört dann definitionsgemäß immer die Offenheit seiner Entscheidungsprozesse und die Chance für alle Betroffenen, sich an ihnen zu beteiligen. Daraus ergibt sich ein scheinbares Paradox, um dessen Vermeidung willen manche Politikwissenschaftlicher den engeren Politikbegriff nicht akzeptieren (Patzelt 2001: 22ff). Auf dem Boden des qualifizierten Politikbegriffs „das Politische" im Sinne von *Hannah Arendt* ergibt sich nämlich die überraschende Möglichkeit „unpolitischer Politik", nämlich einer solchen Spielart von Politik, bei der die verbindlichen Entscheidungen ohne Anerkennung der ursprünglichen Verschiedenheit und der Verständigung der Verschiedenen zustande kommt. Daneben gibt es demzufolge die eigentlich angemessene „politische Politik", die durch eine Bewusstsein des Politischen, durch offene Entscheidungsprozesse und Beteiligung der Betroffenen gekennzeichnet ist. Diese Begriffsverwendung macht dann auch Aufforderungen verständlich, wie sie gelegentlich in aktuellen Debatten anzutreffen sind, die Politik müsse „repolitisiert" werden oder Feststellungen wie die, Politik sei in bestimmten Bereichen „entpolitisiert".

Ein Paradox: Entpolitisierte Politik

Wenig sinnvoll erscheint ein Sprachgebrauch oder gar eine konzeptionelle Vorstellung, der zufolge Politik überhaupt nur dann tatsächlich stattfindet, wenn Verständigungsprozesse zwischen Freien und Gleichen realisiert sind. Dies würde zur Ausklammerung großer und bedeutender Abschnitte der Geschichte führen. Da das Faktum der Differenz der Interessen und Meinungen und die Norm der Gleichheit der Menschen, die sie verfechten, aber die Grundlage der kulturellen Epoche der Moderne sind, kann ein solcher anspruchsvoller Politikbegriff erst in der Moderne auch im empirischen Sinne Anspruch auf Allgemeingültigkeit erheben.

Im Verständnis des *qualifizierten* Politikbegriffs gibt es demzufolge nur eine im eigentlichen Sinne *politische* Art, politische Probleme zu lösen und einige unterschiedliche Varianten der *Entpolitisierung* politischer Sachverhalte durch bestimmte *Umgehungsstrategien*. Diesen ist gemeinsam, dass sie die Anerkennung der real tatsächlich immer schon gegebenen ursprünglichen Differenz der Interessen, Meinungen oder Werte verweigern und stattdessen ein schon *vor* jedem politischen Prozess feststehendes „Gemeinwohl" oder eine einzige „*richtige*" Problemlösung zu kennen beanspruchen und einen Legitimationsanspruch dafür erheben, diese ohne Einbeziehung der davon Betroffenen zu verwirklichen. Statt die Einheit der für alle verbindlichen Entscheidungen aus der Vielheit der Auffassung in einem für alle anerkennungsfähigen Verfahren erst hervorgehen zu lassen, wird bei diesen Umgehungsstrategien die politische Einheit von vornherein unterstellt und für vorgeblich alternativlose politische Entscheidungen in Anspruch genommen.

Systematisch und historisch lassen sich drei solcher entpolitisierender Umgehungsstrategien unterscheiden, die auch in der Gegenwart noch immer oder wieder aufs Neue häufig anzutreffen sind:

Strategien der Entpolitisierung

1. Die Verabsolutierung traditionalistischer Ethik

Dies war vor und nach der Erfindung des „Politischen" bei den Griechen stets die am häufigsten und umfassendsten praktizierte Art der Stiftung politische Einheit ohne Anerkennung ursprünglicher Vielheit. Bei diesem Ansatz wird eine umfassende Ethik, die alle wichtigen Fragen des Zusammenlebens von Individuen und Gruppen betrifft, aus traditioneller Überlieferung für unbedingt verbindlich erklärt und damit in ihren politischen Konsequenzen der öffentlichen Debatte, der möglichen Infragestellung, also der politischen Thematisierung, prinzipiell entzogen. Für die legitime öffentliche Formulierung von Differenzen und Konflikten bleibt kein Raum. Für alle in Betracht kommenden Handlungsfelder sind die Normen und Verfahren immer schon von vornherein festgelegt, an die die öffentliche Präsentation individueller und kollektiver Interessen gebunden ist.

Eine solche substantielle Ethik, die außer dem privaten Handeln immer schon die Gesamtheit der gesellschaftlich bedeutsamen Handlungsfelder mit umfasst, findet so gut wie immer ihren Ausdruck auch in Positionen, Ritualen und Ämtern, denen die Auslegung und Anwendung, gegebenenfalls auch die weitere Entwicklung der überlieferten ethischen Substanz unanfechtbar übertragen ist. Die Quellen, aus denen sich eine solche Ethik speist, waren historisch vielfältig, sowohl in der Abfolge der Zeit, wie auch zu gleicher Zeit in unterschiedlichen Kulturen. Zu ihnen gehören vor allem, wie im größten Teil der Welt des Altertums, der Mythos und im Christlichen Mittelalter die religiöse Überlieferung.

2. Technokratische und fundamentalistische Politik

Beide sind durch den Anspruch gekennzeichnet, für politisch formulierte Problemlagen über *einen einzigen legitimen* Lösungsweg zu verfügen, der für alle verbindlich ist und sich aus privilegierten, nicht allen Menschen zugänglichen Erkenntnisquellen speist. Die politische Differenz wird auf diese Weise als ein bloßer Mangel an problemlösendem Wissen dargestellt, der mit allgemein verbindlicher Wirkung behoben werden kann, sobald die „richtigen" Wissensquellen erschlossen sind bzw. denen, die über sie verfügen, Gehorsam gezollt wird.

Technokratisch wird dabei der Anspruch genannt, der die Quellen seiner alternativlosen Gewissheit bei der Lösung umstrittener Gemeinwohlfragen im *wissenschaftlich-technischen* Bereich ansiedelt. Eine absolut gewisse, im weiteren Sinne wissenschaftliche „Wahrheit", wird als allein legitime Grundlage für die Umgehung politischer Lösungswege in Anspruch genommen.

Fundamentalistisch werden in der modernen Kultur diejenigen öffentlich wirksamen Gewissheitsansprüche genannt, die auf religiöse oder ihnen vergleichbare ideologische Quellen zurückgehen (Siehe Kapitel 16). Seit den siebziger Jahren des zwanzigsten Jahrhunderts sind vor allem der christliche Fundamentalismus in den USA und Lateinamerika, der islamische Fundamentalismus in Teilen des mittleren Ostens, der Hindu-Fundamentalismus in Indien und der jüdische Fundamentalismus in Teilen der israelischen Siedlergruppen mit einem solchen Anspruch in die politische Arena ihres Landes eingetreten.

Beide, das technokratische und das fundamentalistische Modell, setzen an die Stelle des offenen Verständigungshandelns zwischen Bürgerinnen und Bürgern einen Gewissheitsanspruch, der alle legitimerweise binden soll. Beide sind Erscheinungsformen einer nach-traditionalistischen modernen Kultur, in der die ursprüngliche Geltungskraft substantieller sittlicher Traditionen schon erloschen ist. Da beide in einer modernen Welt verfochten werden, in der die Wahrnehmung und die öffentliche Vertretung vielfältiger, einander widersprechender Interessen und Meinungen zum Regelfall geworden sind, müssen sie so gut wie immer auf dem Wege der Repression gegen widerstrebende Alternativen durchgesetzt werden.

3. Das verabsolutierte Marktmodell

Es ist dadurch gekennzeichnet, dass es politisch zu definierende Fragen des Gemeinwohls prinzipiell privater Handlungsinitiative überlässt. Es erwartet von der koordinierenden Kraft der Marktlogik, dass sie letztlich immer zur angemessenen Lösung aller, auch der als politisch definierten Fragen führen wird. Eine Umgehungsstrategie für politische Entscheidungsfragen ist das Marktmodell aber keineswegs prinzipiell. Es wird dazu allein in den Fällen, in denen es ins Spiel gebracht wird, um legitimerweise politisch definierte Problemlagen ausschließlich der privaten Handlungsinitiative zu überlassen. Dies geschieht entweder, weil der Markt wie in einem einflussreichen Teil der zeitgenössischen Globalisierungsdebatte eine unbeeinflussbare Lebenstatsache (fact of life) geworden sei oder, weil er die unmittelbare Verkörperung des vermeintlich obersten aller Menschenrechte, dem Schutz der Privateigentumsfreiheit sei, und damit politischen Gestaltungsansprüchen entzogen.

Schon immer in der menschlichen Geschichte haben Märkte bei der Koordination wirtschaftlichen Handelns ihre Rolle gespielt. In den modernen Gesellschaften wird, wenn auch in höchst unterschiedlichem Ausmaß, durch politische Entscheidung dem Markt oft bewusst eine Schlüsselrolle bei der Koordination wirtschaftlichen Handelns übertragen. Das geschieht, weil die Erfahrung gezeigt hat, dass die Marktlogik in diesem Bereich wirkungsvoller ist als andere Handlungsmodelle. Die Grenzziehung zwischen den marktgesteuerten „privaten" Handlungsbereichen und den nach politischer Logik direkt zu entscheidenden öffentlichen Handlungsfeldern ist aber ihrerseits immer nur als eine politische Entscheidung möglich. Das legitime Kriterium dafür kann nur sein, wo wirtschaftliches Handeln der Einen in unvermeidbarer Weise grundlegende Menschenrechte Anderer beeinträchtigt. Wo diese politische Entscheidung jedoch mit dem Argument verweigert wird, der Markt sei als solcher die Verfassung der Freiheit im wirtschaftlichen Handlungsraum und damit prinzipiell der politischen Grenzziehung und Gestaltungsverantwortung entzogen, liegt eine unter den modernen Legitimationsbedingungen politischen Handelns unzulässige Entpolitisierung des Politischen vor.

Abb. 5: Politikvermeidung

Strategie	Ersatz-Legitimation
Traditionalismus	Unwandelbare Sittlichkeit
Technokratie	Fachwissen
Fundamentalismus	absolute Gewissheit
Markt-Fundamentalismus	absoluter Individualismus

Eigene Darstellung

Das Politische und die Demokratie

Dem qualitativen Politikbegriff der Erzeugung politischer Handlungseinheit aus der Vielheit von Interessen, Wertungen und Meinungen durch Verständigung entsprechen letztlich allein die Legitimationsidee und das Entscheidungsmodell der rechtsstaatlichen Demokratie. Im Prozess der allmählichen Entfaltung der Demokratie in der Geschichte geht es dabei immer um drei Grundfragen:

Erstens gilt es zu klären, *wer* an der Praxis der Verständigung über die politischen Differenzen mit welchen Rechten beteiligt werden muss. *Zweitens* geht es um Grundfrage der Organisation der Demokratie: direkt oder repräsentativ. *Drittens* ist strittig, wie weit der Gestaltungsanspruch der Demokratie reichen soll: libertäre oder soziale Demokratie.

Beteiligung

Über lange Epochen hinweg sind große Gruppen der Bevölkerung durch eine in den sittlichen Überlieferungen des jeweiligen Gemeinwesens begründete Ausschließung aus dem politischen Prozess ausgegrenzt worden. In der kurzen Phase der antiken Demokratie in jedem Falle die Sklaven, die Frauen und in der Regel die Ortsfremden. In der Entstehungsphase der liberalen Demokratie im achtzehnten und neunzehnten Jahrhundert die Besitzlosen, teilweise die „Ungebildeten" und stets, und selbst in der Phase der modernen Demokratie bis in die zweite Hälfte des zwanzigsten Jahrhunderts vielerorts, etwa in der Schweiz, noch immer die Frauen.

Gegenwärtig stellt sich das demokratiepolitische Schlüsselproblem, wie die Bürger der nationalstaatlichen Demokratien wirkungsvoll an den transnationalen und globalen Entscheidungen beteiligt werden können, in denen über politische Lebensfragen befunden wird, die sie unmittelbar betreffen. Es geht also darum, ein für globale Staatsbürgerschaft angemessenes Demokratiemodell zu entwickeln.

Direkte oder repräsentative Demokratie

Grundlagen

Die Auffassung, dass in der modernen Kultur nur noch solche politischen Entscheidungen und Entscheidungsprozesse legitim sind, die die Menschenrechte als Handlungsbegrenzung und Handlungsziel respektieren und demokratische Entscheidungsverfahren anwenden, bei denen in letzter Instanz alle Entscheidungsbetroffenen das Recht der Mitwirkung haben, lässt Spielräume der Interpretation und der Anwendung offen. Unabhängig von der schwierigen Frage, wo im konkreten Einzelfall genau die Grenzlinie zwischen unterschiedlichen Menschenrechten verläuft und unabhängig von der stets offenen Ermessensfrage, wie groß die Beteiligung der Entscheidungsbetroffenen an der Erörterung und an der Festsetzung der politischen Entscheidung sein muss, um die Normen der Menschenrechte und der Demokratie als erfüllt ansehen zu können, ergeben sich weitere schwerwiegende Fragen.

In der Geschichte der Demokratie und in einem gewissen Maße auch noch in den gegenwärtigen Kontroversen über sie haben zwei entgegengesetzte demokratiepolitische Positionen stets eine entscheidende Rolle gespielt: *Direkte* oder *repräsentative* Demokratie (Sartori 1992, Schmidt: 2000)

Direkte Demokratie

In den griechischen Stadtstaaten der Antike mit ihrer überschaubaren Fläche und Bewohnerzahl wurde Demokratie zeitweilig in einer sehr unvermittelten und direkten Form praktiziert. Die Vollversammlung der Staatsbürger entschied die wichtigsten Fragen, besetzte die entscheidenden Ämter und kontrollierte kontinuierlich die Amtsführung der Beamten. Jeder Staatsbürger konnte in einer solchen Verfassung jederzeit an der Kontrolle und in erheblichem Umfang auch an der Ausübung politischer Herrschaft teilnehmen. Darüber hinaus war durch das Losverfahren gewährleistet, dass jeder Bürger in ein Staatsamt delegiert werden konnte. Aber selbst in diesem kleinflächigen Gemeinwesen mit höchst begrenzten Einwohnerzahlen (zumeist weniger als 200 000) galten lediglich die erwachsenen, freien, ortszugehörigen Männer als vollgültige Staatsbürger, so dass die geringe Zahl von etwa

20 000 mitentscheidungsfähiger Staatsbürger kaum je überschritten wurde.

Im achtzehnten Jahrhundert hat der Schweizer Staatsphilosoph *J.J. Rousseau* (1712-1778) in einem leidenschaftlichen und kompromisslosen Plädoyer die Auffassung verfochten, dass jede Delegation des politischen Willens der Bürger an Repräsentanten, die dann die politischen Entscheidungen über sie herbeiführen, nicht nur eine Ausdünnung der demokratischen Normen sei, sondern ihre prinzipielle Verleugnung (Rousseau 1968). Nur wenn in den Vollversammlungen aller Staatsbürger die Beratungen und die Entscheidungen über alle wichtigen Angelegenheiten direkt erfolgen, sei der Einzelne wirklich an ihnen beteiligt. Nur dann kann der gemeinsame Wille seinen angemessenen Ausdruck finden und auch nur dann in der Gegenwart aller Entscheidungsbetroffenen authentisch hervortreten. Demokratie ist dieser Auffassung zufolge entweder direkte Demokratie oder sie bleibt eine täuschende Illusion. Repräsentation, auch wenn sie nach demokratischem Wahlrecht erfolgt, sei immer ein Verrat an den Prinzipien der Demokratie.

Auf diesen kompromisslosen Anspruch direkter Demokratie als deren allein gültige Realisierungsform sind Kritiker an der repräsentativen Demokratie, wenn in ihr Entfremdung zwischen den Repräsentanten und der Bürgerschaft beklagt wurden immer wieder zurückgekommen, entweder in vollem Maße oder doch in erheblichem Umfang. Die Gegenidee der direkten Demokratie hat die Realität der repräsentativen Demokratie von Anbeginn als kritischer Widerpart oder als Korrektiv begleitet.

Grenzen direkter Demokratie

Die Entwicklung der großflächigen Nationalstaaten im neunzehnten Jahrhundert hat allein schon aus den technisch-organisatorischen Gründen des großen Raumes und der großen Zahl der Bürger die Möglichkeit der Organisation dieser Gemeinwesen als direkte Demokratie ausgeschlossen, ganz unabhängig von der Frage, ob diese im Sinne ihrer Befürworter wirklich wünschenswert ist oder nicht. In einem politischen Gemeinwesen, in dem weder der direkte Kontakt aller Bürgerinnen und Bürger miteinander, noch Vollversammlungen zwischen ihnen allen überhaupt technisch möglich wären, bedarf die öffentliche Erörterung der politischen

Angelegenheiten ebenso wie der Prozess der Entscheidung zahlreicher Scharnierstellen und Vermittlungsinstanzen, um überhaupt möglich zu sein.

Repräsentative Demokratie

Unter diesen Umständen kann es allein noch um die größtmögliche Annäherung an die demokratischen Ideale der Beteiligung aller Staatsbürger an den öffentlichen Erwägungen und Entscheidungen gehen. Als die weitest mögliche Annäherung an die demokratischen Normen hat sich in der Praxis der Entwicklung der Demokratie im Verlauf des neunzehnten und zwanzigsten Jahrhunderts das *Prinzip der Repräsentation* ergeben. Die Bürger wählen ohne Einschränkung nach demokratischem Wahlmodus in periodischen Abständen Repräsentanten in die politischen Entscheidungsgremien (Parlamente), die beraten und verbindlich entscheiden.

Im Verlaufe des neunzehnten Jahrhunderts erfolgte der Übergang vom liberalen Honoratioren-Parlament zum demokratischen Parteien-Parlament. Die Honoratioren verstanden sich als die besten Vertreter des ganzen Volkes, die in ihren unbeauftragten Beratungen das Gemeinwohl überhaupt erst ermittelten, denn sie wurden als Personen gewählt. Die Parteien wollten hingegen direkte Beauftragte großer Teile des Volkes sein, denn sie wurden mit dem Auftrag gewählt, dass inhaltliche Programm, das sie proklamiert hatten, zu erfüllen. Insoweit entsprachen sie ein Stück weit dem Anspruch der direkten Demokratie.

Parlamente handelten in jedem Fall im Lichte der Öffentlichkeit und blieben damit der Beurteilung durch alle Staatsbürger unterworfen. Diese können infolgedessen ihre künftigen Entscheidungen über die politischen Repräsentanten unter dem Gesichtspunkt der besten Vertretung ihrer politischen Interessen fällen. Die Repräsentanten selbst müssen im Bewusstsein dieser Tatsache handeln. Damit ist über den Akt der Wahl hinaus eine gewisses Maß andauernder Interaktion zwischen Repräsentierten und Repräsentanten gewährleistet.

Ergänzungsverhältnisse

In den modernen komplexen Flächenstaaten stellt sich daher die Frage, ob direkte oder repräsentative Demokratie in Wirklichkeit nicht mehr. Die allein noch offenen Entscheidungsfragen bestehen vielmehr darin, welche Form der repräsentativen Demokratie als die angemessenste erscheint und ob und in welchem Maße einzelne Elemente direkter Demokratie, wie etwa Plebiszite, als Korrektive in sie aufgenommen werden. Unter den Grundformen repräsentativer Demokratie spielen vor allem die parlamentarische und die präsidiale eine herausragende Rolle. Während in der parlamentarischen Demokratie das Schwergewicht der politischen Entscheidungen dem Parlament zugewiesen ist, wie etwa in der Bundesrepublik Deutschland, spielt in der präsidialen Demokratie, wie beispielhaft in den USA, der Präsident eine Führungsrolle im Prozess der politischen Kommunikation und politischen Entscheidungen, obgleich auch hier die letzten Entscheidungen bei den Parlamenten liegen.

Die demokratische Qualität eines politischen Gemeinwesens bemisst sich nicht allein am Maß der Teilhabemöglichkeiten für die Bürgerinnen und Bürger an allen wichtigen Entscheidungen. Sie hängt auch von ihrer Nachhaltigkeit ab, also davon, wie stabil und effektiv sie auf die Dauer sein kann. Damit erweist sich die Frage der bestmöglichen Kombinationen unterschiedlicher repräsentativer Organisationselemente und direkter Entscheidungsbeteiligung letztlich immer als eine pragmatische Frage, die von der politischen Kultur und von der Entwicklungssituation eines Landes abhängt. Grundlegend ist dabei in jedem Falle, das die letzte Entscheidung über die Repräsentanten politischer Herrschaft immer auf eine freie und unbehinderte Entscheidung der Staatsbürger zurückgehen muss, an der mitzuwirken, alle Staatsbürger die gleiche Chance haben.

Liberale oder soziale Demokratie

Liberale Demokratie

Der Gegensatz zwischen liberaler und sozialer Demokratie ist im Europa des neunzehnten Jahrhunderts entstanden (Sartori 1992: 376f). Er spielt seither in den Debatten über die Zukunft der Demokratien in allen Teilen der Welt eine Schlüsselrolle (Schmidt 2000: 240ff.). Entsprechend der liberalen Staatsidee sollte das demokratische Entscheidungsverfahren ursprünglich allein auf die besitzenden Staatsbürger, später dann, unter dem Druck demokratischer Massenbewegungen, auf alle Staatsbürger erstreckt werden. Die Entscheidungskompetenz der Parlamente sollte sich aber auf die Sicherung des Rechts und die Festlegung eines weiten *Rahmens* für das wirtschaftliche, kulturelle und soziale Leben beschränken, dieses selber hingegen, soweit wie möglich, dem freien Spiel der Kräfte überlassen werden. Das Geschehen der wirtschaftlichen und kulturellen Märkte sowie die sozialen Beziehungen sollte von staatlicher Regulierung fast völlig frei bleiben. Der Staat sollte die Grund- und Menschenrechte sichern, die Ordnung aufrecht halten, die äußeren Voraussetzungen für die Freiheit der Märkte und die Einhaltung von Verträgen schaffen, die Sicherung der Währung und den Schutz nach außen gewährleisten, das gesellschaftliche Handeln im übrigen aber gänzlich dem Primat der Freiheit der Einzelnen überlassen.

Soziale Demokratie

Einer der frühen Wegweiser der *sozialen* Demokratie in Deutschland, *Ferdinand Lassalle,* hat bereits 1863, in der Frühphase der industriellen Revolution die prinzipielle Kritik an der liberalen Demokratie und die soziale Alternative zu ihr formuliert (Lassalle 1970: 121ff.). Er stellte fest, dass die liberale Demokratie in ihren tatsächlichen Auswirkungen in Widerspruch zu den Prinzipien der Demokratie gerät. Da nämlich, so lautet sein Argument, die soziale und wirtschaftliche Macht und Handlungsfähigkeit der einzelnen Individuen im höchsten Maße unterschiedlich verteilt sind, müsse der weitgehende Verzicht des Staates auf wirtschaftliche und gesellschaftliche Verantwortung letzten Endes immer dazu führen, dass die wirtschaftlich und sozial mächtigsten Individuen die Schwachen in Abhängigkeit bringen und beherrschen und damit in neue Formen der Unfreiheit bringen. Demokratie verlangt infolgedessen für ihre praktische Funktionsfähigkeit die Gewährleistung der tatsächlichen Voraussetzungen für die Gleichheit, Freiheit und Würde *aller* Individuen in *allen* gesellschaftlichen Handlungsfeldern durch die verantwortliche Gestaltung des Staates unter der demokratischen Kontrolle der Gesamtheit der Bürgerinnen und Bürger.

Soziale Demokratie bedeutet in der Tradition dieses Gedankens ein politisches Modell, in dem die Sicherung der *wirtschaftlichen und sozialen Grundlagen* individueller Freiheit eine der vorrangigen Aufgaben des Staates ist. Dies geschieht nach modernem Verständnis *erstens* durch sozialstaatliche Garantien für den Bürger, *zweitens* durch eine aktive Rahmenverantwortung des Staates für Struktur und Dynamik von Wirtschaft und Gesellschaft und *drittens* die Gewährleistung von Beteiligungsrechten für alle Bürgerinnen und Bürger an Entscheidungen, die ihre Grundrechte berühren.

Die Bundesrepublik als soziale Demokratie

Die Bundesrepublik Deutschland ist in ihrer Verfassung auf das Modell der sozialen Demokratie verpflichtet (Hartwich 1970). Die Sozialstaatlichkeit verpflichtet den Staat zur Schaffung der sozialen Voraussetzungen des Schutzes der individuellen Würde und der Förderung sozial gerechter Verhältnisse. Das Modell der soziale Demokratie selbst steht also nach dem Willen der Verfassung der Bundesrepublik nicht mehr zur Disposition konkurrierender politischer Gestaltungsansprüche. Freilich bleibt es eine pragmatisch offene Frage, welche Formen der Ausgestaltung und welches Ausmaß die sozialstaatlichen Garantien im einzelnen genau aufweisen müssen, um diesem Anspruch zu genügen und ebenso, welche Formen und Ziele des staatlichen Handelns bei der Wahrnehmung dieser wirtschaftlichen und gesellschaftlichen Gestaltungsverantwortung in einer gegebenen Situation als angemessen gelten können. Es macht gleichwohl auf der Ebene der Legitimationskriterien im politischen Entscheidungsprozess einen sehr erheblichen Unterschied, ob das Modell der liberalen oder der sozialen Demokratie als verpflichtende Handlungsnorm wirksam ist.

Kapitel 5
Die Logik des Politischen

Was Politik charakterisiert

Politische Prozesse ganz gleich, auf welcher Ebene sie stattfinden, ob im Bereich der internationalen Politik, im Rahmen der nationalen politischen Institutionen, oder außerhalb förmlicher Institutionen in gesellschaftlichen Handlungszusammenhängen, haben ihren eigenen Charakter, der sie von der Logik des Ablaufs von Prozessen in anderen gesellschaftlichen Handlungssystemen auf kennzeichnende Art unterscheidet. Diese Logik charakterisiert politische Prozesse in jedem Fall, auch wenn die einzelnen Faktoren, die in ihr eine Rolle spielen, höchst unterschiedlich gewichtet sein und in höchst unterschiedlicher Art und Weise miteinander in Wechselwirkung treten können.

Die Logik des Politischen ist einerseits ein unverzichtbares Analyseinstrument für das Verständnis von Politik, überall dort wo sie in Erscheinung tritt. Sie ist aber auch ein Leitfaden für die angemessene Vermittlung von Politik sowohl in pädagogischen wie auch in journalistischen Darstellungszusammenhängen, denn sie gibt die Grundbegriffe und Modelle vor, nach denen das Politische in seiner besonderen Eigenart angemessen verstanden werden kann.

Abb. 6: Dimensionen des Politischen

Dimension	Faktoren (Grundbegriffe)	
polity (Form)	– Verfassung	– politische Kultur
	– Menschenrechte	– poltisches System
	– Staat	– Institution
policy (Inhalt)	– Problem	– Erfolg
	– Programm	
politics (Prozess)	– Interesse	– Konsens
	– Akteur	– Macht
	– Konflikt	– Legitimation

Die Dimensionen der Politik

Politik vollzieht sich stets in den drei Dimensionen der *Polity*, der *Policy* und der *Politics*.

Die Polity-Dimension

Polity kennzeichnet die im jeweils gegebenen Zeitraum feststehenden *Grundlagen des politischen Gemeinwesens* mit seiner geschriebenen und ungeschriebenen Verfassung. Die geschriebene Verfassung besteht in den Gesetzestexten, die regeln, welche politischen Institutionen mit welchen Kompetenzen am politischen Prozess teilnehmen, wie diese politischen Institutionen zu legitimieren sind, wie sie zusammenarbeiten müssen und welchen Anteil sie an den politischen Entscheidungen haben. Diese sind relativ leicht zu identifizieren, weil sich ihre Realität im Idealfall, zumindest in gut funktionierenden demokratischen Verfassungsstaaten, weitgehend mit den Vorgaben und Normen deckt, die in der geltenden Verfassung niedergeschrieben sind. Dazu gehören beispielsweise die Rolle und das Zustandekommen der Parlamente, deren Entscheidungsbefugnisse, die Rolle der obersten Verfassungsgerichte, deren Zusammensetzung und Zustandekommen, deren Entscheidungskompetenzen und die gesamte Festlegung des Institutionengefüges, in dessen Rahmen der formale politische Prozess nach dem Willen der Verfassung abzulaufen hat.

Das Wahlrecht, Regelungen über Gründung und Mindestanforderungen an die politische Zielsetzung der Parteien, die föderale oder unitarische Gliederung des politischen Systems eines Landes mit einem dementsprechend eingerichteten Ein- und Zweikammersystem und alles, was nach dem Willen des Verfassungsgesetzgebers formal verbindlich für die politischen Prozesse zu regeln ist, ist in der Verfassung niedergelegt. Im Falle von Auslegungskonflikten wird in der Regel von Verfassungsgerichten der verbindliche Verfassungsgehalt im Einzelnen präzisiert und fortgeschrieben. Auf diese Weise entsteht ein öffentliches Netzwerk verbindlicher Institutionen, die in jeder gegebenen politischen Entscheidungssituation als gültiger Handlungsrahmen der Politik vorausgesetzt sind. Diese können aber ihrerseits, in bestimmten Grenzen, in einem auf seine eigenen Grundlagen gerichteten politischen Prozess auch wieder modifiziert und weiterentwickelt werden. Für jeden laufenden Prozess selbst wirken sie jedoch als verbindliche Vorgabe.

Wie das Beispiel Großbritannien zeigt, können solche förmlichen Regelungen über die politischen Institutionen auch als verbindlich anerkannt werden, wenn sie über lange Perioden hinweg nicht in einem Verfassungstext schriftlich verankert sind, sondern nur in der ungeteilten Überzeugung der politischen Akteure. Auch in ursprünglicheren Gesellschaften, beispielsweise Stammesgesellschaften, die ausdifferenzierte politische Institutionen noch gar nicht kennen, gibt es stets einige festliegende Regelungen über die Verfahren, die Institutionen und die Rituale, in denen sich die für das Gemeinwesen verbindlichen Entscheidungen, also Politik, vollziehen müssen, wenn ihre Ergebnisse als legitim empfunden werden sollen. Ein Stammesoberhaupt kann nach einem bestimmten Verfahren unter Umständen unter Hinzuziehung eines Schamanen oder Medizinmannes einen Zeitpunkt für einen Kriegszug oder für die gemeinsame Einbringung der Ernte oder Ähnliches festlegen und damit eine von allen anerkannte Verbindlichkeit durch ein bestimmtes Verfahren im Rahmen bestimmter institutionalisierter Handlungszusammenhänge erlangen.

Die ungeschriebene Verfassung im eigentlichen Sinne ist die *politische Kultur* eines Landes. Sie besteht in einem speziellen Muster der Verteilung von politisch bedeutsamen Wertüberzeugungen, Verhaltensweisen, Einstellungen und allgemeinen Orientierungen, in denen sich die unsichtbaren Handlungsmuster der betreffenden Gruppen, die eine solche kollektive Kultur teilen, zur Politik überhaupt niederschlagen. Sie steuern das Verhalten im weitesten Sinne, das Denken, die Werturteile, die Emotionen, die sachlichen Urteile und ebenso die Bereitschaft und die Formen der politischen Beteiligung der Betroffenen. Durch sie entscheidet sich, wie politische Legitimationsansprüche, der politische Prozess im Ganzen, das Handeln der Akteure, die Interessen, die sie vertreten, wahrgenommen werden und in welcher Weise die Betreffenden den formellen institutionellen Rahmen nutzen, den die geschriebene Verfassung vorsieht. Darum ist die politische Kultur als der wichtigste Teil der ungeschriebenen Verfassung für das tatsächliche politische Handeln von ebenso großer Bedeutung wie das System der Institutionen selbst. Beide Teile des verfassten politischen Gemeinwesens, die geschriebene und die ungeschriebene Verfassung, das Institutionen- und Rechtssystem und die politische Kultur stellen die für eine gegebene Zeit immer verbindliche Handlungsgrundlage der politischen Akteure dar.

Die Policy-Dimension

Außer in Grenzfällen, die einer besonderen Betrachtung bedürfen, z.B. inhaltslose Aktionen bloß symbolischer Politik, findet Politik immer auch in der Dimension der *Policy* statt. Stets geht es um den Versuch, politisch definierte *Probleme* durch *Handlungsprogramme* zu lösen, in denen die dafür geeignet erscheinenden Mittel bestimmt und angewandt werden. Die Vorstellungen über die angemessene Problemlösungen basieren in der Regel auf *Interessen* und *Werten*, im Hinblick auf die unter den vielen stets möglichen Alternativen jeweils die bevorzugte ausgewählt wird.

Die Politics-Dimension

Die dritte Dimension, die sich überall findet, wo Politik geschieht, ist die des Prozesses *(Politics)* der Durchsetzung ausgewählter Handlungsprogramme. Er bildet sich als Dynamik einer Handlungsstruktur heraus, bei der verschiedene *Akteure* unterschiedliche *Interessen* ins Spiel bringen, sich auf *Legitimationsgründe* berufen und durch *Kompromisse* oder *Konsens* oder auch durch Mehrheitsbildung unter Einsatz ihrer verschiedenartiger *Macht-Ressourcen,* über die sie jeweils verfügen, die Durchsetzung ihres eigenen Programms zur Problemlösung im Rahmen der ihnen zur Verfügung stehenden Kräfte möglich zu machen. Zu den Ressourcen der Durchsetzung politischer Ziele gehören vor allem soziale und wirtschaftliche Macht, Publizität, Prestige, Geld, Drohpotentiale und öffentlich wirksame Legitimationsgründe.

Politik als mehrdimensionales Geschehen

Politik findet im gleichzeitigen Wirksamwerden dieser drei Dimensionen statt. Obgleich es sich bei ihnen um analytische Kategorien handelt, also um Konstruktionen der wissenschaftlichen Betrachtung zur Erklärung politischer Abläufe, können sie dennoch als empirienahe, durch Erfahrung überprüfbare, modifizierbare und widerlegbare Konstruktionen angesehen werden, in denen *Realfaktoren* zusammengefasst und aufeinander bezogen werden, die *im politischen Prozess* selbst auftreten und wirksam werden. Die Gesamtheit dieser drei Dimensionen mit den von ihnen beschriebenen Faktoren und die spezifischen Formen ihres Zusammenwirkens kann im Unterschied etwa zur Logik ökonomischer Prozesse oder zur Logik kultureller Prozesse als *Logik der Politik* bezeichnet werden. Dabei darf nicht aus dem Auge verloren werden, dass die Realität, das Gewicht, der Zusammenhang und die besondere Rolle der beschriebenen Faktoren immer eine Frage der empirischen Untersuchung ist und nicht der Anwendung eines in den Einzelheiten ein für allemal festliegenden vorgefassten Modells.

Abb. 7: Das politische Dreieck

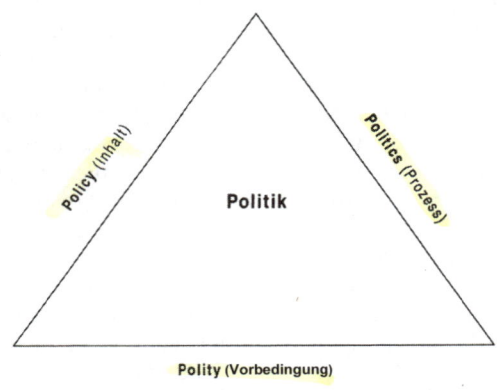

Quelle: Volker von Prittwitz: Politikanalyse. Opladen (Leske + Budrich) 1999.

Informative Grenzfälle

Grenzfälle der Polity-Dimension

Typische Grenzfälle, in denen eine der drei konstitutiven Dimensionen vorübergehend aufgehoben ist oder zumindest aufgehoben zu sein scheint, beleuchten und bestätigen deren Rolle noch einmal in anderem Licht. Die Dimension der *Polity* erscheint in zwei markanten Situationen ihre konstitutive Rolle eingebüßt zu haben und beim Vollzug des Politischen darum gar nicht mehr im Spiel zu sein: im Fall einer Revolution und im Bürgerkrieg. In beiden Fällen ist der alte politische Ordnungsrahmen des Gemeinwesens von einem entscheidenden Teil seiner Bürger verlassen worden. Diejenigen, die an ihm weiterhin festhalten wollen, werden mit regelloser Gewalt bekämpft mit dem Ziel, eine Neuordnung außerhalb der alten Verfahrensregeln zu schaffen.

In gewisser Weise bestehen darum in der immer begrenzten und häufig kurzen Zeitspanne von Revolutionen *zwei* rivalisierende Gemeinwesen, die auf dem Territorium des ehemaligen einheitlichen gemeinsamen Verbandes einander bekämpfen mit dem Ziel, für alle verbindlich eine grundlegende Neuregelung der Verfahren, Normen und Ziele politischer Entscheidungsfindung einzuführen. *Innerhalb* dieser beiden Gruppen hingegen herrschen auch in dieser Übergangsperiode verbindliche Normen und Regeln vor. Aber die Frage bleibt eine Zeitlang offen, ob die einander befehdenden Gruppen weiterhin in einem gemeinsamen politischen Gemeinwesen zusammenleben und welche Regeln dann für alle verbindlich sein werden.

In diesem Sinne bleibt darum selbst in der Situation, in der die Form und der Inhalt der *Polity* umkämpft und vorübergehend der verbindliche Rahmen für alle zerbrochen ist, für die jeweiligen Gruppen die Handlungsdimension der *Polity* selbst wirksam. Gleichzeitig wird die *Polity* zur *Policy*, nämlich zu der umstrittenen Sachfrage, die es zu lösen gilt. Sie spielt für kurze Zeit für die Konstitution eines politischen Prozesses daher eine eigentümliche Doppelrolle.

Grenzfälle der Politics-Dimension

Es gibt politische Gemeinwesen, die so verfasst sind, dass ein politischer Prozess im eigentliche Sinne nicht stattzufinden scheint. Dazu gehören all die Systeme, die durch eine der *Umgehungsstrategien* des Politischen geprägt sind. Zumindest in den Phasen, in denen solche Systeme ihrem eigenen Anspruch gemäß funktionieren, wird ja aus einem einzigen, für die öffentliche Diskussion von Alternativen, für die Einbeziehung vieler Akteure, für einen kritischen Willensbildungsprozess unerreichbaren Macht- und Entscheidungszentrum heraus sowohl definiert, welche politischen Probleme überhaupt bestehen und gelöst werden sollen, wie auch, welche der in Frage kommenden Lösungen allein die geeigneten seien. Das gilt für alle Umgehungsstrategien des Politischen, die traditionalistisch-ethische, die technokratische und die fundamentalistische in strukturell ähnlichen Formen.

Im zwanzigsten Jahrhundert ist die fundamentalistische Umgehungsstrategie von den totalitären Systemen des Nationalsozialismus und des stalinistischen Kommunismus in strukturell ähnlichen Formen praktiziert worden. In der Hochphase des Stalinismus entschied der Diktator allein, welche Sachprogramme zur Lösung politischer Probleme der Gesellschaft, die er beherrschte, auf die Tagesordnung gelangten, welche Strategien der Umsetzung zu wählen waren, welche Interessen einbezogen wurden und welche der Meinungen und Werte des Gemeinwesens in Betracht gezogen oder ignoriert werden sollten.

Ein regelgerechter politischer *Prozess*, in dem Entscheidungsalternativen sichtbar wurden, unterschiedliche Akteure in der politischen Arena unterschiedliche Lösungsstrategie einbringen konnten, verschiedenartige Handlungsstrategien und gesellschaftliche Machtressourcen offen mobilisiert werden konnten, war nach außen hin nicht zu erkennen. Der politische Prozess war im Zentrum des großen politischen Systems allenfalls in Schwundformen sichtbar, allerdings deutlicher in den peripheren Bereichen zu erkennen.

Der Diktator berief sich auf legitimierende Ideen, in diesem Fall das geschichtliche Endziel des Kommunismus, das für alle Befreiung und Erlösung brächte, die gegenwärtig noch unmündig gehalten wurden. Die selektive, vom Diktator selber veranlasste und ausgewählte Einbeziehung einzelner Akteure, die in der Regel gelenkten und inszenierten Diskussionen, in denen in vorab geregelter und beauftragter Weise Interessen öffentlich zum Ausdruck gebracht, Handlungsbereitschaften zu erkennen gegeben und akklamatorische Beteiligungen inszeniert wurden, spielten einen politischen Prozess in fester Regie sozusagen nur vor. Um den Anschein der Legitimation im Inneren und nach draußen zu wahren, wurde ein politischer Prozess offenkundig simuliert.

Erst die sehr detaillierte Analyse zu späterer Zeit, wenn alle Quellen zugänglich wurden, die während der Ereignisse selber verborgen blieben, ließ dann erkennen, dass außer der öffentlich inszenierten Simulation eines politischen Prozesses hinter verschlossenen Türen auch ein wirklicher politischer Durchsetzungsprozess stattgefunden hatte. Im vorliegenden Falle kommunistischer totalitärer Systeme wurden beispielsweise zwischen den Abteilungen des Zentralkomitees oder den Mitgliedern des Politbüros hinter verschlossenen Türen, vor der Öffentlichkeit sorgfältig verborgen, Handlungsalternativen erwogen und im Konflikt durchgesetzt. Akteure die unterschiedliche Interessengruppen und gesellschaftliche Lager vertraten, konkurrierten um Problemlösungen, Ressourcen der Macht, des Einflusses, der persönlichen Durchsetzungsfähigkeit, Legitimitätsüberzeugungen. In gewissem Sinne blieb dabei eine Zeitlang offen, welches der ins Spiel gebrachten Handlungsprogramme letztendlich erfolgreich sein würden. Es handelt sich bei diesem Beispiel also um einen Fall, in dem die *Politics-Dimension* durchaus ihre Rolle spielt, teils allerdings der Öffentlichkeit entzogen und insoweit öffentlich nur als Simulation zu beobachten ist.

Grenzfälle in der policy-Dimension

In den Mediendemokratien der Gegenwart werden die Fälle, die politikwissenschaftlich *issueless politics* genannt werden, immer häufiger. Der Begriff *issueless politics* bezeichnet jene politischen Inszenierungen, denen die *Policy-Dimension* in Wahrheit fehlt. Wenn beispielsweise ein Bundeskanzler mit einem erheblichen Medienaufwand eine Pressekonferenz in der Bundeshauptstadt einberuft, um zu verkünden, dass künftig die Entwicklung der neuen Bundesländer „Chefsache" sein werde, so hat er ein politisches Ereignis inszeniert, dem die *Policy-Dimension* eines Handlungsprogramms mit Inhalten und überprüfbarem Problemlösungsanspruch zunächst tatsächlich fehlt. Dasselbe gilt im Falle eines mit großem medialem Aufwand inszenierten Einweihungsrituals für eine Fabrik in einer Region, in der die Arbeitslosigkeit trotzdem erheblich zunehmen wird. Im Bild und im Ritual entsteht der Eindruck eines politischen Handelns, das zur Verringerung von Arbeitslosigkeit kausal beiträgt, obgleich der in der Inszenierung prominente politische Akteur weder die Öffnung der Fabrik selbst bewirkt hat, noch dem selbst deklarierten Anspruch auf eine wirkungsvolle Politik zur Reduzierung der Arbeitslosenzahlen tatsächlich gerecht wird.

Diese Art symbolischer Plazebo-Politik enthält den mit Blick auf die Gesetze der Medienwirkung mit Bedacht inszenierten Schein der Realisierung inhaltlicher Handlungsprogramme, den sie aber auf der Ebene des „wirklichen" instrumentellen Handelns nicht einlöst. Die *Policy*-Ebene wird in diesen Fällen zu einem Element von *Politics* nämlich eines Prozesses des öffentlichen Legitimationserwerbs, der Machtsicherung, der Beschwichtigung über bestehende Probleme. *Policy* findet in der Realität nicht statt. Der wirkliche politische Sachverhalt beschränkt sich auf die Ebenen der *Polity* und der *Politics,* aber nicht im Hinblick auf die zur Schau gestellte *Policy*-Dimension sondern auf breitere Zielsetzungen politischer Legitimationsbeschaffung und Problembeschwichtigung.

Es mag im Einzelfalle nicht leicht zu bestimmen sein, ob die *Policy*-Dimension gänzlich oder nur zum entscheidenden Teil gegenstandslos ist, jedenfalls spielt diese Dimension bei dieser Art politischen Handelns keine konstitutive Rolle. Charakteristisch ist aber gleichwohl, dass diese Dimension als vorgespielte, als *simulierte* ihren Platz einnimmt und insofern in der Wahrnehmung der Betrachter dieselbe konstitutive Rolle spielt, die ihr „normalerweise" zukommt. Dieser Grenzfall zeigt zumindest, dass im öffentlichen Verständnis legitimer Politik die *Policy*-Dimension nicht fehlen darf, da sie letztlich unverzichtbarer Legitimationsbestandteil von Politik überhaupt unter allen Umständen bleibt. Es ist ein Kennzeichen der sich herausbildenden modernen Mediendemokratie, dass dieser Grenzfall eine zunehmende Bedeutung gewinnt und mittlerweile zu einer für den durchschnittlichen Politikbetrachter in der Regel schwer zu durchschauende Konstante der Politik geworden ist.

Begriffe und Wirklichkeit

Den Grundbegriffen, die den Dimensionen des Politischen zugeordnet sind, entsprechen im Bereich der politischen Wirklichkeit reale *Wirkfaktoren.* Sie werden durch diese Grundbegriffen bezeichnet und teilweise beschrieben, also wissenschaftlich rekonstruiert. Sie können im Einzelnen in verschiedener Weise sprachlich gefasst und in unterschiedlichem Maße untergliedert werden, so das sie in den Schriften der jeweiligen Autoren nicht in genau denselben Wortfassungen vertreten sein müssen. Dennoch repräsentieren sie in ihrem *sachlichen Kern* die gemeinsam geteilte Überzeugung der Politikwissenschaft über die Realfaktoren, die im Vollzug von Politik stets eine Rolle spielen. *Der Prozess ihrer unvermeidlichen Wechselwirkung ist die kennzeichnende Logik des Politischen.*

Politische Grundbegriffe und Wirkfaktoren

In der Dimension der Form des Politischen (*Polity*) bilden die geschriebene und die ungeschriebene *Verfassung* den Handlungsrahmen der Politik. In den geschriebenen Verfassungen zumindest der Demokratien sind die *Menschenrechte* als Grundlage des Handelns, *Institutionen* und *Verfahren* als Struktur des politischen Prozesses festgelegt. Die Gesamtheit der am politischen Prozess beteiligten Institutionen, Organisationen und sonstigen Akteure bilden das *politische System.* Die ungeschriebene Verfassung besteht vor allem in der vorherrschenden *politischen Kultur* des jeweiligen Gemeinwesens und in den Grundwerten, die als Orientierung der politischen *Akteure* in Anspruch genommen werden. Je nach der Wahl seiner weiteren oder engeren Version bezeichnet der Begriff des *Staates* das Ganze des Ordnungsrahmens oder nur dessen institutionellen Teil.

In der *inhaltlichen* Dimension zeigt sich Politik zunächst in der öffentlichen Definition derjenigen *Probleme,* die politisch gelöst werden sollen. Daraus ergeben sich *Aufgaben*, für deren Erfüllung die politischen Akteure Handlungs*programme* entwerfen und wenn sie sich im politischen Prozess erfolgreich behaupten, in der Regel auch realisieren.

In der Dimension des politischen *Prozesses* geht es um die Durchsetzung konkurrierender *Interessen*, die zunächst im *Konflikt* zueinander stehen und von verschiedenen kollektiven *Akteuren* in der politischen Arena repräsentiert werden. In Demokratien findet der Austrag der politischen Konflikte zu einem erheblichen Teil in der *Öffentlichkeit* statt. Die politischen Akteure führen Legitimationen an, um eine möglichst große Zustimmung zu gewinnen. Sie gehen im Prozess ihrer Auseinandersetzung von einem gewissen *Konsens* über anerkannten allgemeine *Ziele* und *Legitimationen* ebenso wie über die von allen akzeptierten Regeln des Verfahrens aus. In diesem Rahmen mobilisieren sie die ihnen jeweils verfügbaren *Macht*ressourcen um sich in der Konkurrenz mit den anderen Akteuren durchzusetzen.

Politische Grundbegriffe

Dimension Polity:

– Verfassung, Menschenrechte, Staat, Politisches System, Politische Kultur.

Dimension Policy:

– Problem, Erfolg, Programm.

Dimension Politics:

– Interesse, Akteur, Konflikt, Konsens, Legitimation, Macht.

Grundbegriffe der Polity-Dimension

Verfassung

Verfassung als Form der Politik

Im funktionalen Sinn hat jedes Gemeinwesen eine Verfassung, auch wenn etwa in frühen Stammesgesellschaften natürlich nichts Schriftliches und überhaupt nur Weniges über das Verfahren der verbindlichen Entscheidungen im Unterschied zu anderen Aufgaben erkennbar und ausdrücklich festgelegt war. Weder die Trennung von religiösen und wirtschaftlichen Entscheidungen auf der einen Seite von dem im eigentlichen Sinne Politischen auf der anderen, noch diejenige zwischen geregelten Verfahren und Gewohnheiten und Handlungsdispositionen waren eindeutig vollzogen. Und doch war die gemeinsame Anerkennung grundlegender politischer Funktionen, wie etwa Entscheidungen über Krieg und Frieden, Verfahren der Konfliktregulierung, die alle betrafen, die Zuteilung und Erfüllung von Arbeiten und Aufgaben, die das ganze Gemeinwesen angingen, in einem bestimmten Umfang immer verbindlich geregelt. In diesem Sinne gab es immer schon in menschlichen Gesellschaften einen Ansatz von politischer Verfassung als verbindliche Form für die Entscheidungen, die das ganze Gemeinwesen betrafen.

Im modernen Sinne von ausdrücklich ausformulierten, aufgeschriebenen und rechtsförmlich verbindlich gemachten Verfassungen spielt der Begriff in Europa seit dem siebzehnten Jahrhundert eine Schlüsselrolle. Verfassung wird zum politischen Kampfruf gegen die nahezu uneingeschränkte und darum willkürliche Machtkompetenz der absolutistischen Fürsten, die sich seit dem Ende des Mittelalters fast überall in den europäischen Staaten herausgebildet hatte. Das durch die industrielle Revolution, den wesentlich intensivierten Welthandel sowie den brüchig gewordenen Konsens des christlichen Weltbildes erstarkte Bürgertum verlangte die Begrenzung der absoluten Macht der herrschenden Fürsten und seine eigene Teilhabe an den maßgeblichen politischen Entscheidungen auf dem Weg einer neuen, eindeutigen und verbindlichen Regelung der politischen Handlungskompetenzen der Staatsorgane und der Bürger.

Demokratische Verfassung

Seit dem siebzehnten Jahrhundert hatte sich in Europa die Vorstellung verbreitet, dass nach dem Ende der Verbindlichkeit der mittelalterlichen Ordnungsvorstellung einer nach gemeinsamen christlichen Überzeugungen verfassten Welt die Legitimation politischer Machtausübung nur noch aus einem Vertrag entspringen könne, dem ursprünglich alle Staatsbürger zugestimmt haben. Zumindest erschien nur noch diejenige Staatsverfassung als legitim, von der sich zeigen ließ, dass ihr im Prinzip die Staatsbürger zustimmen würden, wenn der Staat neu zu begründen wäre. Die Einführung verbindlicher Verfassung galt in diesem Sinne als die vertragliche Neugründung der Staaten. Das Ringen um die Einführung von Verfassungen ebenso wie die Festlegung ihrer Inhalte hat die Politik im achtzehnten und in vielen Ländern auch im neunzehnten Jahrhundert weitgehend geprägt. Sie ist erst mit der Einführung uneingeschränkt demokratischer Verfassungen in den meisten westeuropäischen Ländern im zwanzigsten Jahrhundert an ihr Ziel gelangt.

Moderne Ursprünge

Eine Vorbildfunktion für die europäischen Verfassungen erlangten die *Virginia Bill of Rights* von 1776, mit der sich ehemalige britische Kolonien in Nordamerika zu einer unabhängigen Republik konstituierten und die *Menschenrechtserklärung* der französischen Revolution von 1789. In dem an sie angelehnten vorherrschenden Verfassungstyp sind vor allem drei politische Grundsachverhalte geregelt. Zum einen sind Menschen- und Bürgerrechte festgelegt, die als Grenze staatlichen Handelns verbindlich gelten. Zum zweiten ist geregelt, in welchem Ausmaß, in welcher Weise und in welchen Formen die Gesellschaft am politischen Prozess und insbesondere an der Gesetzgebung beteiligt ist. Und drittens werden die Entscheidungskompetenzen der politischen Institutionen insbesondere des Parlaments, der Regierung und gegebenenfalls des Verfassungsgerichts sowie ihr Verhältnis zueinander geordnet. Die Verfassung bildet damit den letzt verbindlichen Rahmen für den politischen Prozess, die Rechte und Spielräume der Akteure und die einzelnen Politiken, die in ihm verfochten werden können.

Das Grundgesetz

Am Beispiel der Bundesrepublik Deutschland lassen sich wichtige Merkmale moderner Verfassungen beschreiben. Die beiden obersten Legitimationsquellen, auf die sich alles politische Handeln letztendlich zurückführen lassen muss, sind die Menschenrechte und das demokratische Verfahren (Rudzio 1991: 33ff). Beide ergänzen, bedingen und begrenzen einander und können daher gegeneinander nicht aufgerechnet werden. Das demokratische Entscheidungsverfahren, das in den Artikeln der Verfassung im einzelnen geregelt ist, muss die Grenzen der Menschen- und Bürgerrechte respektieren. Beide dürfen durch demokratische Entscheidungen in ihrem Wesenskern nicht beeinträchtigt oder gar aufgehoben werden.

Die Geltung der Menschenrechte soll ihrerseits die Grundvoraussetzungen eines unbehinderten demokratischen Prozesses gewährleisten. Im übrigen weist die Verfassung den einzelnen Institutionen, dem Parlament, der Regierung aber auch den Parteien und den Verbänden ihre Rolle im politischen Entscheidungsprozeß zu und beschreibt die Wege, auf denen die Volkssouveränität in politisches Entscheidungshandeln umgesetzt werden kann.

Die Verfassung legt aber auch fest, auf welchem Wege und in welchen Grenzen sie selbst geändert werden kann und in welchem Verfahren im Streitfalle ihre Regelungen verbindlich interpretiert werden müssen. Diese Rolle spielt in der Bundesrepublik Deutschland das Bundesverfassungsgericht, das in seinen Urteilen die letzt verbindliche Auslegung dessen bietet, was verfassungsmäßig gilt. Das bezieht sich auf alle von der Verfassung geregelten Fragen, den Schutz der Menschen- und Bürgerrechte ebenso wie die Grenzen staatlichen Handelns und das Kompetenzverhältnis der politischen Entscheidungsinstitutionen zueinander. Verfassungen können fast immer in genau definierten Grenzen, durch qualifizierte Mehrheiten geändert werden. Aber für den jeweils aktuell ablaufenden politischen Prozess wirken sie als unüberschreitbarer Handlungsrahmen.

Menschenrechte

Ein moderner Begriff

Obgleich es die Vorstellung von Rechten, die jedem Menschen als Menschen zukommen, schon in der Antike gab, hat sich die Idee staatlich garantierter Menschenrechte doch erst in der Neuzeit entwickelt. Insbesondere seit der Aufklärung setzte sich die Idee politisch durch, dass jeder Mensch als Mensch einen unbedingten Anspruch auf die Wahrung seiner Würde hat, die weder vom Staat, noch von seinen Mitmenschen verletzt werden darf. Die Menschenrechte schützen daher den gesamten Bereich des Handelns eines jeden Individuums, der zur Entfaltung seiner Würde unabdingbar ist (Heidelmeyer 1972). Dazu zählten in den ersten großen Menschenrechtsentwürfen des siebzehnten Jahrhunderts zunächst der Schutz des *Lebens*, der *Freiheit*, des *Eigentums* und der freien *Religions*ausübung. Sie galten als Rechte, die allem staatlichen Handeln vorgegeben sind, so dass ihre unbedingter Schutz nicht nur eine Grenze der politischen Macht, sondern letztlich der oberste Zweck ihrer Ausübung sein müsse.

Damit übernahmen die Menschenrechte in der modernen Kultur eine Schlüsselrolle im politischen Prozess. Sie sind gleichzeitig Ausgangspunkt, Grenze und Ziel staatlichen Handelns, denn sie garantieren *erstens als politische Grundrechte die Mitwirkung* des Einzelnen am politischen Prozess, sie bilden *zweitens* einen obersten *Richtwert* für die Zwecke politischen Handelns und sie begrenzen *drittens* die Ausübung *staatlicher* Macht.

Da die Menschenrechte für alle Menschen in gleicher Weise gelten und unveräußerlich sind, verlangen sie demokratische Entscheidungsverfahren, in denen alle von politischen Entscheidungen betroffenen Menschen gleichermaßen und gleichberechtigt die Möglichkeit haben, auf diejenigen Regelungen einzuwirken, die dann für alle verbindlich gelten sollen. Sie begrenzen zugleich die Reichweite des demokratischen Entscheidungsverfahrens, da sie selbst immer als dessen Voraussetzung gewahrt bleiben müssen und damit nicht ihrerseits für Mehrheitsentscheidungen zur Disposition stehen können. Die Menschenrechte führen als Rechte von Staatsbürgern innerhalb eines politischen Gemeinwesens zu Bürgerrechten, die die Beteiligung des Einzelnen am politischen Entscheidungsprozess gewährleisten.

Entwicklungsprozess

In der *Virginia Bill of Rights* von 1776 und der *Deklaration der Menschen- und Bürgerrechte* der französischen Verfassung von 1789 sind Menschen- und Bürgerrechte erstmalig zum positiven Recht in bestehenden Staatsverfassungen geworden. Die Grundrechtskataloge des späten achtzehnten Jahrhunderts bekräftigen das gleiche Recht aller Individuen auf die Freiheit der Person und der Privatsphäre besonders das Recht auf Leben, das Recht der Gewissens-, Meinungs-, Presse- und Versammlungsfreiheit, sowie die Sicherung des Eigentums und der Vertragsfreiheit. Sie stehen unter der grundlegenden Norm der Rechtsgleichheit, die ihrerseits als ein zentrales Grundrecht gilt.

Die zunehmende Erweiterung und Differenzierung des klassisch liberalen Menschenrechtskatalogs ist von *Thomas H. Marshall* anschaulich beschrieben worden (Marshall 1992). Ihm zufolge durchlief die Entwicklung der Menschenrechte *drei große Stadien*. Im *achtzehnten* Jahrhundert treten sie zunächst als

Schutzrechte gegen die Übergriffe staatlicher Macht auf und verlangen das von der Idee der Menschenwürde verlangte Maß der Freiheit *vom* Staat. Im *neunzehnten* Jahrhundert erweitern sie sich zur Forderung der *Teilhabe* an der Willensbildung des Staates und beziehen sich daher auf die Bedingungen der Freiheit *im* Staat. Im *zwanzigsten* Jahrhundert wird die Idee der Menschenrechte vollendet, indem diejenigen *Ansprüche* beschrieben werden, die der Einzelne an den Staat hat, um unter allen Umständen den Schutz seiner Menschenwürde zu gewährleisten. Diese *sozialen* Grundrechte beziehen sich auf die Sicherung der Freiheit *durch* den Staat.

Abb. 8: Entfaltung der Menschenrechte

Entfaltung der Menschenrechte		
18. Jahrh.	liberale Freiheit von Staat	
19. Jahrh.		politische Freiheit im Staat
20. Jahrh.		

<table>
<tr><td>20. Jahrh.</td><td></td><td></td><td>soziale
Freiheit durch
den Staat</td></tr>
</table>

Aktuellen Menschenrechtsgestaltung

Eigene Darstellung

UN-Menschenrechtspakte

In den *Menschenrechtspakten der Vereinten Nationen* von 1966 sind Menschenrechte in diesem dreidimensionalen Sinne als Abwehrrechte, Teilhaberrechte und Anspruchsrechte verbrieft (Heidelmeyer 1992: 254ff). Die Tatsache dieses Paktes selbst weist auf den Universalitätsanspruch der modernen Menschenrechte hin. Sie gelten für alle Menschen in allen Kulturen, denn sie sind die Voraussetzung dafür, dass unabhängig von besonderen kulturellen und religiösen Überlieferungen die jeweils betroffenen Menschen es selbst in der Hand haben, deren Auslegung für ihr eigenes Leben und das Leben in ihrer Gemeinschaft zu bestimmen. Menschenrechte sind daher stets Individual- und nicht Gruppenrechte

Die uneingeschränkte Legitimationskraft der Menschenrechte als Rahmen, Grenze und Zielsetzung allen politischen Handelns in der modernen Welt wird nicht nur durch die universell gültigen Deklarationen und Pakte der Vereinten Nationen und die Verankerung dieser Rechte in den meisten nationalen Verfassungen bekräftigt. Sie findet auch einen Niederschlag in der Tatsache, dass Menschenrechtsverletzungen, dort wo sie tatsächlich stattfinden, so gut wie immer geleugnet werden, da ihre offene Infragestellung oder Zurückweisung ihre Urheber zwangsläufig in ihrem eigenen Gemeinwesen und vor den Augen der Weltöffentlichkeit der Legitimation ihres Handelns entkleiden würden.

Staat

Begriff

Der Begriff *Staat* wird in einem weiteren und in einem engeren Sinne verwendet, so dass seine Bedeutung immer erst im jeweiligen Verwendungszusammenhang selbst eindeutig bestimmt ist. In seiner *weiteren* Bedeutung ist der Begriff für die Analyse politischer Zusammenhänge von geringerem Interesse. Er bezieht sich in diesem Falle auf die Gesamtheit der politisch-verfassten Nation und schließt daher die Gesellschaft und den Staat im *engeren* Sinne ein. Diese Bedeutung liegt beispielsweise vor, wenn von den „europäischen Staaten" die Rede ist.

Für Analyse und Verständnis politischer Zusammenhänge ist der Begriff des Staates im *engeren* Sinne bedeutsam. Er bezeichnet in diesem Falle *die politische Organisation der Gesellschaft* und wird darum in aller Regel als Komplementärbegriff zu Gesellschaft verwendet. *Max Weber* hat in prägnanter Zuspitzung den Staat im engeren Sinne definiert als die Gemeinschaft mit dem *legitimen Monopol der physischen Gewalt auf einem Gebiet*.

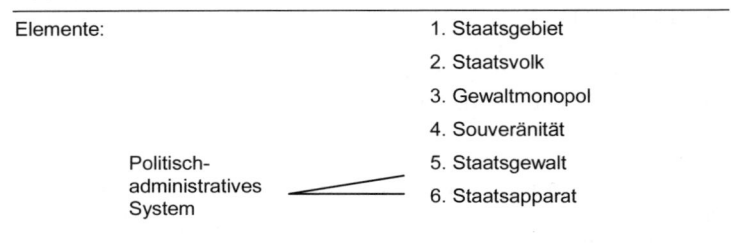

Abb. 9: Der Staat

Elemente:		1. Staatsgebiet
		2. Staatsvolk
		3. Gewaltmonopol
		4. Souveränität
Politisch-administratives System		5. Staatsgewalt
		6. Staatsapparat

Eigene Darstellung

Elemente von Staatlichkeit

Damit eine solche Gemeinschaft als der politische Handlungszusammenhang einer Gesellschaft möglich wird, müssen stets die folgenden Voraussetzungen erfüllt sein:

(1) Auf einem eindeutig umrissenen Staatsgebiet befindet sich ein *Staatsvolk*, das über die Entscheidungen, die es betreffen, (2) *souverän* verfügen kann. Zur Ausübung dieser souveränen Entscheidungshoheit ist (3) ein *Staatsapparat* organisiert, je nach Staatsverfassung aus höchst unterschiedlichen Teilorganisationen (Parlament, Regierung, Bundesrat, Gerichte) mit höchst unterschiedlichen Kompetenzen im Verhältnis zueinander bestehend, der (4) die *Staatsgewalt* ausübt und damit (5) über das *Gewaltmonopol* auf seinem Territorium verfügt. (6) Eine geschriebene oder ungeschriebene *Verfassung* bestimmt das Verhältnis der Elemente des *Staatsapparates* zueinander und gegenüber dem Staatsvolk.

Staatsgewalt und Staatsapparat können auch als das *politisch-administrative System* des Staates beschrieben werden und bilden gemeinsam diejenige Einheit, auf die sich in abkürzender Form der *engere* Staatsbegriff in der Regel bezieht. Es handelt sich um das System der am unmittelbaren politischen Entscheidungsprozess beteiligten, durch die jeweilige Staatsverfassung legitimierten Institutionen. Staat bedeutet in diesem Sinne also das Gefüge der Institutionen, die legitimerweise an der Ausübung des Gewaltmonopols beteiligt sind, sowohl in Bezug auf die Legitimationsseite (Legislative) wie auf die Ausführungsseite (Exekutive).

Staat und Gesellschaft

In der Frühzeit der modernen Staatstheorie wurden Staat und Gesellschaft mitunter einander klar entgegengesetzt. Eine zentrale Quelle dieser gelegentlich noch heute anzutreffenden scharfen Kontrastierung von Staat und Gesellschaft ist die Staatstheorie des einflussreichen deutschen idealistischen Philosophen *Georg Wilhelm Friedrich Hegel (1770-1831)*. Er sah in der Frühphase der Herausbildung der modernen kapitalistischen Wirtschaftsgesellschaft in der Gesellschaft dasjenige Handlungssystem, in dem sich die Menschen als egoistische Privatpersonen mit ihren je eigenen Interessen entgegentreten, also ein bloßes „System der Bedürfnisse" (Hegel 1955: § 182ff.). Ein solches, durch keine Gemeinschaftsinteressen oder Ideale verbundenes Konkurrenzsystem könne nur durch eine Organisation im Zaume und zusammengehalten werden, die nicht von den zur Gesellschaft gehörenden Einzelinteressen, sondern von einer das Ganze überwölbenden sittlichen Idee getragen und bestimmt wird, eben dem Staat.

Der Staat ist in diesem Verständnis die „Wirklichkeit der sittlichen Idee". Er kann demzufolge seine Legitimation und die wichtigsten Triebfedern seines Handelns nicht aus der Gesellschaft empfangen, sondern bedarf dazu einer den gesellschaftlichen Interessenkämpfen enthobenen Legitimationsgrundlage. Einer solchen Vorstellung notwendiger Entgegensetzung von Staat und Gesellschaft entspricht am ehesten die politische Verfassung der Monarchie, in der die Staatsgewalt ihre Legitimation aus den Quellen unangefochtener traditionaler Überlieferungen oder eines überirdischen göttlichen Willens ableitet und darum im Kern nicht aus den einander wieder streitenden Interessen der Gesellschaftsmitglieder hervorgeht.

Demokratischer Staat

Im Maße, wie die Durchsetzung der Legitimationsnormen der modernen Kultur alle anderen Legitimationsansprüche außer der öffentlichen Zustimmung der von den Entscheidungen Betroffenen außer Kraft setzte, verlor ein solches Staatsverständnis die Reste seiner vormaligen Überzeugungskraft. Es war, wie die demokratischen Staatstheorien schon seit dem achtzehnten und neunzehnten Jahrhundert überzeugend dargetan hatten, ohnehin nicht einzusehen, warum es nicht möglich sein sollte, dass die in ihren wirtschaftlichen Belangen miteinander konkurrierenden Mitglieder der Gesellschaft sich nicht auf einen verbindlichen Rahmen ihres Handelns einigen können sollten (Sartori 1992: 291ff.). Schließlich müssen sie alle neben der Verfolgung ihrer jeweils konkurrierenden eigenen Interessen ein gemeinsames Interesse an der Schaffung eines von allen anerkannten Rahmens für die Konkurrenz ihrer Interessen im wirtschaftlichen und praktischen Leben auf einer friedenstiftenden und stabilen Grundlage haben.

Abb. 10: Staat und Gesellschaft

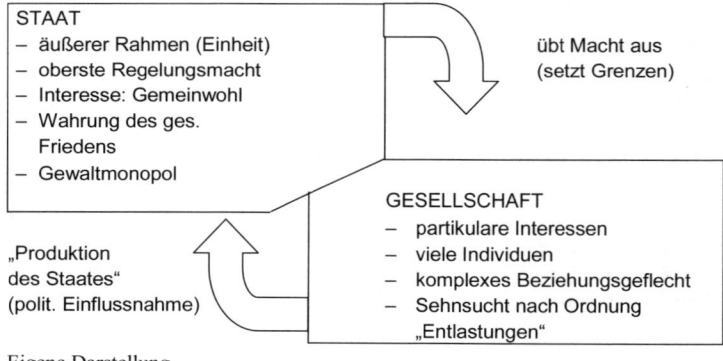

Eigene Darstellung

Gegenwärtig gilt daher der Staat als diejenige politische Organisation, die sich die Gesellschaft gibt, um ihre verbindlichen Gemeinschaftsentscheidungen wirkungsvoll und legitim treffen zu können. Der Staat geht in diesem modernen Verständnis aus der Gesellschaft hervor und bleibt, obgleich er verbindliche gesamtgesellschaftliche Entscheidungen trifft, seiner Form und seinen Inhalten nach von seinen gesellschaftlichen Grundlagen abhängig.

Welche Staatsverfassung jeweils gilt, ist darum letztens immer eine Frage gesellschaftlicher Entscheidungen, ebenso wie die Art der materiellen Interessenskonflikte, die eine politische Regelung verlangen und die Form und das Gewicht der gesellschaftlichen Kräfte, die auf das Zustandekommen der politischen Entscheidungen des Staates einwirken. Die moderne Formulierung „der Staat

102

der Gesellschaft" hat daher im formalen und im inhaltlichen Sinne die Bedeutung: der Staat, den sich die jeweilige Gesellschaft gibt und wie er aus dem Einwirken ihre Kräfte auf seine Handlungsformen und Vollzüge sich in der Praxis jeweils darstellt.

Politisches System

Begriff des politischen Systems

Abb. 11: Politisches System

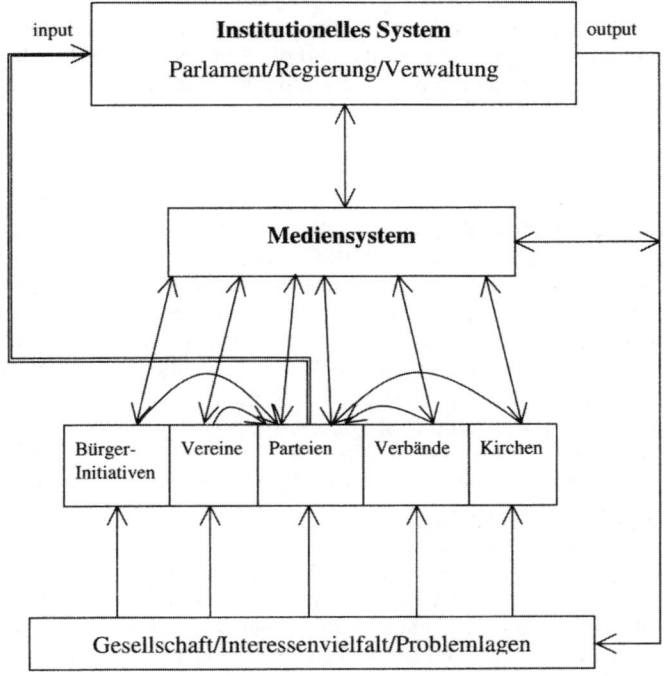

Eigene Darstellung

Als System im allgemeinen Sinne lässt sich jeder geordnete Zusammenhang einzelner Elemente beschreiben, die als ein einheitliches Ganzes zusammenwirken. Das politische System eines Gemeinwesens, also die Gesamtheit der Elemente, die in ihrem Zusammenwirken die Einheit der politischen Funktionen des Gemeinwesens stiften, umfasst daher mehr als nur die großen Entscheidungsinstitutionen des politisch administrativen Systems. Zu ihm gehören alle Einheiten und Handlungen, die an der Vorbereitung, am Vollzug und an der Durchsetzung politischer Entscheidungen teilhaben. Auf der Ebene der Gesellschaft sind dies die Aktivitäten der Interessensartikulation der Bürger, die Initiativen, Vereine und Organisationen, in denen politische Forderungen erhoben werden, also die zwischen Bürgern und Institutionen vermittelnden (intermediären) Organisationen. Dazu gehören vor allem auch die politischen Parteien und die Kommunikationsmedien, die sich an der Herstellung von Öffentlichkeit beteiligen.

Elemente und Funktionen

Diese Teile wirken in einer spezifischen Weise zusammen. Gesellschaft und intermediäre Organisationen bringen ihre Ansprüche ein, die als *Eingaben (Input)* in das eigentliche Entscheidungssystem wirken. Innerhalb des Entscheidungssystems, vor allem in Parlamenten und Regierungen der verschiedenen Entscheidungsebenen, werden diese Eingaben zunächst strittig erörtert und dann nach Maßgabe der institutionellen Regeln entschieden. Diese Entscheidungen in Form von Gesetzen, Ausgabe- und Handlungsprogrammen oder Verordnungen wirken als politische *Handlungsergebnisse (Outputs)* in die Gesellschaft zurück und sollen dort die Interessen befriedigen, aus denen Ansprüche an das Entscheidungssystem entstanden sind. In der Regel entstehen auf dieser Basis dann wieder neue Probleme, so dass der Kreislauf des politischen Systems mit anderen Akzentsetzungen aufs neue einsetzt.

Für die Beurteilung politischer Prozesse ist die Wirkungsweise des politischen Systems ebenso interessant wie die Frage, welche Einheiten auf welche Weise und mit welchen Erfolgschancen an den Funktionskreisläufen des politischen Systems teilhaben. Die genaue Analyse dieser Zusammenhänge muss den Blick auf den politischen Prozess, die in ihn eingebrachten Interessen, die beteiligten Akteure und ihre Machtressourcen richten.

Grundbegriffe der Policy-Dimension

Problem/Erfolg

Politische Probleme

Bei politischem Handeln geht es wie bei allem menschlichen Handeln letztlich immer um die Lösung von Problemen, seien es nun Sachprobleme (welche Politik?), Machtprobleme (wer setzt sich durch?), Strukturprobleme (welche Institutionen werden gebraucht?) oder Legitimationsprobleme (welche Lösung ist am besten gerechtfertigt?). Die Handelnden selbst und diejenigen, in deren Auftrag oder in deren Namen gehandelt wird, müssen eine Vorstellung davon haben, worin das Problem besteht, das sie lösen wollen und daher auch, welches Ergebnis des Handelns als Erfolg angesehen werden kann. Außer der Schaffung und Erhaltung einer legitimen Gemeinschaftsordnung, der Regelung der Art ihres Zustandekommens und der Möglichkeiten ihrer Veränderung gibt es wohl kein Problem, das sich von Hause aus der Politik einer Gesellschaft stellt. Für die modernen Gesellschaften der Gegenwart ließen sich zwar aufgrund eingefahrener Konventionen lange Kataloge unvermeidbarer politischer Probleme auflisten. Letztlich ist aber die Definition eines gesellschaftlichen Problems als politisch zu lösendes immer eine politische Entscheidungsfrage, da die Problemdefinition als solche bereits ein Akt politischen Entscheidungshandelns ist.

Die politischen Amtsinhaber und Mandatsträger haben zumeist ein Interesse daran, die Probleme des Gemeinwesens, denen sie sich widmen wollen, möglichst allgemein und mehrdeutig zu definieren, so dass sich die Resultate ihres Handelns möglichst in jedem Falle als Erfolge darstellen lassen. Die Bürger, in deren Lebenswelten sich die Probleme und deren Auswirkungen konkret stellen, um die es geht, haben häufig eine präzisere Anschauung oder Erfahrung ihrer Probleme, wenn auch nicht der für ihre Lösung geeigneten Mittel. Das gilt jedenfalls für solche Fragen wie Steuersätze, die Größe von Schulklassen oder die Regelungen der Krankenversicherung.

Deutungsmacht und Offenheit

Viele der als problematisch empfundenen und politischer Bearbeitung übertragenen gesellschaftliche Situationen sind ihrer Natur nach im höchsten Maße plastisch, sowohl bei der Definition des Problems selbst, wie auch bei der Definition in Anspruch genommener Handlungserfolge. Das gilt beispielsweise für eine in kulturell vielfältigen Gesellschaft so zentrale Frage wie die Integration der Ausländer. Schon bei der ganz allgemeinen Frage, was unter Integration überhaupt zu verstehen sei, ist die Einigung schwierig. Die Frage, welches Ausmaß von Integration in überschaubarer Handlungsfrist angestrebt werden kann, ist politisch kaum einvernehmlich zu klären ebenso wie die Frage, welche Integrationsleistungen Mehrheit und Minderheit jeweils erbringen sollten. All dies ist im politischen Prozess regelmäßig selbst umstritten. Ähnliches gilt auch für zentrale umstrittene Handlungsbereiche wie etwa die innere Sicherheit oder den Umweltschutz und viele andere Bereiche. Darum bleibt in gewisser Weise immer umstritten, welche Ergebnisse politischen Handelns als Erfolge betrachtet werden können.

Obgleich auf die Definition der politisch zu lösenden Probleme und auf die Bestimmung der Handlungserfolge nicht verzichtet werden kann, solange politisches Handeln überhaupt den Anspruch erhebt, rational und demokratisch entscheidbar zu sein, erweisen sich in einer großen Anzahl von Fällen sowohl die Definition von Probleme, wie auch die Feststellung von Handlungserfolgen als ein in gewissem Maße immer in der Schwebe bleibender, umstrittener politischer Handlungsbereich. Es kommt hinzu, dass die Lösung des einen Problems oft zur Schaffung eines neuen Problems beiträgt, so dass der öffentliche Versuch der Präzisierung der wichtigen Problemlagen ein dauernder und fast immer im gewissen Maße auch offener Prozess bleibt. In den meisten Fällen kann es daher bei der Bilanzierung politischer Handlungserfolge nur darum gehen, ob die praktizierten Handlungsprogramme zumindest als ein Beitrag zur Lösung von Problemen gewertet werden können.

Das Ringen um die Definition eines Problems als *politisch*, also ein durch legitimes politisches Handeln zu lösendes, ist selber bereits ein entscheidender Teil des politischen Prozesses. Das zeigt beispielhaft ein so wichtiger Fall wie die Frage nach der Strafbarkeit von Gewalt und Vergewaltigung in der Ehe. Dieses für den

Schutz grundlegender Menschenrechte so entscheidende Problem galt aus sozialen und politischen Gründen bis zum Ende des zwanzigsten Jahrhunderts als eine private Angelegenheit, die nicht Gegenstand politischen Handelns sein kann. Und selbst als dann der deutsche Bundestag 1989 ein Gesetz erließ, das die Strafbarkeit regelt, hielt eine nennenswerte Zahl von Abgeordneten diese Frage weiterhin nicht für politischer Regelung bedürftig. Das Beispiel zeigt auch das oft unvermeidbar hohe Maß an Ambivalenz und Offenheit bei der Beurteilung politischer Handlungserfolge.

Die Verabschiedung des Gesetzes selbst ist zunächst nur ein symbolischer Erfolg, der möglicherweise einen Beitrag zur Veränderung der Kultur und damit auch sozialer Handlungsgewohnheiten leistet. Ob das Gesetz aber auf der instrumentellen Handlungsebene tatsächlich dazu führt, dass Gewalt in der Ehe auf dieser Grundlage künftig vermehrt angezeigt und bestraft und infolgedessen dann in geringerem Maße ausgeübt wird, steht dahin. In diesem Falle erkennen die einen mit guten Gründen im Gesetz selbst schon den Handlungserfolg, während andere darin entweder einen bloßen Scheinerfolg sehen, oder sogar die Quelle neuer Probleme, nämlich die Verschärfung von Ehekrisen als Folge der Anzeige ausgeübter Gewalt.

Trotz der in gewissem Maße stets offen bleibenden Fragen bei der Bestimmung politischer Probleme bleibt es ein unverzichtbarer und gerade für den demokratischen Prozess entscheidender Teil der Politik, immer neu die Verständigung über die wichtigen politischen Problemlagen des Gemeinwesens zu suchen und handhabbare, angemessene Maßstäbe des Handlungserfolgs öffentlich zu klären. Andernfalls wäre Politik als zielgerichtetes Handeln selbst nicht möglich.

Programm

Programmtypen

Handlungsprogramme im Sinne der Auswahl für geeignet gehaltner Mittel zur Erreichung angestrebter Ziele sind ein Charakteristikum von Policy auch dort, wo sie nicht in aufgeschriebener und von Gremien verabschiedeter Form existieren. Es sind nicht unbedingt die spektakulären Grundsatzprogramme und programmatischen Deklarationen im Rampenlicht der Öffentlichkeit, die das tatsächliche Handeln der politischen Akteure leiten und von einander unterscheiden. Die offiziell deklarierten und öffentlich propagierten Grundsatz- und Aktionsprogramme, nicht selten sogar die Wahlprogramme der politischen Parteien, dienen oft ebenso Werbezwecken wie der Bekundung verbindlicher Handlungsabsichten. Aber ohne Kenntnis der Vorstellungen, die die jeweiligen politischen Akteure von den Zielen haben, die sie zur Lösung der gegebenen Probleme anstreben und der Mittel, die sie einsetzen wollen, um diese Ziele zu erreichen, ist weder für sie selbst zielgerichtetes politisches Handeln noch für die Bürger dessen rationale Beurteilung möglich.

Programme in engeren Sinne tatsächlich verfolgter Handlungspläne sind das, was politisches Handeln als Policy in besonderer Weise charakterisiert. Insofern können politische Akteure handlungsleitende Programme entwickeln und verfolgen, ohne sie öffentlich als „Programme" zu deklarieren und sie können zum Zwecke der Werbung politische Handlungsprogramme als solche deklarieren, ohne sich in der Praxis von ihnen wirklich leiten zu lassen. Gerade an diesem Fallbeispiel lässt sich die in der politischen Kommunikation regelmäßig anzutreffende Diskrepanz zwischen dem, was semantisch deklariert wird, und dem, was der Sache nach geschieht, gut beobachten.

Zielorientiertes Handeln

Der Sache nach ist das politische Programm der jeweiligen Akteure der für ihr Handeln ausschlaggebende Faktor, da er die Mittel und Ziele bestimmt, um die es den Akteuren jeweils zu tun ist. Im einfachsten Falle besteht das Programm eines politischen Akteurs beispielsweise darin, dass er das Problem der Steuergerechtigkeit wenigstens teilweise zu lösen beabsichtigt. Er verfolgt das Ziel, die Rate der Steuerhinterziehungen in seinem Lande zu verringern und zu diesem Zwecke die Anzahl der Steuerfahnder um 10 % zu erhöhen. Das Programm definiert das Problem, nennt das Ziel und insbesondere die Mittel, die ihm zur Erreichung des Ziels geeignet erscheinen. Gerade auf dieser Ebene, bei der Definition der Probleme, bei der Deklaration der Ziele und bei der Nennung der Mittel zur Erreichung der Ziele, lassen sich die politischen Handlungsalternativen zwischen unterschiedlichen Akteuren, seien es Vereine und Verbände oder Parteien zumeist relativ deutlich identifizieren. Zugleich lässt sich der Erfolg oder Misserfolg seines Handelns anhand des

Programms überprüfen, zum einen, ob die gesetzten Ziele zur Lösung des Problems beitrugen und zum anderen, ob die eingesetzten Mittel zur Erreichung der Ziele angemessen waren. Auf diesem Wege lässt sich sowohl die Verlässlichkeit und Glaubwürdigkeit des entsprechenden Akteurs, wie auch die Angemessenheit und Klugheit seines Programms beurteilen.

Es wird mitunter verkannt, dass auch im höchsten Maße pragmatische politische Akteure auf Handlungsprogramme in dem beschriebenen Sinne niemals verzichten können, da sie sonst überhaupt nicht zielgerichtet handeln können. Denn auch Handlungsabsichten, die erst in der gegebenen Situation sich nach und nach ergeben und zu einem zusammenhängenden Konzept verdichten, die aber gegebenenfalls zu keinem Zeitpunkt schlüssig und zusammenhängend ausformuliert und schriftlich präsentiert werden, sind Handlungsprogramme, solange es sich überhaupt um zielgerichtetes politisches Handeln handelt, das Ziele verfolgt und dafür Mittel einsetzt. Wo dies aber tatsächlich nicht der Fall ist, da ist gerade das Fehlen einer erkennbaren Programmatik selbst eine höchst informative Erkenntnis über die dann vorliegende Art von Politik, die Absichten und die Erfolgsaussichten des betreffenden Akteurs und dessen Verantwortlichkeit und Berechenbarkeit.

Grundbegriffe der Politics-Dimension

Interessen

Rohstoff der Politik

Die zugespitzte Definition, der zufolge Interessen der Rohstoff der Politik sind, trifft in erheblichem Maße zu. Politik kann als der Prozess beschrieben werden, in dem divergierende Interessen zum Ausdruck gebracht, in öffentlichen Diskursen und verschiedenen Auswahl- und Entscheidungsverfahren bearbeitet und schließlich in die Einheit für alle verbindlicher Entscheidungen überführt werden. Interessen sind nach der Definition des Philosophen *Immanuel Kant Triebfedern* des menschlichen Handelns. Im politischen Zusammenhang geht es dabei um die Handlungsantriebe kollektiver Akteure, die von diesen in aller Regel im Lichte gesellschaftlicher und politischer Ideen begründet und interpretiert werden. In der Regel sind große Bruchlinien divergierender Interessen, die aus den gegebenen sozial-ökonomischen, politischen, regionalen und kulturellen Grundstrukturen und speziellen geschichtlichen Erfahrungen folgen, für eine gegebene Gesellschaft kennzeichnend.

Regionale Interessen

Die Verkürzung des Interesse-Begriffs auf allein wirtschaftlich bestimmte Zielsetzungen greift für ein Verständnis des politischen Prozesses bei weitem zu kurz. Politisch bedeutsame Interessen können auch sozial, kulturell, regional oder moralisch begründet sein. Die großen parteibildenden Interessengruppierungen der europäischen Länder ergaben sich aus den Grunderfahrungen im Prozess ihrer geschichtlichen Entwicklung. Im achtzehnten und neunzehnten Jahrhundert bildeten sich die großflächigen Nationalstaaten heraus, oft unter Führung einer bestimmten Regionalmacht, wie etwa Preußen im Deutschen Reich. Bedingt dadurch ergab sich einerseits deren Vormachtsanspruch gegenüber anderen Regionen und ebenso die Vorrangstellung der besonderen Religion der vorherrschenden Region, wie dem Protestantismus als preußischer „Staatsreligion" im Deutschen Reich.

Kulturelle Interessen

Diese Entwicklung schuf einen Konflikt zwischen den sich ihrer Gegensätze immer stärker bewusst werdenden unterschiedlichen Interessenlagen des Zentrums und der Peripherie, der herrschenden Zentralmacht und der mit ihr verbündeten Gruppen auf der einen Seite und der durch den Vereinigungsprozess an die Peripherie des Gemeinwesens geratenen regionalen Einheiten. Der kulturelle Konflikt zwischen der offiziell oder inoffiziell den Staat repräsentierenden Religion und ggf. anderen, an den Rand gedrängten Religionen, ist ein Beispiel für kulturell bedingte Interessen und den Konflikt zwischen ihnen. Im Deutschen Reich in der Zeit zwischen seiner Gründung 1871 und dem Ersten Weltkrieg ergab sich daraus der erbitterte Kulturkampf zwischen den protestantischen Mächten und dem an den Rand gedrängten organisierten Katholizismus (Winkler 2001).

110

Ökonomische Interessen

Die industrielle Revolution auf privatkapitalistischer Grundlage führte im Verlauf des neunzehnten Jahrhunderts zur politischen Bewusstwerdung des Interessengegensatzes zwischen den Eigentümern der großen Produktionsmittel und ihren Repräsentanten auf der einen Seite und den Arbeitnehmern, die vom Besitz an den Produktionsmitteln und jeglicher Mitentscheidung über sie ausgeschlossen blieben. Bei diesem Konflikt ging es um die Verteilung des gesellschaftlich erzeugten Reichtums und die Bedingungen der Arbeit, des Arbeitsschutzes und der sozialen Sicherung. Die aus der sozial-ökonomischen Lage der Einzelnen hervorgehenden Interessen haben sich im Verlaufe der modernen Geschichte als besonders wirksam und nachhaltig erwiesen. Sie haben nicht nur zu der Gründung der mächtigsten Vereine und Verbände, wie Gewerkschaften und Unternehmerverbände geführt, sondern auch in besonderer Weise die Programmatik und das Handeln der einflussreichsten Parteien bestimmt (Winkler 2001).

Ökologische Interessen

Im Verlauf der siebziger Jahre des zwanzigsten Jahrhunderts zeigte sich, dass auch die Orientierung an intakten Lebenswelten und die Verantwortung für nachwachsende Generationen in erheblichem Umfang zur Ausbildung politisch wirksamer Interessen führen können. Die Gefährdung der natürlichen Umwelt durch riskante technische Produktionsformen, die Erhöhung gesundheitlicher Risiken und sogar der Gefahren für Leib und Leben durch die Nutzung großchemischer Produktionsverfahren und vor allem der Kernenergie haben in fast allen Industrieländern zur Ausbildung und Bewusstwerdung des politischen Interesses an einer nachhaltig intakten Umwelt geführt, das sich den mächtigen Interessen an möglichst uneingeschränkter technischer Naturbeherrschung durchaus wirksam entgegenzusetzen vermochte. Dieses Interesse wurde zunächst in Bürgerinitiativen organisiert, die allmählich eine plausible gemeinwohlorientierte Interpretation von ihm in die politische Arena einbrachten. Das führte in den meisten europäischen Industrieländern schließlich zur Ausbildung ökologieorientierter politischer Parteien (Rucht 1994).

Abb. 12: Konfliktmodell der Gesellschaft

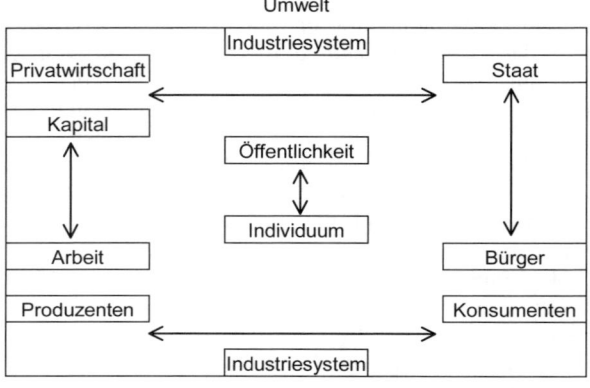

Quelle: U.v. Alemann, Organisierte Interessen in der Bundesrepublik, Opladen 1989

Moralische Interessen

Eine weltweit tätige Organisation wie *Amnesty International* zeigt, dass auch das *moralische* Interesse am Schutz der Würde aller Menschen unabhängig von den sonstigen Handlungs- und Lebensbedingungen zu einer folgenreichen Triebfeder kollektiven Handelns in der politischen Arena werden kann. *Religiöse* Interessen haben in der Geschichte zu allen Zeiten eine mitentscheidende Rolle in politischen Konflikten gespielt wenn auch nicht selten als Verschleierung enger Macht- und Verteilungsinteressen. In der gegen die Legitimationsideen der modernen Kultur gerichteten Form des religiös-politischen Fundamentalismus erleben sie seit den siebziger Jahren dieses Jahrhunderts eine weltweite Renaissance in den politischen Arenen fast aller Teile der Welt.

Die Durchsetzung der Interessen

Die älteren Pluralismustheorien waren von der harmonistischen Vorstellung geprägt, dass alle gesellschaftlichen Interessen die gleiche Zutrittschance zur politischen Arena haben, so dass sich im Prozess der Interessenvermittlung am Ende immer ein Gleichgewicht zwischen den unterschiedlichen Interessen und ihrer politischen Berücksichtigung ergibt. Jüngere Studien haben hingegen den Nachweis erbracht, dass die Durchsetzungschancen gesellschaftlicher Interessen im politischen Prozess höchst ungleichgewichtig sind. Sie hängen entgegen der naheliegenden Erwartung, dass die relative Anzahl der Menschen, die sie teilen, den Ausschlag gibt, vielmehr von der Rolle der jeweiligen Interessen im Prozess der gesellschaftlichen Reproduktion ab. Diese bedingt ihre Organisationsfähigkeit und die Sanktionsdrohungen, die sie aufgrund ihrer gesellschaftlichen Stellung glaubwürdig machen können. Darauf beruht dann ausschlaggebend ihre Durchsetzungschance (Schmidt 2000: 226ff).

Das Interesse an sauberer Luft, das alle teilen, lässt sich kaum organisieren und nicht durch die Androhung der Verweigerung speziell mit ihm verbundener gesellschaftlicher Leistungen durchsetzen. Das Interesse an niedrigeren Unternehmenssteuern lässt sich leicht und wirksam organisieren, beispielsweise in Unternehmerverbänden, und mit der Drohung einer möglicher Auswanderung großer Unternehmungen letztlich auch erfolgreich durchsetzen. Freilich können, wie die Umweltbewegung der siebziger Jahre in Deutschland gezeigt hat, auch allgemeine Interessen ohne spezifisches Sanktionspotential höchst erfolgreich vertreten werden, wenn bestimmte andere Bedingungen erfüllt sind. In diesem Falle waren es eine weit verbreitete Gefährdungswahrnehmung und spektakuläre unkonventionelle Protestformen wie Sitzblockaden, Massendemonstrationen und begrenzte Gesetzesbrüche im Rahmen von Aktionen des Zivilen Ungehorsams.

Akteure

Akteure und Interessen

Interessen werden in der politischen Arena immer von kollektiven Akteuren verfochten. Interessen, für deren Formulierung und nachhaltige Vertretung in der politischen Arena sich kein geeigneter Akteur findet, spielen im politischen Prozess auch dann keine Rolle, wenn sie für das Gemeinwesen nach allgemeiner Erkenntnis von erheblichem Gewicht sind und auf der Ebene der politischen Meinungen von einer sehr großen Anzahl seiner Glieder auch unterstützt werden.

So wie Interessen ohne Akteure im politischen Prozess nicht in Erscheinung treten können, so verfechten die Akteure, die im politischen Prozess eine Rolle übernehmen, immer Interessen, auch wenn sie es auf den ersten Blick nicht zu erkennen geben. Dies müssen, wie schon der Interessenbegriff selbst deutlich macht, nicht notwendigerweise eng begrenzte und eigennützige, aber letztlich doch identifizierbare Interessen sein, denen andere Interessen entgegen stehen.

Da die Interessen, die von unterschiedlichen Akteuren verfochten werden, aus Gründen des Zwanges zur Legitimation gegenüber der großen Öffentlichkeit höchst selten in unzweideutiger Weise öffentlich deklariert und ungeschminkt beim Namen genannt werden, ist der genauere Blick auf die jeweiligen Akteure und ihre Verankerung im Geflecht der wirtschaftliche, sozialen oder kulturellen Interessenlagen einer Gesellschaft die oft entscheidende Hilfe beim Verständnis der Interessen, um die es ihnen in der jeweiligen Situation im Kern tatsächlich geht.

Kollektive Akteure

Akteure sind im politischen Prozess fast ohne Ausnahme Kollektive, lose vernetzt oder streng organisiert, die sich, wenn auch oft nur in groben Zügen, auf ein gemeinsames Handlungsprogramm verständigen können. Akteure des *politischen Systems* sind zunächst die *Institutionen* selbst, die in der jeweiligen Verfassung eingesetzt und in ihren Funktionen beschrieben und begrenzt sind. Dazu gehören vor allem die Regierung, das Parlament und seine wichtigsten Teile, wie etwa die Ausschüsse, die Fraktionen, mitunter auch, bei speziellen Fragestellungen, Teile von Fraktionen, die sich in ihren Handlungsabsichten gegen die jeweilige Mehrheit wenden. Dazu gehört der Bundespräsident, in Deutschland das Bundesverfassungsgericht, aber auch die Gebietskörperschaften, die Kommunen und deren Zusammenschlüsse, etwa im Städte- und Gemeindetag, aber auch die verschiedenartigen thematischen Arbeitsgemeinschaften im föderalen System, so die Konferenz der Kultusminister oder der Innenminister, die sich in der Regel um die Abstimmung der Interessen der Länder durch Verhandlungen und Kompromiss bemühen.

In der *Mediendemokratie*, die sich gegenwärtig in neuartiger Form herausbildet, gehören mehr und mehr auch das Mediensystem als Ganzes und einzelne seiner Teile, wie etwa Zeitungen, Rundfunkstationen, Redaktionen zu den politischen Akteuren, die in vielen Fragen durchaus eigene Interessen verfechten können und darum bei der Analyse von Interessenskonstellationen in gegebener Lage in Betracht gezogen werden müssen. Zum politischen Akteur können Medien nicht allein durch die direkte oder indirekte Förderung anderer oder eigner Interessen werden, sondern auch durch die selektive Thematisierung oder Entthematisierung aktueller Probleme oder Positionen (Siehe Kapitel 13 u.14).

Bürgerinitiativen

Als Zentralakteure der Input-Seite des politischen Systems gelten indessen nach wie vor in erster Linie die Parteien, die Verbände und Vereine sowie in Deutschland seit den siebziger Jahren aktive thematische Bürgerinitiativen und deren Vereinigungen. Bürgerinitiativen können prinzipiell jeder Art von Interessen zur Geltung bringen. Zwar haben die großen Initiativen mit ihren übergreifenden sozial-moralischen Interessen, wie Friedenssicherung durch Abrüstung, Umwelterhaltung, Menschenrechte weithin das öffentliche Bild beherrscht, doch hat es in durchaus erheblichem Umfang auch spontane Bürgerzusammenschlüsse für durch und durch begrenzte wirtschaftliche oder soziale Gruppeninteressen gegeben, so u.a. Initiativen von Ladenbesitzern gegen gut begründete städteplanerische Projekte oder von Anwohnern gegen die Errichtung von Heimen für behinderte Menschen in ihrer Nachbarschaft. Die Aktionsform der Bürgerinitiative ist prinzipiell für jede Art von Interessen offen.

Den größten Einfluss haben in der Bundesrepublik in den siebziger und achtziger Jahren indessen solche Bürgerinitiativen gehabt, die ein verallgemeinerungsfähiges sozial-moralisches Interesse zur Geltung brachten und darin auch im Lichte kritischer öffentlicher Betrachtung durchaus glaubwürdig erschienen. Dazu gehören vor allem die Ökologie –, die Frauen- und die Friedensbewegung. Die Organisationsform der Bürgerinitiative war bislang eine eher flüchtige, sie ergab sich aus akuten Bedrohungs- oder Konfliktsituationen heraus, erlebte in den siebziger Jahren in Deutschland in kurzer Zeit eine große Blüte mit erheblichem Einfluss und Wirkungsmöglichkeiten auf die öffentliche Mentalität und die Politik der anderen Akteure, ebbte aber im Maße des Abklingens der akuten Phase der Problemwahrnehmung dann auch rasch wieder ab. Die Gründung einer speziell diesen Zielen gewidmeten Grünen Partei 1979/80 trug ebenfalls dazu bei.

Damit scheint sich diese Aktionsform in besonderem Maße für zeitlich begrenzte, plötzlich als schwerwiegend empfundene Krisen- oder Problemsituationen zu eignen, von deren allgemeiner Bedeutung sich ein großer Teil der Öffentlichkeit überzeugen lässt. Das Gewicht dieser Akteure ergab sich anfänglich vor allem aus den *unkonventionellen Aktionsformen* des zivilen Ungehorsams und der Massendemonstrationen, verbunden damit auch aus der großen Zahl der vorübergehend mobilisierbaren Anhängerschaft. Eine besondere Rolle spielte aber für das Gewicht und die Einflusschance dieser Akteure im politischen Prozess immer die Nähe zu glaubhaft gemachten, verallgemeinerbaren sozial-moralischen Interessen, die in den Handlungsprogrammen der anderen Akteure erfahrbar vernachlässigt wurden.

Vereine und Verbände

Vereine und *Verbände* hingegen erweisen sich als höchst stabile Akteurstypen. Unternehmerverbände, Arbeitgeberverbände, der Bauernverband, die Gewerkschaften als die in der Bundesrepublik Deutschland herausragenden Beispiele dieser Art Akteure verkörpern massive Wirtschaftsinteressen, zum Teil in direkter komplementärer Entgegensetzung zueinander, wie etwa Arbeitgeberverbände und Gewerkschaften, zum Teil, wie im Falle des Bauernverbandes in zwar indirekter, aber doch eindeutiger Entgegensetzung zu anderen organisierten und nicht organisierten Interessen allein schon durch die Konkurrenz bei der Inanspruchnahme derselben begrenzten öffentlichen Mittel.

Zwar stützen sich die Vereine und Verbände, die unmittelbar mit strukturell festliegenden Positionen des Wirtschafts- und Sozialsystems verbunden sind, in ihrer politischen Arbeit auf eine begrenzte Anzahl deutlich identifizierbarer Interessen. Sie haben im Kontext der politischen Kultur der Bundesrepublik dennoch einerseits Positionen zu fast allen wichtigen politischen Fragen der Innenpolitik entwickelt und zum anderen in der Regel in ihren Konzeptionen und mehr noch in den Formen ihrer Selbstdarstellung den Anspruch eines tragfähigen Gemeinwohlbezugs entwickelt. Es ist darum selten schon auf den ersten Blick zu erkennen, in welchem Umfang ihre öffentlich erhobenen Forderungen tatsächlich Gemeinwohlinteressen einbeziehen, bzw. in welchem Maße das wirkliche Handeln dieser Akteure durch das unmittelbare sozioökonomische Interesse ihrer Mitglieder bedingt ist. Diese Unterscheidung, die im übrigen nicht in jedem Fall eindeutig zu treffen ist, bedarf daher bei jedem gegebenem Problem einer eigenständigen sorgfältigen Betrachtung. Denn weder darf davon ausgegangen werden, dass Ansprüche der Orientierung am Gemeinwohl, soweit sie von Interessengruppen im konkreten Fall erhoben werden, prinzipiell immer bloße Bemäntelungen der wirklichen Interessen sind, denen ihre Politik in Wahrheit gilt, noch ist zu erwarten, dass diese Akteure über den Schatten ihrer sozio-ökonomischen Ursprungsinteressen einfach hinweg springen und ausschließlich die Partei des Gemeinwohls ergreifen.

Parteien

Die *Parteien* nehmen durch ihre Mittlerrolle zwischen Staat und Gesellschaft eine Schlüsselstellung unter den politischen Akteuren ein. Die *Zentralität* ihrer Funktion im politischen Prozess resultiert daraus, dass sie allein in der Lage sind, gesellschaftlich formulierte Interessen, Werte und Projekte im staatlichen Institutionen-System selbst zur Geltung zu bringen und im Falle des Wahlerfolgs als Parlamentsmehrheiten, sei es allein oder in Koalition mit anderen Parteien, die politische Willensbildung der Gesellschaft in die Staatswillensbildung der gesamtgesellschaftlich verbindlichen Entscheidungen zu überführen (v. Beyme 1984).

Auch wegen dieser herausragenden Brückenfunktion zwischen Staat und Gesellschaft hat das Grundgesetz der Bundesrepublik Deutschland vergleichsweise hohe Anforderungen an die innere Organisation, an die Aufgaben, an die Verantwortlichkeiten und an die Rechenschaftspflicht der Parteien rechtsverbindlich gemacht. Weit über die bescheidene Funktionsbeschreibung in der Verfassung hinaus, der zufolge die Parteien lediglich an der politischen Willensbildung „mitwirken", ist es den Parteien tatsächlich gelungen, unter allen politischen Akteuren die gewichtigste politische Rolle zu übernehmen. Das gilt sowohl für die Richtung der Einflussnahme aus der Gesellschaft heraus auf den Staat wie auch für die Einflussnahme des Staates auf die Gesellschaft und ihre Gliederungen, etwa im Bereich der Schulen.

Im Handlungsfeld *Gesellschaft* fungieren die Parteien einerseits als integrative Klammern zwischen Verbänden und Vereinen und den ihnen zugrunde liegenden Interessen. Sie fassen im Rahmen ihrer eigenen Grundwerte und Grundinteressen eine Vielzahl von Einzel- und Teilinteressen zusammen und schmelzen sie weitgehend in ein übergreifendes Handlungsprogramm ein, das den Wählern mit dem Anspruch der Orientierung am Gemeinwohl präsentiert werden kann. Jede der Parteien ist zugleich auch durch Grenzen der Integrationsfähigkeit gekennzeichnet. In der Bundesrepublik war es während ihrer gesamten Geschichte für die CDU kennzeichnend, vor allem die in den großen Wirtschaftsverbänden repräsentierten Interessen aufzunehmen, ebenso die des Bauernverbandes und diejenigen des Haus- und Grundbesitzervereins. Für die SPD hingegen war stets die enge Zusammenarbeit mit dem DGB und seinen Einzelgewerkschaften charakteristisch, aber beispielsweise ebenso die im Deutschen Mieterverband repräsentierten Interessen aufzugreifen. Die Grünen sind aus den an Umwelt, Menschenrechts- und Abrüstungsfragen interessierten Bürgerinitiativen hervorgegangen und haben diese, solange sie überhaupt im politischen Leben der Bundesrepublik eine Rolle spielten, stets in besonderer Weise repräsentiert.

Parteien in der Krise

Die Parlamentsparteien in der Bundesrepublik verstanden sich überwiegend in dem Sinne als Volksparteien, dass sie prinzipiell alle gesellschaftlichen Gruppen mit ihren Wahlappellen erreichen und als Mitglieder willkommen heißen wollten. Das Grundgesetz verlangt, dass die Organisation und innerparteiliche Willensbildung aller Parteien demokratischen Regeln folgt. Dem entspricht bei den Parlamentsparteien eine Praxis, die sie zu einer Art *interessegeleiteter gesellschaftsnaher Diskursgemeinschaft* macht.

Zwar haben immer schon die Führungen der Parteien bei der Auswahl der Themen, bei der Akzentsetzung im Prozess der politischen Willensbildung, bei der Personalauslese und bei der Repräsentation der Parteien nach außen eine besondere Rolle gespielt. Das Gespräch und die Mehrheitsentscheidung der Parteibasis auf den verschiedenen Organisationsebenen fungierte gleichwohl auch als ein wichtiger Einfluss-Strom der innerparteilichen Willensbildung und als eine Grenze für die politische Handlungsfreiheit der Führungseliten. In diesem Sinne können zumindest die Parlamentsparteien auch als gesellschaftliche Diskursorganisationen verstanden werden, die ein breites Spektrum unterschiedlicher Interessen, Wertorientierungen, Erfahrungen und Lebenshaltungen in der Gesellschaft aufgreifen, politisch bearbeiten und schließlich in handlungsleitende, problemlösende Programme überführen.

Abb. 13: Politische Akteure

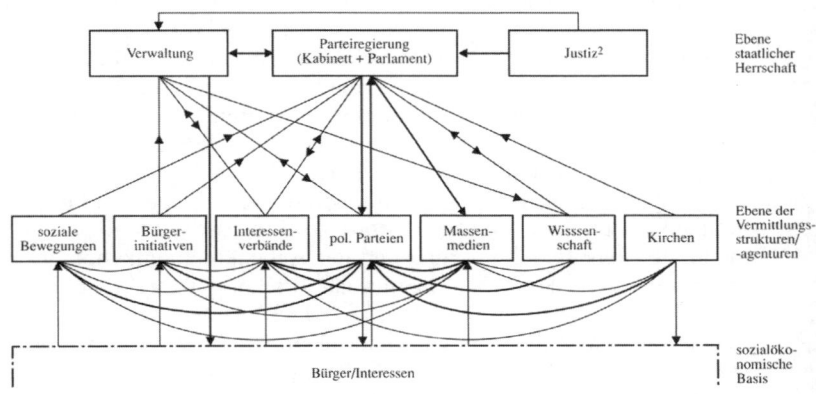

1   Dieses Schaubild zeigt nur Hauptbeziehungslinien auf; fette Linien heben die Relevanz dieser Beziehungen für den politischen Prozeß hervor. Soweit die Beziehungen mit Richtungspfeilen gekennzeichnet sind, deuten sie die Richtung der Einflußnahme an.
2   Die Justiz ist hier der Vollständigkeit halber berücksichtigt; auf die Markierung von Beziehunglsinien wurde verzichtet, um die Übersichtlichkeit zu wahren.
Quelle: U. V. Alemann: Parteien in der Gesellschaft der Bundesrepublik. In: A. Mintzel/H. Oberreuter (Hg.): Parteien in der Bundesrepublik Deutschland. Bonn u. Opladen 1991

Die Zentralität der Parteien im Gefüge der politisch wirkenden Vereine, Verbände und Initiativen zeigt sich u.a. auch darin, dass ausschließlich die Parteien für die Auswahl, politische Sozialisierung und weitgehend auch Kontrolle des Führungspersonals zuständig sind, das auf Landes- und Bundesebene, überwiegend auch in den Kommunen die parlamentarischen Mandate und staatlichen

119

Ämter einnimmt und damit die politischen Institutionen des Gemeinwesens lenkt und leitet.

Der demokratischen Idee, aus dem Dialog der Bürgerinnen und Bürger heraus den politischen Willen des Gemeinwesens entstehen zu lassen und dann auch in die Tat umzusetzen, haben Parteien freilich immer nur in begrenztem Maße entsprochen. Aber sie erwiesen sich spätestens zu dem Zeitpunkt als unerlässliche Organisationselemente der Demokratie, als diese sich zur politischen Organisationsform großer unübersichtlicher und hochkomplexer Flächenstaaten entwickelte und als erkennbar wurde, dass die gesellschaftliche Interessenspaltung eine Ermittlung des Gemeinwohls im allgemeinen gesamtgesellschaftlichen Konsens in den meisten zentralen politischen Entscheidungsfragen ausschließt. Ihrem eigenen politischen Funktionssinn nach treten Parteien darum, wo dies nicht durch politische Repression verhindert wird, stets im Plural auf, nämlich als Organisationen des politischen Wettbewerbs um divergente Politiken und Personalvorschläge.

Zugleich sind sie für die Erfüllung ihrer demokratischen Funktion auf die umfassende *Organisation* der Prozesse der Willensbildung, der Personalrekrutierung und der Außenkommunikation angewiesen. Darin lag seit Anbeginn das Risiko, dass sich Parteien auch in erheblichem Maße durch die Mechanismen ihrer inneren Organisation von ihrem gesellschaftlichem Umfeld abkapseln und zu einer solchen Auswahl ihres Führungspersonals und ihrer maßgeblichen Themen tendieren können, die sich von einer angemessenen Repräsentanz des gesellschaftlichen Lebens entfernt. Diese Tendenz der relativen Abschließung gegen die Gesellschaft ist real und bei allen Parteien, wenn auch in unterschiedlichem Maße, anzutreffen. Das Hauptproblem der Parteien in der gegenwärtigen Mediengesellschaft besteht im Schwund ihrer Mitgliederbasis und in deren zunehmender Funktionsentleerung (Wiesendahl 1998, v. Beyme 2000b).

Vor allem im Bereich der innerparteilichen Information, der Kommunikation und der Personalauswahl haben die Massenmedien in erheblichem Maße Aufgaben übernommen, die ehedem zu den klassischen Grundfunktionen der politischen Parteien zählten. Die Parteiführungen neigen daher zunehmend zur Orientierung am Handeln der Massenmedien statt an der Basis ihrer eigenen Parteiorganisationen. Diese verlieren gegenwärtig im Zuge dieser Entwicklung einen beträchtlichen Teil ihrer ursprüngli-

chen Mitgestaltungs- und Kontrollfunktion an das neu sich heraus-
bildende Machtdreieck von Medien, medien-orientierten strategischen Kommunikationsspitzen der Parteien und Meinungsforschung.

System oder Akteur

Zwei alternative Sichtweisen

Wie in den Sozialwissenschaften insgesamt, so besteht seit langem
auch in der Politikwissenschaft eine unaufgelöste Kontroverse
über das Verhältnis von politischem System und politischen Akteuren zueinander. Diese Kontroverse hat zwar auch feine theoretische Verästelungen und erkenntnistheoretische Tiefen, ist aber
letztlich für das Verständnis auch der Alltagsprozesse in der Politik und für die Beurteilung der Spielräume praktischen politischen
Handelns von beträchtlicher Bedeutung.

Ursprünglich wurde diese Kontroverse in Deutschland zwischen dem Soziologen *Niklas Luhmann* und dem Sozialphiloso-
phen *Jürgen Habermas* ausgetragen (Habermas/Luhmann 1971).
Mittlerweile wird sie in neuen Nuancen auf beiden Seiten von
zahlreichen jüngeren Sozialwissenschaftlern und Philosophen fortgesetzt, vermittelnde Positionen, die zwischen ihnen Brücken schla-
gen, haben sich herausgebildet, aber die Debatte damit keinesfalls
beendet oder überflüssig gemacht. Worum geht es dabei?

Während, vereinfacht gesagt, die *Systemtheoretiker* das große
politische System selbst als eine Art Subjekt ansehen, das handelt
und Aktionen koordiniert, bestehen die *Handlungstheoretiker* darauf, dass nur die individuellen und kollektiven Akteure selbst Trä-
ger von zielgerichteten politischen Handlungen sein können und
damit die Entwicklungen innerhalb des politischen Systems entschieden gestalten.

Systemperspektive

Wie schon im Abschnitt über die konkurrierenden Wissenschaftstheorien deutlich geworden ist, besteht im Hinblick auf die Rolle
von Systemen und Akteuren in der Politikwissenschaft eine nicht
abgeschlossene Kontroverse (Lange/Braun 2000). Die Theorie der

autopoietischen Systeme sieht im politischen System als Ganzes den Ort der Entwicklungsdynamik, den Ausgangs- und Zielpunkt des Handelns der Akteure, die nicht als selbstständige Einheit sondern als abhängige Elemente des Systems verstanden werden. Sie sind in ein dichtes Netz von Funktionen und Abhängigkeitsbeziehungen eingebettet, so dass ihre Operationen immer nur als Reaktionen auf die Vorgaben des Systems und nicht als autonome Handlungsentwürfe verstanden werden können.

In dieser Sicht ist es eine von vornherein verfehlte Erkenntnisperspektive, bei den einzelnen Akteuren als autonomen Handlungseinheiten ansetzen zu wollen, die Handlungen planen, durchführen und damit ihre Umwelt zielstrebig nach ihrem eigenen Plan beeinflussen (Luhmann 1998). Das gilt gleichermaßen für institutionelle (Regierungen, Parlamente) und außerinstitutionelle Akteure (Parteien, Bürgerinitiativen). Die Operationen eines Akteurs als Element politischer Systeme ist darum immer nur aus der Gesamtperspektive des Systems zu beschreiben.

Akteursperspektive

Handlungstheoretische Ansätze hingegen gehen davon aus, dass die Akteure des politischen Systems in einem bestimmten Maße immer auch als autonome Handlungsträger operieren können, wie groß die Einschränkungen auch sein mögen, die ihnen das politische System selbst und ihre Umwelt auferlegen. Parteien, genauer Teile von Parteien, Vereine, Regierungen und Parlamenten planen auf der Basis von Realitätsanalysen, Handlungsmotiven und Zielsetzungen ihre Handlungen und versuchen ihre Handlungspläne zielgerichtet zu realisieren, wie groß die durch die Realität selbst verursachte Einschränkung dabei auch immer sein mag.

Der Komplexität der politischen Realität versuchen sich etwa spieltheoretische Ansätze anzunähern, die die Antizipation der erwarteten Handlungen aller anderen durch jeden der Akteure in ihre Erklärungen einbeziehen. Auf diese Weise werden die gegenseitigen Erwartungen, Einschätzungen und Einflussnahmen aller beteiligten Akteure aufeinander in komplexen Kalkulationen in Rechnung gestellt, so dass eine naive Verkürzung politischer Handlungsperspektiven vermieden wird.

In welchem Maße auch immer realistischer eingeschränkt und relativiert, letztlich sind gewisse handlungstheoretische Annahmen

in der Politikwissenschaft unvermeidlich, solange sie davon ausgeht, dass politisches Handeln Steuerungsleistungen für die gesellschaftliche Entwicklung erbringt und Politik die zielgerichtete Her-
vorbringung gesellschaftlich verbindlicher Entscheidungen ist.

Komplementarität

Die Diskussionen der jüngsten Zeit hat gezeigt, dass sich systemtheoretische und handlungstheoretische Ansätze nicht in jedem
Falle ausschließen müssen (Lange/Braun 2000). Komplexe Hand-
lungstheorien können vielmehr dadurch an Realitätsgehalt und an
Erklärungskraft gewinnen, dass sie die Komplexität und Eigendy-
namik politischer Systeme als Handlungsbedingungen und Restriktionen in ihre Analyse einbeziehen. Systemtheoretische Ansätze
hingegen können sich durchaus mit der handlungstheoretischen Annahme vertragen, dass Akteure innerhalb des Systems nicht nur als
Elemente sondern als zielbewusst Handelnde verstanden werden
können, die in den Grenzen, die die Komplexität und Logik des
Systems setzen, ihr Handeln planen und zielbewusst auf die Strukturen und Abläufe des Systems einwirken.
  Eine solche Komplementarität von System und Handlung erscheint der politischen Realität eher angemessen als die Verabso-
lutierung eines der beiden Konzepte. Unabhängig davon gibt es
gesellschaftliche Bereiche, vor allem die alltägliche Lebenswelt, in
der die Menschen einander nicht als Elemente eines Systems sondern als bewusst und zielstrebig Handelnde begegnen können, die
auf dem Wege kommunikativer Verständigung ihre Handlungen
koordinieren (Habermas 1982, Bd. 1: 171ff.).

Konflikt

Politische Grundkonstellation

Konflikte sind die Grundkonstellation politischer Problemlagen. In
einem weiten Sinne umfassen Konflikte alle Formen der anfängli-
chen Nichtübereinstimmung politisch relevanter Interessen in der
Wahrnehmung der beteiligten Akteure. Um politische Konflikte
handelt es sich im Falle der Nichtübereinstimmungen solcher Interessen, die einer politischen Regulierung bedürfen, die also nicht

durch individuelle Ausweichhandlungen vermieden oder umgangen werden können. Da es sich bei politischen Problemen definitionsgemäß immer um solche handelt, die durch eine für alle verbindliche Entscheidung gelöst werden müssen, sind Nichtübereinstimmungen von Interessen auf diesem Handlungsfeld zunächst immer Konflikte. Konflikte sind in diesem Sinne die Grundkonstellation politischer Interessen. Sie können sich auf alle Felder erstrecken, auf denen überhaupt politische Interessen eingebracht werden, also auf wirtschaftliche, soziale, kulturelle oder regionale. Politik kann in dieser Perspektive als ein Verfahren zur friedlichen und integrativen Bewältigung von Interessenskonflikten betrachtet werden (Coser 1965).

Konflikttypen

In der Geschichte der politischen Theorie hat es sehr viele unterschiedliche Konzepte zur Differenzierung der verschiedenen möglichen Arten politischer Konflikte gegeben. Dennoch erscheinen vor allem drei einfache Grundformen von Konflikten für das Verständnis des politischen Prozesses von besonderem Interesse.

Mitunter *können* Konflikte in der *Anfangsdifferenz* bei der Beurteilung von Gemeinwohlfragen bestehen, die sich später im Verlaufe intensiver verständigungsorientierter Gespräche in einen Konsens überführen lässt, etwa bei der Frage der Einrichtung eines nationalen Feiertages. In diesem Falle besteht die Möglichkeit, durch die Bezugnahme aller an der Auflösung des Konflikts Beteiligten auf die Wertgrundlagen des Gemeinwesens, z.B. die Bedingungen der Grenzziehung der Freiheiten aller, die Verwirklichung sozialer Gerechtigkeit, die Sicherung langfristiger Überlebensinteressen, einen öffentlichen Argumentationsprozess einzuleiten, in dessen Verlauf die beteiligten Seiten die ursprünglichen Interpretationen ihrer Interessen im Lichte besserer Argumente verändern, so dass am Ende ein gemeinsames Interesse gefunden wird, das alle Beteiligten aus Überzeugung teilen. Diese Art von Überführung politischer Anfangskonflikte in Konsense nach gründlichen Verständigungsprozessen ist in aller Regel nur im Bereich der Grundlagenfragen eines Gemeinwesens zu finden, aber selten in den Bereichen der wirtschaftlichen, sozialen und kulturellen Interessendifferenzen.

Teilsummenkonflikte

Teilsummenkonflikte liegen dort vor, wo, wie im Falle der Verteilung des Bruttosozialprodukts auf die unterschiedlichen gesellschaftlichen Gruppen, ein im Kern festliegendes Quantum wirtschaftlichen oder sozialen Nutzens auf verschiedene Interessenten verteilt werden muss. In diesem Fall wird sich der Anteil der einen Seiten im selben Maße verringern, wie sich der Anteil der anderen erhöht. Die Beilegung solcher Interessenskonflikte kann entweder auf dem Verhandlungswege erfolgen, in dem die einzelnen Akteure durch den Austausch der Androhung von Nachteilen für die andere Seite oder die Lockung mit Vorteilen Kompromisse erzielen. Sie kann aber auch, und das ist im politischen Prozess eher die Regel, am Ende durch eine Mehrheitsentscheidung erreicht werden.

In der Demokratie muss in diesem Falle immerhin gezeigt werden können, dass das Ergebnis letzten Endes für alle akzeptabel ist, entweder weil gewisse Kompromisse in die Entscheidung eingegangen sind oder weil das Entscheidungsverfahren unparteiisch ist und bei nächster Gelegenheit der gegenwärtigen Minderheit ebenso zugute kommen kann. Die Legitimität des demokratischen Entscheidungsverfahrens folgt ja vor allem aus der Zusicherung, dass die gegenwärtig unterliegende Minderheit die Chance hat, durch überzeugende Argumente und Mobilisierung von politischem Druck bei nächster Gelegenheit zur Mehrheit zu werden und darum immer die Aussicht auf eine künftige Lösung des vorliegenden Konfliktes zu Gunsten der gegenwärtig unterliegenden Minderheit bestehen bleibt.

Nullsummen-Konflikte

Nullsummen-Konflikte liegen dort vor, wo wie Falle der Schwangerschaftsunterbrechung, als einzige Lösung die volle Befriedigung der Interessen der einen Seite denkbar ist, so dass die Interessen der Gegenseite gar keine Berücksichtigung finden können. Solche Konflikte sind im politischen Leben nicht häufig. Sie betreffen in besonderem Maße religiös begründete Wert- und Interessensfragen, bei denen der Einzelne keinen Entscheidungsspielraum zu haben glaubt oder einige wenige Entscheidungsfragen, die der Natur der Sache nach ganz oder gar nicht den jeweils eingebrachten Interessen Rechnung tragen können. Selbst aber bei solchen Alles-oder-Nichts-Konflikten ist in der Regel noch die Ein-grenzung des eigentlich umstrittenen Konfliktkerns möglich, so dass sich ein Teil des Problems in Formen des Kompromisses oder den Konsenses bewältigen lässt. Bei dieser Art von Konflikten be-steht die Kunst der Politik auch darin, den Kern der umstrittenen Interessen möglichst aus dem Bereich der für alle verbindlichen Entscheidungen wieder herauszunehmen, so dass beide Konflikt-parteien geschont werden und nicht in eine Situation geraten, in der sie sich in zentralen Lebensfragen unerträglich eingeschränkt sehen, die Konflikte ihnen als unlösbar erscheinen müssen.

Konflikt und Kompromiss

Die Kunst der Politik besteht letztlich darin, möglichst viele an-fängliche Interessenskonflikte durch Konsens oder Kompromiss zu lösen und nur in wenigen Ausnahmefällen zum Mittel der schlich-ten Majorisierung wichtiger Einzelinteressen zu greifen. Die Er-fahrung nachvollziehbarer und überzeugender Konfliktlösungen wirkt nämlich ihrerseits konsensbildend, denn sie stärkt das Ver-trauen in die demokratischen Grundwerte und Entscheidungsver-fahren. Bei den wenigen Entweder/Oder-Konflikten, die sich im politischen Leben nicht vermeiden lassen, hängt für die Demokra-tie viel davon ab, dass die prinzipielle spätere Umkehrbarkeit der einmal getroffenen Entscheidungen eine überzeugende Möglich-keit bleibt.

Konsens

Verfahrenskonsens

Mit *Konsens* im strengen Sinne ist die vollständige Übereinstim-mung verschiedener Akteure und Akteursgruppen im Hinblick auf ihre Interessen, politischen Programme und Handlungsabsichten gemeint. Notwendig ist für ein politisches Gemeinwesen lediglich ein Konsens über die *Verfahren* zur Bewältigung von Konflikten, über die für jedes Individuum unbedingt gültigen Grundrechte und über einige wenige allgemeine Ziele, die bei allen Konfliktlösun-gen anzustreben sind. Konsens ist in diesem Sinne im Regelfall der Kernbestand der jeweils gültigen politischen Verfassung.

Für die Bundesrepublik Deutschland ist die Geltung der Menschen- und Bürgerrechte sowie der Staatsziele Sozialstaatlichkeit, Föderalismus, Rechtsstaatlichkeit und Demokratie als Substanz eines politischen Konsenses festgelegt, in dessen Rahmen sich von Rechts wegen alle Konfliktbewältigung halten muss (Rudzio 1991: 33ff). Darüber hinaus enthält die Verfassung mit der Kompetenzzuweisung der gesetzgebenden, ausführenden und rechtsprechenden Institutionen sowie der Rolle der Vereine und Parteien und dem demokratischen Entscheidungsverfahren eine Reihe von *Verfahrensregeln* für die Formulierung und Bewältigung politischer Konflikte, über die ein Konsens zwischen allen Beteiligten vorausgesetzt wird und die in jeder gegebenen Entscheidungssituation notfalls auch erzwungen werden können. Innerhalb dieses weiten Rahmens ist die Formulierung unterschiedlicher politischer Interessen frei und die Entstehung und Austragung von Konflikten der erwünschte Normalfall im politischen Prozess.

Konsens und Konflikt

Konflikte, die lange Zeit in der deutschen politischen Kultur eher als negative, eigentlich zu vermeidende Begleiterscheinung der Politik betrachtet wurden, sind in Wirklichkeit ein direkter Ausdruck der Freiheit. Politische Freiheit bedeutet ja vor allem die Berechtigung zur je eigenen Formulierung der politischen Interessen durch Individuen und Kollektive. Aber nicht nur die eigenständige Interpretation der je eigenen Interessen durch die betroffenen Akteure selbst, sondern auch die Wahl der Methoden ihrer Beförderung sind daher in den rechtsstaatlichen Demokratien in erheblichem Umfang dem Ermessen der jeweiligen Akteure anheim gestellt. Konsense mögen sich in diesem Rahmen zwar von Fall zu Fall ergeben, sie sind aber für die Demokratie im Grunde nicht einmal wünschenswert, sofern sie das unabdingbare Ausmaß überschreiten. Konflikte haben ja auch die Eigenart, alternative Möglichkeiten, andere Sichtweisen und andere Akzentsetzungen bei der Vertretung von Interessen und Werten sichtbar zu machen und sind darum für gesellschaftliche Lernprozesse, für die Urteilsbildung des Einzelnen, für die Entwicklung der Gesellschaft im Ganzen freiheitsfördernd.

Konflikte ohne Grundkonsens wirken zerstörerisch, während der Konsens ohne Konflikt lähmt, verengt und entpolitisiert. Worauf es also für die politische Kultur der Demokratie ankommt, ist ein produktives Wechselverhältnis zwischen einem Mindestausmaß von Konsens über Werte und Verfahren und einem weiten Spielraum für die Entstehung und Austragung von Konflikten zwischen divergierenden Interessen, Meinungen, Interpretationen und Werten.

Legitimität

Begriff

Politisches Handeln besteht, außer vielleicht in kurzen Momenten des Übergangs, niemals nur in der Schaffung verbindlicher Regelung durch Macht oder gar nackte Gewalt allein. Stets ist es auch um Rechtfertigung bemüht, um durch die Begründung eines Rechtmäßigkeitsglaubens bei den von den Entscheidungen Betroffenen deren Gefolgschaft, Fügsamkeit und Unterstützung aus freien Stücken zu gewinnen. Bei diesem Bemühen sind vier aufeinander bezogene, aber doch voneinander unabhängige Elemente klar zu unterscheiden: 1) Im Prozess der Legitimation wird durch Verweis auf rechtfertigende *Gründe* der Anspruch auf 2) Legitimität des entsprechenden Handelns erhoben, womit dessen *Rechtfertigung* in einem allgemeinen Sinne in Anspruch genommen wird. Die erfolgreiche Einlösung dieses Anspruchs hängt vom 3) *Legitimitätsglauben* der Bürger ab, auf die sich der politische Handlungsanspruch auch bezieht. Die in einem bestehendem Gemeinwesen tatsächlich gegebenen Institutionen und bestehenden Gesetz und Verfahren bedingen die 4) *Legalität* des jeweiligen politischen Entscheidungshandelns, sofern es den tatsächlich bestehenden Normen und Verfahren entspricht.

Moderne Legitimität

Seit der Aufklärung hat sich zunächst in der europäischen Kultur und allmählich im globalen Maßstab die Idee der Menschenrechte und die Idee der demokratischen Zustimmungspflichtigkeit für alle politischen Entscheidungen als universeller Maßstab ihrer Legitimität durchgesetzt. Diese, von *Max* Weber (1864-1920) in einer berühmt und einflussreich gewordenen Typologie als Modell der rationalen Legitimität bezeichnete Form der Rechtfertigung gilt in der Epoche der modernen Kultur aus zwingenden Gründen als unhintergehbar (Weber 1980). Sie entzieht sich dem Versuch, sie auf regionale Kulturen oder die tatsächliche Zustimmung politischer Gemeinschaften zu ihnen zu relativieren. Eine andere Legitimitäts-idee als die der Bezugnahme auf Menschenrechte und demokrati-sche Entscheidungsverfahren lässt in der modernen Welt nicht mehr in der Weise verbindlich begründen, dass alle von dem entsprechen-den politischen Handeln betroffenen Menschen ihm ohne Zwang zustimmen können. In diesem Sinne ist das rationale Legitimitäts-ideal in der Moderne universell.

Das Zusammenwirken der beiden Quellen politischer Legiti-mität in der modernen Kultur wird beispielhaft im Grundgesetz der Bundesrepublik Deutschland sichtbar. In ihm sind die Menschen-und Bürgerrechte unbedingt gültig und stellen auch sowohl eine Grenze wie auch eine Voraussetzung für das demokratische Ent-scheidungsverfahren dar, das als Regel für den Prozess des Zustan-dekommens verbindlicher politischer Entscheidungen festgelegt ist. Menschen- und Bürgerrechte sichern die Grundlagen des demokrati-schen Entscheidungsverfahrens und begrenzen dessen Reichweite. Die Demokratie ist die politische Verfahrenskonsequenz aus der Geltung der Menschenrechte und stellt zugleich deren beste Siche-rung dar, ohne über die Substanz dieser Rechte verfügen zu können.

Typen von Legitimität

Auch für die Klassifikation der unterschiedlichen Quellen politi-scher Legitimität hat Max Weber einen beispielgebenden Vor-schlag gemacht (Weber 1980). Ihm zufolge gibt es sowohl im ge-schichtlichen Rückblick wie auch prinzipiell überhaupt nur drei mögliche Typen politischer Legitimität:

(1.) *Traditionale* Legitimität. Sie besteht im Glauben an die Heiligkeit vorhandener, durch die Traditionen des gegebenen Ge-meinwesens überlieferter Ordnung, mit ihren jeweiligen Institutio-nen, Verfahren und Handlungsnormen.

(2.) *Charismatische* Legitimität. Sie besteht in der gefühlsmä-ßigen und wertenden Hingabe an einer Person in einem politischen Führungs- oder Herrschaftsamt aufgrund des Glaubens, dass sie über besondere außer-alltägliche Gnadengaben verfügt und infol-gedessen zur Herrschaft berufen sei.

(3.) *Rationale* Legitimität. Sie gründet in dem Glauben an die Geltung legaler Satzung durch rational geschaffene Regeln, also auf dem Wege von Begründungen, die sich gegen alle Einwände vernünftig verteidigen und begründen lassen.

Abb. 14a: Typen der Legitimität

		Geltungsgrunde
Typen:	Traditionelle	Heiligkeit überlieferter Ordnung
	Charismatische	„Gnadengaben" des Herrschers
	Rationale	Rational begründete Normen und Regeln

Eigene Darstellung

Abb. 14b: Dimensionen von Legitimität

Grundnormen		
	Verfahren	
		Überzeugungen

Eigene Darstellung

Ergänzungen

Max Weber erhob mit dieser Typologie den Anspruch einer vollständigen Beschreibung der überhaupt möglichen Typen politischer Legitimität. Die Berechtigung dieses Anspruchs erscheint freilich zweifelhaft. Er wird beispielsweise zwei Legitimationsansprüchen, die im 20. Jahrhundert eine herausragende Rolle gespielt haben, kaum gerecht. Dabei handelt es sich zum einen um die marxistisch-leninistischen Legitimationsansprüche kommunistischer Herrschaft. Sie beruhten auf dem Glauben, dass die Gesetze der geschichtlichen Entwicklung wissenschaftlich eindeutig und mit unbestreitbarer Gewissheit zu erkennen seien und infolgedessen die Gruppe der Personen, die über diese Erkenntnis verfügt zur einstweiligen Herrschaft über den Rest der Menschheit bis zur Erreichung des geschichtlich vorgegebenen Endziels berufen sei. Dieser Legitimitätsanspruch benutzt die äußere Form rationaler Legitimität, aber nur um sie außer Kraft zu setzen.

Seit den siebziger Jahren des zwanzigsten Jahrhunderts gewinnt die religiös-fundamentalistische Legitimitätsvorstellung in allen Kulturen der Welt zunehmend an Bedeutung. Sie nimmt religiöse Gewissheiten, die gleichwohl von anderen Gruppen aus denselben Überlieferungstraditionen bestritten werden, zur Grundlage eines Herrschaftsanspruchs über alle Menschen der jeweiligen reli-

130

giös-kulturellen Tradition. Dieser Legitimitätsanspruch ist nicht traditional, denn die Heiligkeit der in Anspruch genommenen Ordnung ist nicht im ganzen Gemeinwesen lebendig, sondern nur von einer Teilgruppe beansprucht. Der fundamentalistische Anspruch ist aber weder charismatisch, denn er ist nicht von der Hingabe an die Gnadengabe einzelner Personen abhängig, noch ist er rational im Sinne einer von allen anerkannten Regel der Entscheidungsfindung.

Die von *Max Weber* vorgeschlagene Typologie möglicher Legitimitätsformen ist offenbar differenzierungs- und ergänzungsbedürftig, sie bietet aber für das Verständnis historisch praktizierter Legitimitätsideen und ihrer wesentlichen Unterscheidungsmöglichkeiten eine systematische Orientierung.

Legitimität und Legalität

Unter der Voraussetzung, dass die unbedingte Geltung der Menschenrechte und des demokratischen Entscheidungsverfahrens die beiden zueinander komplementären, universell gültigen Legitimitätsquellen politischen Handelns in der Ära der Moderne sind, ergibt sich für das Verhältnis der vier Elemente der Legitimität zueinander ein klares Verhältnis: Legalität bedarf der Rechtfertigung durch die übergeordnete Legitimität. Bestehende Institutionen, Regelungen und Gesetze sind nicht schon dadurch legitimiert, dass sie in einem gegebenen Gemeinwesen positiv gültig sind. Der jeweils faktisch gegeben Legitimitätsglaube rechtfertigt politisches Handeln nicht, wenn er von den Legitimitätsideen der Menschenrechte und der Demokratie abweicht. Der oberste und alleingültige Bezugspunkt für legitimes politisches Handeln ist unter den Bedingungen der modernen Kultur darum rationale Legitimität im Sinne der Rechtfertigbarkeit gegenüber allen Menschen. Diese Bedingung kann allein durch Bezugnahme auf die komplementären Institute der Menschenrechte und des demokratischen Verfahrens erfüllt werden.

Ideologie und Legitimation

Eine besonders verbreitete Form des Anspruchs der Legitimation politischen Handelns ist die Ideologie (Eagleton 1993). Obgleich die wissenschaftliche Diskussion über Ideologie bis ins 17. Jahrhunderts zurückgeht, gibt es keine allgemein anerkannte Definition für sie. Am meisten verbreitet ist ein Verständnis, das Ideologie als die widerspruchsvolle Verbindung eines universellen Legitimationsanspruchs mit einem bloß partikulären Interesse versteht. Der universelle Legitimationsanspruch, z.b. Menschenrechte, Demokratie, Gemeinwohl, Freiheit, Wohlstand, Wahrheit zielt auf allgemeine Zustimmungsfähigkeit für ein politisches Anliegen, hinter dem sich im Falle der Ideologie aber nur das Sonderinteresse einer abgegrenzten Gruppe verbirgt. Das ist beispielsweise der Fall, wenn Arbeitgeber- und Arbeitnehmerverbände den tatsächlich weit differenzierteren Sachverhalt des Zusammenhangs von Arbeitslöhnen, Investitionen und Arbeitsplätzen regelmäßig in der öffentlichen Debatte auf Agitationsformeln verkürzen, bei denen die eine Seite behauptet, höhere Löhne dienten dem Gemeinwohl, da sie das Wirtschaftswachstum anregten, während die andere Seite erklärt, sie schadeten dem Gemeinwohl, das sie das Wachstum drosseln. Was tatsächlich nur ein besonderes Interesse der jeweiligen Gruppe ist, wird in der politischen Auseinandersetzung um die Legitimation des eigenen Handlungsziels als Allgemeininteresse dargestellt.

Die gelegentlich vertretene Vorstellung, alle politischen Legitimationsansprüche seien von Hause aus ideologisch, da sie stets mit einem speziellen Interesse verbunden sind, erweist sich als unrealistisch und widersprüchlich. Sie ist widersprüchlich, weil sie ihrerseits einen Standpunkt oberhalb der tatsächlich verfochtenen und ideologisch begründeten Interessen voraussetzt, der eine solche Erkenntnis je erst ermöglicht. Und sie ist unrealistisch, da es ja in einer freien Öffentlichkeit immer wieder gelingt, den Widerspruch zwischen einem bloß partikulären Interesse und der dafür in Anspruch genommenem vermeintlichen universellen Legitimation bloßzustellen. Ideologiekritik in diesem Sinne erweist sich als wichtiger Teil politischer Legitimationsdiskurse, da die Neigung zur Ideologiebildung im Großen, bezogen auf ganze Gesellschafts- und Weltdeutungen, und im Kleinen, bezogen auf Einzelprojekte, beträchtlich und weit verbreitet ist.

Macht

Begriff der Macht

Der Realfaktor, den der politische Grundbegriff Macht bezeichnet, kommt in der Wirklichkeit des Politischen auf zweifache Weise zur Geltung. Er hat seine zentrale Bedeutung als Garant der Möglichkeit des Politischen überhaupt, nämlich den Anspruch auf gesamtgesellschaftliche Verbindlichkeit, den politische Entscheidungen erheben, in der gesellschaftliche Realität auch einlösen zu können. In diesem Sinne ist die Durchsetzungsmacht der ihrem Anspruch nach verbindlichen politischen Entscheidungen Definitionsbestandteil von Politik und zentraler Realfaktor der politischen Wirklichkeit. Auf der Output-Seite des politischen Prozesses bildet die Garantie der Durchsetzungsmacht politische Entscheidungen daher die unerlässliche Grundlage für den Anspruch des Politischen überhaupt. Macht kommt aber auch bei der Bildung des politischen Willens ins Spiel, nämlich in den Prozessen, in denen sich am Ende entscheidet, welche der konkurrierenden Entscheidungsalternativen gesamtgesellschaftliche Verbindlichkeit erlangt, also auf der input-Seite.

Auch für den Begriff der Macht im allgemeinen Verständnis hatte Max Weber eine prägnante Definition vorgeschlagen: sie ist demnach *jede Chance, innerhalb einer sozialen Beziehung den eigenen Willen auch gegen Widerstreben durchzusetzen, gleichviel, worauf diese Chance beruht* (Weber 1980: 28).

Input- und Output Rolle

Auf der Output-Seite, bei der Garantie der Durchsetzung des staatlichen (politischen) Willens gegen widerstrebende gesellschaftliche Interessen beruht diese Chance auf der Kompetenz des politisch – administrativen Systems, letztinstanzlich durch physischen Zwang den politischen Willen zu vollstrecken. Diesen Zwang ordnen auf der Grundlage legitim in Kraft getretener Gesetze notfalls Gerichte an und Vollzugsorgane wie die Polizei vollstrecken ihn, wenn die Androhung der Sanktionen allein zu seiner Durchsetzung nicht hinreicht. Politik ohne die glaubwürdige und im Zweifelsfalle auch systematisch durchsetzbare Sanktionsdrohung physischer Gewalt ist darum nicht wirksam.

133

Interessanter, facettenreicher, offener und problematischer ist die Rolle der Macht auf der Input-Seite, also im Prozess des Zustandekommens verbindlicher politischer Entscheidungen. Die öffentlichen Diskurse, die der Vorbereitung politischer Entscheidung dienen, ebenso wie die Entscheidungsprozesse selbst stehen stets unter dem Einfluss vieler Faktoren, zu denen Argumente und Informationen ebenso gehören wie Druck und Überredung, Sanktionsdrohungen und Verhandlungsangebote, Werbung und Darstellungstechniken. In ihrem Verlauf wird daher Macht in höchst unterschiedlichen Erscheinungsformen wirksam, wenn auch nicht immer auf den ersten Blick erkennbar. Dabei verschaffen sich diese unterschiedlichen Formen der Macht durchaus in dem Sinne Geltung, der in der Definition Max Webers beschrieben ist, nämlich als Chancen den eigenen Willen innerhalb gegebener sozialer Beziehung auch gegen Widerstreben durchzusetzen. In der Definition Max Webers lautete die Schlussformel: Gleichviel, worauf diese Chance beruht. In der politischen Wirklichkeit moderner Demokratien vom Typ der Bundesrepublik Deutschlands beruht diese Chance regelmäßig vor allem auf folgenden Voraussetzungen:

Ökonomische Macht

Die Verfügung über erhebliche wirtschaftliche Einflussmittel, wie beispielsweise über den Zeitpunkt und das Ausmaß sowie den Ort von Investitionen, die Entscheidung über die Einstellungen oder Entlassungen im großen Maßstab verleihen den entsprechenden Akteuren und Interessen oft ein erhebliches Maß an politischer Macht. Da durch solche Entscheidungen direkt auf wirtschaftliche und gesellschaftliche Gegebenheiten eingewirkt werden kann, die auch als Zielwert und als Verantwortungsbereich politischen Handelns gelten, kann allein schon die Androhung eines bestimmten Handelns oder Unterlassens dazu führen, dass politische Absichten geändert oder fallen gelassen werden, die solchen Interessen widersprechen.

Die Androhung der Verlagerung von Investitionen ins Ausland im Falle einer bestimmten Steuergesetzgebung, die Ankündigung der Verringerung von Ausbildungsplätzen im Falle eines bestimmten Ausbildungsplatzförderungsgesetzes etwa sind Beispiele dafür, wie ökonomische Macht, die politische Öffentlichkeit und den Willen der politischen Entscheidungsträger verändern können.

Zur Wirksamkeit ökonomischer Macht im politischen Willensbildungs- und Entscheidungsprozess gehört auch der Einsatz finanzieller Ressourcen im Bereich der Öffentlichkeitsarbeit oder der politischen Werbung, mit denen die öffentliche Meinung über aktuelle politische Entscheidungsfragen oder auch die Stimmung zugunsten bestimmter Parteien oder Positionen gegebenenfalls in beträchtlichem Umfang verändert werden können.

Soziale Macht

Durch die schlagkräftige Organisation von Interessen, etwa von Arbeitgeberverbänden und Gewerkschaften oder auch Kirchen, durch die Mobilisierung von Bürgerinnen und Bürgern zugunsten bestimmter Ziele, etwa im Bereiche der neuen sozialen Bewegungen für ökologische Interessen oder für Abrüstung, kann die öffentliche Willensbildung, wie es in der Geschichte der Bundesrepublik mehrfach geschehen ist, in entscheidendem Maße verändert werden. Auch die Aktionen des zivilen Ungehorsams, durch die die Normalität des sozialen Zusammenlebens empfindlich unterbrochen wird, um für bestimmte politische Ziele zu mobilisieren, kann als Erscheinungsform des Einsatzes sozialer Machtmittel im politischen Entscheidungsprozeß angesehen werden.

Kompetenz-Macht

In einer schwer überschaubaren politischen Situation, in der nur wenige Staatsbürger in der Lage sind, die Reichweite vorgeschlagener politischer Maßnahmen, oder die Eignung in Erwägung gezogener Mittel für die Erreichung akzeptierter Zwecke zu erkennen, kann eine besondere Sachkompetenz zu einer Quelle der Macht für die Änderung politischer Entscheidungsabsichten werden. In der Mediendemokratie verschmilzt die Sachkompetenz in schwierigen und unübersichtlichen Entscheidungsfragen zunehmend mit der Kompetenz der Darstellung der Vorzugswürdigkeit bestimmter Handlungsalternativen in den Massenmedien und geht damit über in die kommunikative Macht.

Abb. 15: Machtressourcen

Staatswillen	
Formation/Ressource	Durchsetzung/Ressourcen
– soziale	– politisch-administrative (physischer Zwang)
– ökonomische	
– Kommunikation	
– Kompetenz	

Eigene Darstellung

Kommunikative Macht

Dem Vorschlag der politischen Philosophin Hannah Arendt zufolge ergibt sich *kommunikative Macht* aus der Übereinstimmung aller in einem öffentlichen Verständigungsprozess, der nach gelun-
gener Einigung keine widerstrebende Auffassung mehr mit Aussicht auf Erfolg entgegenzutreten vermag (Arendt 1993). Die
Macht des kommunikativen Konsenses ist in der deliberativen
(erwägenden) Demokratie der Idealfall, in dem Macht und Konsens verschmelzen. In der Mediendemokratie mit ihren an der Maximierung von Aufmerksamkeit orientierten Regeln der Auswahl
und Präsentation von Informationen ändern sich allerdings die
Spielregeln. In ihr ergibt sich kommunikative Macht, die sich gegen widerstrebende Meinungen und Interessen erfolgreich durchzusetzen vermag, in aller Regel eher aus der Medienkompetenz der
öffentlichen Akteure als aus der Übereinstimmung nach einem gelungenen Verständigungsprozess der Bürgerinnen und Bürger.
Kommunikative Macht ist in der Mediengesellschaft daher eine
Ressource, die in der Hauptsache aus medialer Darstellungskom-
petenz und damit aus dem Zugang zu den Foren der medialen Öffentlichkeit folgt.

Politische Logik

Es liegt durchaus eine politikwissenschaftliche Rechtfertigung darin, die Bedeutung einzelner der genannten Kategorien für die
Wirklichkeit der Politik und ihr Verständnis in besonderer Weise
hervor zuheben. So hat *Werner J. Patzelt* vorgeschlagen, bei der
Analyse und Darstellung politischer Sachverhalte stets mindestens

auf die vier „Dimensionen" *Macht, Ideologie, Kommunikation* und *Normen* zu achten, da diese in der Regel eine herausgehobene Rolle spielten (Patzelt 2001: 38). Für andere Gewichtungen bei einer solchen Auswahl ließen sich allerdings ebenfalls gute Gründe anführen, etwa dafür stets in besonderer Weise auf die zugrunde liegenden Konflikte zu achten oder auf die Faktoren der politischen Kultur, die den Gebrauch der Institutionen regeln oder auf diese selbst.

Die Logik des Politischen ist gleichwohl dadurch gekennzeichnet, dass bei allen politischen Sachverhalten stets die Gesamtheit der genannten Faktoren ins Spiel kommt. Sie prägen in ihrer komplexen Wechselwirkung Verlauf und Ergebnis politischer Prozesse mit, auch wenn sie in jedem Einzelfall auf je besondere Weise miteinander interagieren. Ihr Gewicht und ihre spezifische Rolle wechseln, aber die Gesamtstruktur der beteiligten Faktoren und die Dynamik ihrer Wechselwirkung sind in allen Fällen für das Politische konstitutiv. Diese komplexe Logik des Politischen ist daher bei der politischen Analyse als Ganze im Auge zu behalten, um dann im gegebenen Fall, je nach Sachverhalt und besonderem Erkenntnisinteresse, diejenigen Faktoren ins Zentrum der Aufmerksamkeit zu rücken, die die maßgebende Rolle spielen.

So erwiesen sich bei den amerikanischen Präsidentschaftswahlen des Jahres 2000 ganz unerwartet zwei in vergleichbaren Fällen eher unscheinbare Faktoren für den Ausgang der Wahlen und für die Konflikte im Zusammenhang mit den Schwierigkeiten und Unklarheiten bei der Feststellung des Ergebnisses von besonderer Bedeutung. Der eine war institutioneller Natur und bezog sich auf die genaue Regelung der Wahlabläufe. Der andere bezog sich auf die Besonderheiten der amerikanischen politischen Kultur, die in diesem Falle zu einem Konflikt führte zwischen dem Stolz auf eine Demokratie, in der am Ende immer die exakte Mehrheit zählt und der Erwartung, der unterlegene Kandidat solle ein guter Verlierer sein. Nur die Kenntnis der im Detail problembehafteten technisch-institutionellen Regeln der Präsidentenwahl macht es in diesem Falle extrem knapper Wahlergebnisse verständlich, dass der anscheinend unterlegene Kandidat *Al Gore* zunächst lange zögerte, das festgestellte Wahlergebnis anzuerkennen, dann aber trotz fortbestehender Unklarheiten seine Wahlniederlage anerkannten, um nicht die stark ausgeprägte kulturelle Norm des guten Verlierers zu verletzen. In dieser

Situation erwiesen sich politische Faktoren für das Verständnis der Abläufe als ausschlaggebend, die üblicherweise außerhalb der öffentlichen Betrachtung bleiben.

II. Möglichkeiten und Probleme

Kapitel 6
Ein Fall-Beispiel

Die Rolle und der Zusammenhang der politischen Grundbegriffe, die die Wirkungsweise der hauptsächlichen, immer anzutreffenden Wirkfaktoren im Prozess des Politischen strukturieren, lassen sich an einem Beispiel aus der Kommunalpolitik illustrieren.

Die Lage

In *A-Stadt* hat die Mehrheitsfraktion im Stadtrat, gebildet von der Partei *CDU* eine Beschlussvorlage zur Schließung zweier Jugendzentren in der Stadt eingebracht. Die Opposition im Stadtrat bestehend aus den Parteien *SPD* und Grüne wendet sich vehement gegen den Beschluss. Sie verlangt die Erhaltung der Jugendzentren. Stattdessen schlägt sie entsprechende Kürzungen im Bereich der Kultursubvention vor, da sie die Notwendigkeit von Haushaltskürzungen in der gegebenen finanziellen Lage anerkennt. Im Bewusstsein der Öffentlichkeit der Stadt ist weitgehend noch lebendig, dass die beiden Jugendzentren, neben einem weiteren in einem anderen Stadtteil, vor einem reichlichen Jahrzehnt im Stadtrat beschlossen wurden, weil die Zunahme von Drogenkonsum und Jugenddelinquenz in diesen Teilen der Stadt besorgniserregend angewachsen war. Damals hatte sich das Argument durchgesetzt, dass betreute Jugendzentren einen wesentlichen Beitrag zur Verminderung problembehafteten sozialen Verhaltens von Jugendlichen leisten können.

Die Haushaltslage habe sich seither sich drastisch verschlechtert, so lautet nun das Hauptargument der Ratsmehrheit. Die Stadt müsse nun in allen Bereichen sparen und könne sich somit wegen der unumgänglichen finanziellen Restriktionen einfach nicht mehr alle drei Jugendzentren leisten, so bedauerlich ein solcher Schritt auch von allen Beteiligten zu Recht angesehen werde. Die Legitimation (Kürzungszwang) für das vorgeschlagenen Handlungsprogramm (Schließung) wird als möglichst alternativlos dargestellt.

Interessen und Konflikt

In den betreffenden Stadtteilen hat sich eine *Bürgerinitiative* zur Erhaltung der Jugendzentren gebildet. Ein neuer Akteur mit einem klar definierten Interesse hat die politische Arena betreten und schickt sich an, im beginnenden politischen Prozess seine Rolle spielen. Die endgültige Entscheidung über den Sachverhalt steht in Kürze auf der Tagesordnung des *Rates*, wo mit einfacher Mehrheit über den Haushalt zu beschließen ist. Die beiden Lokalzeitungen *Stadtanzeiger* und *Rundschau* beteiligen sich durch Berichte, Kommentare und sogar von ihnen veranstaltete Diskussionsrunden intensiv an der öffentlichen Debatte über die Schließung. Der *Stadtanzeiger* neigt eher zum Verständnis für die geplante Schließungsmaßnahme, während die *Stadtrundschau* Sympathien für deren Erhalt erkennen lässt und insbesondere die Vertreter der Bürgerinitiative ausgiebig zu Wort kommen lässt.

Ein erstes Verständnis der politischen Logik des hier ablaufenden Prozesses erschließt sich nach Maßgabe der politischen *Dimensionen* und *Grundbegriffe in folgenden* Analyseschritten:

Die Polity-Dimension

Auf der Ebene der *Polity*, der geschriebenen und ungeschriebenen Verfassung des Gemeinwesens, ist nach dem geltenden verfassungsmäßigen und gesetzlichen Rahmen zu fragen, der für die Lösung des hier vorgegebenen politischen Problems als verbindlich vorausgesetzt werden muss. Der rechtliche institutionelle Rahmen besteht in diesem Falle darin, dass aufgrund der Kommunalverfassung des Bundeslandes, in dem die *A-Stadt* liegt, der vorliegende Fall tatsächlich in der Entscheidungskompetenz des Stadtrates liegt.

Dieser kann aufgrund seiner geordneten Haushaltsverhältnisse auch selbständig über eine Finanzfrage dieser Art entscheiden, ohne dass besondere Genehmigungsvorbehalte durch übergeordnete

Gremien besteht, was im Falle einer erheblichen Überschuldung, die ständige außerordentliche Zuschüsse des Landes notwendig macht, durchaus der Fall sein könnte. Es bestehen darüber hinaus auch keine gesetzlichen Verpflichtungen zur Unterhaltung derartiger Jugendzentren, im Gegenteil etwa zum Unterhalt von Schulen und Kindergärten, zu dem die Stadt auf jeden Fall verpflichtet wäre, unabhängig von den Konjunkturen der jeweiligen Haushaltssituation. Demzufolge ist die anstehende Entscheidung allein auf der Basis einer einfachen Mehrheit im Rat zu treffen, über die die lokale CDU ja auch tatsächlich verfügt.

Die politische Kultur

Von Bedeutung für den Fortgang des hier ablaufenden politischen Prozesses und den möglichen Ausgang der Entscheidung ist aber auch, welche *politische Kultur* in dieser Gemeinde dominiert, d. h. welche sozialen und politischen Grundwerte, Einstellungen, Kommunikationsgewohnheiten und politischen Aktivitätsmuster in *A-Stadt* vorherrschen und weithin akzeptiert werden. Auf sie wird auch die Mehrheitsfraktion Rücksicht nehmen müssen, und auf sie wird gegebenenfalls die Opposition mit eigenen Positionen und Gegenkampagnen abzielen, unter Umständen durchaus auch aus der Oppositionsrolle heraus mit Erfolg.

In der gegebenen Situation fällt besonders ins Gewicht, dass in den Traditionen dieser Stadt, bestärkt noch einmal durch die langen öffentlichen Debatten, die vor einem reichlichen Jahrzehnt zur Einrichtung der Jugendzentren geführt hatten, eine Haltung sozialer Verantwortung und vorausschauender Politik besonders ausgeprägt ist. Infolgedessen besteht viel Verständnis für die Finanzierung von Einrichtungen wie den Jugendzentren in der Annahme, dass sie langfristig zum Frieden und zur Ordnung in der Stadt beitragen. Die *Gewerkschaften*, einige *Wohlfahrtsverbände*, die *Kirchen* und einzelne Persönlichkeiten aus dem Bereich der Jugendpflege tragen seit langem viel zu einer solchen Mentalität bei. Sie ist auch zur Grundlage der Gründung von Bürgerinitiativen für den Erhalt der Zentren geworden ist.

Die politische Kultur, die hier regional wirksam ist, kann sich am Ende als stärker erweisen, als die Verfügung der CDU über die

Mehrheit der Sitze im *Stadtrat.* Sie müsste ja bei einer Entscheidung allein auf der Grundlage ihrer Mehrheitsmacht fürchten, einen Teil ihrer Zustimmung in der Stadt zu verlieren und gegebenenfalls bei der nächsten Wahl dann eine Schlappe zu erzielen. Das Zusammenwirken beider Faktoren, der *geschriebenen* und der *ungeschriebenen Verfassung*, also der Kommunal-Gesetze und der Landesverfassung auf der einen Seite und der vorherrschenden politischen Kultur auf der anderen, bilden somit den *Rahmen,* innerhalb dessen sich der *politische Prozess*, um den es hier geht, vollziehen muss. Er kann diesen Rahmen in der gegebenen Situation nicht überschreiten. Die Grunddaten selbst, die er setzt, sind zumindest für diese Entscheidungsrunde nicht oder kaum beeinflussbar, obgleich sie in späteren Entscheidungsrunden, etwa durch die Änderung von Gesetzen oder durch eine Veränderung der politischen Kultur durchaus neu bestimmt werden können. In der gegebenen Situation aber bilden sie feste, für die politischen Akteure unhintergehbare Entscheidungsbedingungen.

Die Policy-Dimension

Auf der Ebene der *Policy* fallen folgende Faktoren ins Gewicht: Das Problem, das es zu lösen gilt, hat zwei spannungsreiche Dimensionen. Zum ersten *muss* der städtische Haushalt saniert werden, damit die Stadt handlungsfähig bleibt. Dies ist unabdingbar. Zum Zweiten gilt es durchaus auch in Rechnung zu stellen, dass sich die Jugenddelinquenz wieder erhöhen könnte, wodurch seinerseits erhöhte erhebliche öffentliche Ausgaben verursachen werden können. Zu bedenken ist auch, ob bei einer kompromisslosen Haltung der Beteiligten Risse zwischen den politischen Akteure entstehen können, die in anderen Fragen dann über Gebühr wichtige Problemlösungen erschweren. Es ist eine durchaus folgenreiche politische Einschätzungs- und Strategiefrage, wie die Akteure diese Problem-Dimensionen in ihrem Verhältnis zueinander gewichten und in ihrer wechselseitigen Kausalität beurteilen.

Für die Lösung des umstrittenen *Problems* werden von den beteiligten Akteuren *Programme* angeboten, die jeweils den Anspruch erheben, die dafür am besten geeigneten Mittel zur Verfügung zu stellen. Das Programm der CDU lautet: ersatzlose Schließung der beiden Jugendzentren zur Einsparung der Mittel und Verstärkung des Appells zur privaten Solidarität und Selbsthilfe. Das Programm der Oppositionsparteien SPD und Grüne lautet: Erhalt der beiden Jugendzentren und Einsparungen im Kulturhaushalt der Stadt, vor allem bei den Subventionen für das Städtische Theater.

Die Politics-Dimension

Im Verlaufe des politischen *Prozesses,* der sich zwischen den beteiligten Akteuren nun entfaltet, und in der Folge der dann tatsächlich getroffenen Entscheidungen gewinnt die Frage ausschlaggebende Bedeutung, welches der Programme die anstehenden Probleme wirklich *lösen* kann, gegebenenfalls mit welchen Nebenfolgen und welchen neuen Problemen, die sich daraus ergeben. In der Definition der bestehenden politischen Probleme sind sich die Parteien prinzipiell einig, ebenso wie die politische *Öffentlichkeit* der Stadt und auch die Vereine, Verbände und Bürgerinitiativen, die sich in den politischen Prozess eingeschaltet haben.

Die Sanierung des Stadthaushaltes wird von allen befürwortet, die Eindämmung der Jugenddelinquenz im Prinzip ebenfalls. Umstritten ist aber, ob das Jugendzentrum tatsächlich einen entscheidenden Beitrag zur Verringerung der Jugenddelinquenz geleistet hat und ob es für die Einsparung eine Alternative gibt, die nicht in anderen Bereichen dann noch größere Probleme aufwerfen wird. Die Differenz besteht im wesentlichen in der Bewertung der Programme, die zur Lösung der anstehenden Probleme angeboten werden und deren erwarteten Folgen und Nebenfolgen.

Auf der Ebene der *Politics* geht es um das Zusammenwirken der unterschiedlichen beteiligten *Akteure* beim Versuch, die Entscheidung maßgeblich zu beeinflussen.

Akteure

Die Akteure, die am hier ablaufenden politischen Prozess beteiligt sind, befinden sich in unterschiedlicher Distanz zum eigentlichen politischen Entscheidungszentrum, dem Stadtparlament und müssen daher unterschiedlich Wege der Einflussnahme auf dessen letzt verbindliche Entscheidungen einschlagen. Sie verfügen zudem über sehr verschiedenartige Ressourcen. Nur die zentralen Akteure, die politischen Parteien können am Ende an der verbindlichen *Entscheidung* über den Haushalt im Stadtparlament direkt mitwirken. Ausschlaggebend ist dabei natürlich die Mehrheitspartei, da sie allein über die Stimmenzahl verfügt, um die Entscheidung gegebenenfalls nach eigenem Ermessen fällen zu können.

Als Akteure in diesem zunächst offenen, konfliktreichen und höchst komplexen Prozess versuchen die Parteien auf die öffentliche Meinungsbildung einzuwirken, in den Medien ihre eigene Position überzeugend darzustellen, im Gespräch mit Vereinen und Bürgerinitiativen für ihre Ziele zu werben, um damit die Mehrheitsunterstützung für dieses Projekt in der Bevölkerung, besonders auch in den *intermediären Verbänden* und den *öffentlichen Medien,* zu gewinnen. Ein weiterer wichtiger Akteur sind die Zeitungen der Stadt, die durch den Raum, den sie für die Darstellung des Themas zur Verfügung stellen, durch die Art seiner Behandlung, durch das Wohlwollen oder die Kommunikationschancen die sie den anderen Akteuren einräumen, die Sicht der Bevölkerungsmehrheit auf das Problem und seine Lösungswege in entscheidendem Maße mit beeinflussen können.

Die Medien

Die medialen Akteure können entweder durch das Interesse ihrer Herausgeber einer der handelnden Parteien besonders nahe stehen, oder aber auch einem der mitwirkenden Verbände oder Vereine besonders verbunden sein. Sie können aber auch aus sachlichen oder Wertegründen einer der beiden Lösungen besonders zuneigen, in Distanz zu beiden kritisch Bericht erstatten und sie können schließlich aus Gründen rein formeller publizistischer Erfolgsstrategien eine Berichterstattung pflegen, die jeweils die bestehenden Konfliktlinien zwischen Personen oder Gruppen überspitzt, um die größtmögliche Aufmerksamkeit für sich selbst zu erzielen. Mehrere dieser Faktoren können sich aber auch miteinander verbinden. Den beteiligten Vereinen und Verbänden verbleibt als Ressource in der Hauptsache die Mobilisierung von Druck, etwa durch Protest- oder

Informationsveranstaltungen und die Einwirkung auf Öffentlichkeit und Parteien.

Die Konstellation der ins Spiel kommenden Faktoren kann in jedem politischen Entscheidungsfall eine andere sein und bedarf jeweils der sorgfältigen Betrachtung, wenn ein genaues Bild des politischen Prozesses entstehen soll. Während die *Parteien* dabei das *Interesse* verfolgen, einerseits die Interessen der Bürger zu bedienen, von denen sie eine ausreichende Wahlunterstützung erwarten, um in der Stadt mehrheitsfähig zu bleiben, ist das Hauptinteresse der Medien der publizistische Erfolg, wenn auch mit einem Blick auf bestimmte politische und soziale Interessen, die die Verleger aus unterschiedlichen Gründen bevorzugen. SPD und Grüne vertreten im vorliegenden Konfliktfall aus ihrer Sicht eher die Interessen der Unterschichten und der besonders an sozialer Integration der Benachteiligten interessierten Gruppen in der Stadt, gestützt von Gewerkschaften und einigen Sozialverbänden. Die CDU ist stärker mit den Interessen der Wirtschafts- und der Geschäftswelt der Stadt verbunden und, vor allem deswegen, an einer Politik der strengen Haushaltskonsolidierung orientiert. Weitere Akteure in diesem Prozess sind Sozialhilfeverbände, die davor warnen, durch eine erhöhte Jugenddelinquenz am Ende entweder unübersehbare Zusatzkosten im Bereich der Strafverfolgung entstehen zu lassen, oder aber die privaten Wohlfahrtsverbände, die mit anderen Aufgaben schon finanziell überlastet sind, zusätzlich in Anspruch nehmen und damit überfordern zu müssen, während sich die Stadt aus ihrer grundlegenden politischen Verantwortung zurückzieht.

Diese Verbände haben ein politisch-moralisches Interesse an der Lösung sozialer Probleme, aber auch daran, dass sie selbst nicht mehr Aufgaben aufgebürdet bekommen als sie bewältigen können und auf diese Weise dann einen öffentlichen Imageverlust erleiden. Ein weiterer wichtiger Akteur in diesem Prozess ist die örtliche Bürgerinitiative, bestehend z.T. aus den Eltern, der von der Schließung direkt betroffenen Jugendlichen, z.T. aus besorgten Bürgern der Stadt, aus einzelnen Politikern der Oppositionsparteien und Vertretern der Vereine und Verbände sowie Sozialarbeiter und Sozialpädagogen, die in den von der Schließung bedrohten Jugendzentren tätig sind. Auch eine Reihe von Jugendlichen, die das Jugendzentrum in Anspruch nehmen, haben sich den Bürgerinitiativen angeschlossen.

Aktionsformen und Ressourcen

Während die anderen Akteure sich in der Hauptsache auf eine öffentliche Darstellung ihrer Ziele begrenzen, hat die Bürgerinitiative eine Palette unkonventioneller *Aktionsformen* zur Verfügung. Sie ist in einer Sitzung des Stadtrates mit einer größeren Anzahl ihrer Mitglieder eingedrungen, hat eine Sitzblockade vor dem von der Schließung bedrohten Jugendzentrum durchgeführt und kontaktiert die an der Entscheidung beteiligten Politiker mit Briefen, Einzelgesprächen und auf Bürgerversammlungen vor Ort. Die Interessen die sie verficht, sind überwiegend die Interessen derer, die von der Schließung direkte Nachteile erwarten müssen, die Eltern und die Bürger des Stadtviertels sowie ein Teil der betreffenden Jugendlichen selbst und aus etwas anderen Gründen die in den Jugendzentren Beschäftigten. Diese vertreten ein doppeltes Interesse: zum einen dasselbe wie die anderen *Akteure* dieser Bürgerinitiativen, zum anderen aber auch das Interesse an der Erhaltung ihrer eigenen Arbeitsplätze.

Die *Ressourcen*, die für die Durchsetzung dieser Interessen mobilisiert werden können, also die soziale *Macht,* die sie im Entscheidungsprozeß entfalten können, sind auch in diesem Fall höchst unterschiedlicher Natur. Die CDU verfügt über die *institutionell-administrative* Macht der Entscheidungskompetenz als Mehrheitspartei und ist in diesem Sinne formell gesehen allen anderen Akteuren überlegen. Sie muss aber auch im Sinne der langfristigen Sicherung dieser Machtressource auf die Ressource der öffentlichen Zustimmung setzen und diese pflegen, was die Möglichkeiten des direkten Einsatzes der politisch-administrativen Machtressource und somit deren Gewicht relativiert.

Die Oppositionsparteien verfügen über die Ressourcen einer erhöhten Aufmerksamkeit für ihre Stimme in der Öffentlichkeit durch ihre zentrale Position im politischen Entscheidungsprozess sowie ihre Kontakte zu einigen der Vereine und der Bürgerinitiative. Die Vereine verfügen über die Ressourcen moralischer Glaubwürdigkeit und eines auf sie gestützten, bevorzugten öffentlichen Gehörs. Die Bürgerinitiative verfügt über die Ressource, außer der Mobilisierung größerer Menschenmenge, gegebenenfalls auch der Störung der Abläufe des öffentlichen Lebens bei Demonstrationen und anderen informellen Formen des politischen Protests, aber auch über die Ressource der Glaubwürdigkeit in der öffentlichen Debatte, da sie sich ohne politische Macht und Amtsinteressen direkt für die Belange der Betroffenen einsetzt.

Macht

Der Faktor *Macht* tritt hier in zwei unterschiedlichen Rollen auf. Zum einen spielt die *soziale Macht* eine Rolle, die die einzelnen Akteure mobilisieren können, einige von ihnen wie die Gewerkschaften und die Kirchen mit einem erheblichen finanziellen Rückhalt, der sie zu erheblichen publizistischen Interventionen befähigt. Am Ende bindet die *Macht der legitimen Entscheidung*, über die im Rahmen der bestehenden Gesetze und Verfassungsregelungen die Mehrheitspartei verfügt, dann alle Betroffenen, für die die politische Entscheidung verbindlich ist. Macht ist also als *soziale Macht* ein *Faktor im Prozess* der Politik und als *politisch-administrative Macht* das *Produkt*, das am *Ende des Prozesses* entsteht.

Legitimation

Als eine Ressource der Akteure im Prozess ihrer Auseinandersetzung erweist sich aber auch der Faktor *Legitimation,* nämlich die guten Gründe, die sie im Hinblick auf das von allen geteilte *Interesse* am *Gemeinwohl* anführen können, um ihre jeweiligen *Programme* zu rechtfertigen. Während die Oppositionsparteien sich auf das Legitimationsargument der Erhaltung des Friedens und der sozialen Integration in der Stadt stützen, macht die Regierungspartei das legitimierende Argument ihrer Verpflichtung für einen ausgeglichenen Haushalt für die Stadt geltend. Es ist die Frage, welches der legitimierenden Argumente in der gegebenen Situation im Hinblick auf die politische Kultur die vorgeschlagenen Programme in den Augen der Öffentlichkeit überzeugender begründen kann.

Handlung/Erfolg

Im vorliegenden Falle sieht die CDU im Verlaufe des hitzig gewordenen politischen Prozesses von ihrem Vorhaben ab, kürzt aber die erforderliche Summe auch nicht im Kulturbereich, um nicht den Forderungen der Oppositionsparteien in diesem Punkt allzu offensichtlich nachzugeben. Sie findet stattdessen im Verwaltungsetat eine Möglichkeit, die die Weiterführung wenigstens eines der Jugendzentren mit leicht vermindertem Haushalt gewährleistet. Den Ausschlag hat ihre Überlegung gegeben, dass angesichts der *politischen Kultur* der Stadt und der starken Wirkung der *legitimierenden* Argumente der Oppositionsparteien sowie der großen *Zahl von Vereinen, Bürgerinitiative*n und Bürgerinnen und Bürgern, die sich dafür eingesetzt haben, es einen längerfristigen Imageschaden und damit eine Verringerung künftiger Wahlerfolge bedeuten würde, wenn sie starr an dem einmal gesetzten Ziel festhält.

Ihre Legitimation und die Wahrung ihres Gesichts in der politischen Öffentlichkeit erreicht sie dadurch, dass sie gleichwohl Haushaltskürzungen vornimmt, in den betreffenden Jugendzentren ein wenig spart, um zu demonstrieren, dass eine gewisse Ersparnis auch hier unabdingbar war und im Übrigen eine verschärften Prüfung in Aussicht stellt, die durch unabhängige Sachverständige klären lassen soll, ob die Arbeit der Jugendzentren tatsächlich, wie behauptet, zur Verminderung der Jugenddelinquenz in der Stadt in ausreichendem Maße beiträgt. Sie wahrt damit ihr politische Gesicht, erleidet keine Legitimationseinbußen und vermeidet zugleich, dass ein Ausspielen ihrer institutionellen Mehrheitsmacht ihr am Ende längerfristig wirkende politische Nachteile verschafft.

Kapitel 7
Politische Beteiligung

Demokratie heißt Beteiligung

Die Demokratie lebt wie keine andere politische Herrschaftsform von der Beteiligung der Bürgerinnen und Bürger an der politischen Meinungs- und Willensbildung und am politischen Entscheidungsprozess. Es ist offenkundig, dass der Legitimationsanspruch der Demokratie selber gefährdet und im Zweifelsfalle auch widerlegt wäre, wenn in einem demokratischen Gemeinwesen eine kleine Gruppe von Akteuren die Meinungs- und Willensbildung unter Ausschluss der Mehrheit der Gesellschaft monopolisieren würde; und zwar auch dann, wenn sie mit den Inhalten ihrer Politik durchaus den Anspruch erheben könnte, politische Mehrheitsinteressen zu verfolgen. Zur Idee der Demokratie, wie sie exemplarisch im Grundgesetz der Bundesrepublik Deutschland beschrieben ist, gehört ein ausreichendes Maß an institutionellen Partizipationschancen und an tatsächlicher Partizipation, also die Öffnung des politischen Entscheidungsprozesses zur Gesellschaft auf der Input-Seite der Entstehung und nicht allein in den Ergebnissen auf der Output-Seite des politischen Systems.

Die Skala der politischen Beteiligungsmöglichkeiten für die Bürgerinnen und Bürger sowie politisch aktiven Organisationen, Verbänden, Vereinen und Initiativen am politischen Willensbildungs- und Entscheidungsprozeß in der modernen Demokratie ist groß und vielfältig. Die minimale Form politischer Beteiligung, wie sie in den sogenannten „realistischen" Demokratietheorien als ausreichend angesehen wird, die die Normen der Demokratie allein schon im Wettbewerb politischer Eliten um die Herrschaft erfüllt sehen, ist die allgemeine gleiche Wahl der Mandatsträger und Amtsinhaber. Ohne Parteienkonkurrenz und gleiches Wahlrecht kann kein politisches System den Anspruch erheben, als Demokratie zu fungieren, auch wenn die demokratischen Normen in einer

„realistischen" Betrachtungsweise der Teilhabebereitschaft und der Teilhabemöglichkeiten in den hochkomplexen Gesellschaften der Gegenwart von den Vertretern solcher Auffassungen als äußerst gering angesehen werden.

Das Selbstverständnis einer Demokratie vom Typ der Bundesrepublik Deutschland sowie das von wichtigen Strömungen in der politischen Theorie gehen über ein solches minimales Demokratieverständnis deutlich hinaus. Sie verfechten das Konzept einer *partizipativen Demokratie*, das seinerseits zahlreiche Varianten und Abstufungen gefunden hat (Schmidt 2000: 251ff.). Gemeinsam ist den unterschiedlichen Varianten dieses Konzepts die Auffassung, dass Demokratie die Beteiligung vieler Bürgerinnen und Bürger an der politischen Meinungs- und Willensbildung auch zwischen den Wahlen in vielen unterschiedlichen politischen Handlungsfeldern hinaus fordert. Die Herrschaftsform der Demokratie ist, wie „realistisch" sie auch immer betrachtet werden mag, unvermeidlich ein normatives Konzept, weil sie ihrem Wesen nach auf den *Sollensanspruch* einer *Legitimation durch Beteiligung* bezogen ist.

Die Skala der Beteiligungsmöglichkeiten

In einer groß angelegten internationalen Vergleichsstudie über Formen und Ausmaß politischer Partizipation haben *Samuel H. Barnes* und *Max Kaase* die verschiedenen Formen *konventioneller* und *nicht-konventioneller* politischer Beteiligung auf informative Weise beschrieben und gemessen (Barnes/Kaase 1979). Auch in der repräsentativen Demokratie ist die Palette beider politischer Beteiligungsformen vielfältig und hochgradig aufgefächert. Es gibt zahlreiche durchaus wirksame Beteiligungsmöglichkeiten für Bürger unterhalb der hohen Schwelle eines aufwendigen Dauerengagements je nach Zeit, Energie, Risikofreude und Zwecken. Neben der *Beteiligung an Wahlen* gehören dazu u.a. die *Unterzeichnung von Petitionen*, die *Teilnahme an gesetzlichen Demonstrationen*, die politisch begründete *Verweigerung von Steuerzahlung*, die *Besetzung von Gebäuden*, *Verkehrsblockaden*, *Straßendemonstrationen*, die *Teilnahme an wilden Streiks*.

Im Verlaufe der siebziger und achtziger Jahre hat sich auch in Deutschland *die Beteiligung an politischen Bürgerinitiativen* sowie die Mitwirkung in *politischen Selbsthilfeprojekten* als eine weitere wirksame und zeitweilig weit verbreitete Form der politischen Teilhabe erwiesen. In den *Parteiendemokratien* war lange Zeit die *Mitgliedschaft in einer politischen Partei* in den Augen vieler die wirkungsvollste, sozusagen klassische Möglichkeit der Partizipation, weil sie über den Wahlakt hinaus die Mitwirkung an der Formulierung politischer Programme, an der Auswahl des politischen Führungspersonals sowie an der Kontrolle der einzelnen Mandatsträger ermöglicht.

Abb. 16: Formen politischer Beteiligung

	Konventionell		Protest
1.	Politische Zeitungslektüre	1.	Petitionen
2.	Politische Diskussionen mit Freunden	2.	Demonstrationen
3.	Mitarbeit in Örtlichen Projekten	3.	Boykott
4.	Mitarbeit in Bürgerinitiativen	4.	Besetzungen
5.	Mitgliedschaft in Parteien	5.	Steuerstreiks
6.	Kontakte mit Politikern	6.	Blockaden
7.	Überzeugungswandel vor Wahlen	7.	Wilde Streiks
8.	Teilnahme an Wahlkampagnen	8.	Aktionen zivilen Ungehorsams
9.	Teilnahme an politischen Veranstaltungen		
10.	Teilnahme an Volksbegehren und Volksentscheiden (Bürgerbegehren und Bürgerentscheiden)		

Quelle: Nach Samuel H. Barnes, Max Kaase: Political Action, Mass Participation in Five Western Democracies. Beverly Hills, London 1979

Handlungszweck und Beteiligungsform

Welche Form der politischen Teilhabe dem Einzelnen als aussichtsreich erscheinen, das hängt vor allem von dem Zweck seines Engagements, von dem Zeitbudget, das er dafür zur Verfügung stellen möchte, von seiner persönlichen Handlungskompetenz, von seiner politischen Urteilskraft, von seinem sozialen Herkunftsmilieu, aber auch vom Zustand des politischen Gemeinwesens ab, in dem er eine solche Entscheidung treffen muss. In der Bundesrepublik Deutschland hat sich seit den achtziger Jahren insbesondere bei den jüngeren Altersgruppen der Trend verstärkt, das dauerhafte Engagement in großen, vergleichsweise anonymen Organisationen wie Parteien und Verbänden mit ihrer Orientierung auf das ganze Spektrum der politischen Themenpalette zu meiden – Sie suchen eher das befristete, thematisch überschaubar definierte, auf begrenzte Aufgaben gerichtete Engagement in kleinen überschaubaren Gruppen, in denen ihre eigene Mitwirkung und deren Erfolge für sie unmittelbar überschaubar und kontrollierbar bleiben. Die großen Organisationen und das politische Institutionen-System zeigen anhaltende Schwierigkeiten, sich auf diese veränderte Beteiligungsmentalität produktiv einzustellen.

Partizipative Demokratie

Für das Konzept einer auf umfassender Beteiligung basierenden partizipativen Demokratie können sowohl *funktionale* wie *normative* Gründe angeführt werden(Schmidt 2000: 251ff). Die normativen Gründe kreisen alle um die Frage, welches Maß an Partizipation wie vieler Bürgerinnen und Bürger eine Demokratie zur vollgültigen Demokratie macht. Bei den funktionalen Argumenten geht es im Kern um die Frage der nachhaltigen Stabilität demokratischer Systeme durch Beteiligung und Identifikation. Beide Argumentationsweisen sind nicht völlig unverbunden, wenn auch der funktionale Gesichtspunkt der Stabilität von den Legitimationsüberzeugungen der Bürgerinnen und Bürger nicht zu trennen ist. Sie bilden gleichwohl unterschiedliche Schwerpunkte bei der theoretischen Begründung von Demokratiemodellen:

Funktionale Gesichtspunkte für erweiterte politische Partizipation enthalten vor allem folgende drei Argumente:

*Erstens: D*ie Wahrscheinlichkeit der Umsetzung und damit auch der Wirksamkeit politischer Entscheidungen in der Gesellschaft ist um so größer je mehr in vielfältigen Formen politischer Beteiligung die betroffenen gesellschaftlichen Akteure selbst an der Vorbereitung solcher Entscheidungen mitgewirkt haben und sich darum auch wieder für deren Umsetzung zuständig und verantwortlich wissen. Wenn beispielsweise ein Mitbestimmungsgesetz für Unternehmungen aus der Praxis demokratischer Mitbestimmung in den Unternehmen selbst und aus den Diskussionen hervorgeht, die die

Beteiligten über ihre sinnvolle Erweiterung führen, so ist dessen Anerkennung und wirkungsvolle Umsetzung eher zu erwarten als wenn die Vorbereitungen dazu lediglich innerhalb des politischen Systems selbst getroffen worden sind. Aber nicht nur die Identifikation mit dem Ergebnis selbst ist in diesem Fall groß. Sie überträgt sich auch auf das politische System, das sie möglich macht. Sie schafft mit der Zeit ein Polster des allgemeinen Einverständnisses, das bei Unzufriedenheiten, Versagen oder Krisen in anderen Situationen Enttäuschungen begrenzen kann.

Zweitens: Empirische Untersuchungen haben ein traditionsreiches Argument der politischen Theorie immer wieder bestätigt: Politische Urteilskompetenz wächst im Maße der aktiven politischen Beteiligung der Bürgerinnen und Bürger. Damit erweitert sich auch das Verständnis für die Abläufe, Schwierigkeiten, Erfolgsvoraussetzungen, Faktoren und Bedingungen, denen der politische Prozess in den großen Systemen unterliegt und die bei der angemessenen Beurteilung seiner Erfolge und Misserfolge darum in Rechnung gestellt werden müssen.

Drittens: Erweiterte Partizipation beispielsweise in Parteien und Initiativen der Zivilgesellschaft, die auch zwischen den Wahlen Einfluss auf die politische Willensbildung haben, oder in Bürgerinitiativen, die in kommunalen Zusammenhängen wirkungsvoll am politischen Entscheidungsprozeß mitwirken können, fördern ein republikanisches Bewusstsein bei den betroffenen Bürgerinnen und Bürgern. Sie erfahren im Vollzug ihrer Teilhabe, dass der demokratische Staat nicht eine Entscheidungsmaschinerie ist, die über ihren Köpfen wirkt, sondern ihre eigene Angelegenheit, für die sie selbst die Hauptverantwortung tragen. Politische Entfremdung wird unwahrscheinlicher. Die normativen und die funktionalen Gründe für breite politische Beteiligung stehen also in enger Wechselwirkung.

Kapitel 8
Das Politische in der Gesellschaft

Politik als Handlungstyp

Eine verbreitete Auffassung besagt, dass *Politik* allein das genannt zu werden verdient, was in den dafür vorgesehenen öffentlichen Institutionen geschieht und sich auf das staatliche Handeln bezieht. Es war in der politikwissenschaftlichen und öffentlichen Debatte in eine gewissem Maße immer umstritten, auf welchen gesellschaftlichen Handlungsfeldern Politik stattfindet. Es geht dabei um die Frage, ob Politik ihrer Eigenart nach auf die Arena der öffentlichen *Institutionen-Systeme* eingrenzbar ist oder vielmehr als ein *Handlungstyp* verstanden werden muss, der in allen gesellschaftlichen Bereichen seine Rolle spielt.

Der engere Politikbegriff

Für den engen Politikbegriff lassen sich politikwissenschaftliche Gründe anführen, wie etwa das wissenschaftliche Bedürfnis nach klarer Unterscheidbarkeit der verschiedenen gesellschaftlichen Handlungstypen, das Verlangen, den Untersuchungsgegenstand eindeutig von anderen abzugrenzen und das Interesse an handlichen Definitionen und Theorien.

Je enger und unzweideutiger der Gegenstand des Faches Politikwissenschaft bestimmt ist, um so unumstrittener und eindeutiger können auch die Antworten auf solche Fragen ausfallen. Bei näherer Betrachtung fällt auf, dass ein solcher Politikbegriff in aller Regel eher von Wissenschaftlern, Publizisten und gesellschaftlichen Akteuren verfochten wird, die zum konservativen oder rechts-liberalen Lager in Politik und politischer Philosophie tendieren. Eine der direkten und weitreichenden Folgen des engen Politikbegriffs liegt ja darin, dass mit ihm weite Bereiche von Wirtschaft und Gesellschaft prinzipiell zur politikfreien Privatsphäre erklärt und damit dem Geltungsbereich politischen Verantwortung und Gestaltung entzogen werden.

Der weite Politikbegriff

Der *weite* Politikbegriff folgt der Charakterisierung von Politik als einem auf kollektive Verbindlichkeit oder kollektiven Nutzen zielenden Handlungstyp, bleibt aber prinzipiell offen für die Möglichkeit politischen Handelns in diesem Sinne in allen gesellschaftlichen Bereichen. In jüngerer Zeit ist dieser Politikbegriff durch *Ulrich Becks* Theorie der „Entgrenzung der Politik" in der gegenwärtigen *Risikogesellschaft* prominent geworden (Beck 1993). Dieses Verständnis will das Politische nicht seiner kennzeichnenden Qualitäten berauben, um dann in allem und jedem Politik sehen zu können. Es hält vielmehr an der genauen Bestimmung des Politischen fest, findet es aber in der Gegenwart in der empirischen Analyse in wechselnder Intensität und Prägekraft in einer wachsenden Zahl gesellschaftlicher Handlungsfelder wirksam. Es ist zwar nicht möglich, dieses Politikverständnis eindeutig bestimmten politischen Grundorientierungen zuzuordnen, aber es ist dennoch kein Zufall, dass es eher im Bereich basis-demokratischer und demokratisch linker Positionen eine Rolle spielt, da es sich in der Regel mit dem Anspruch auf gesellschaftliche Demokratisierung verbindet.

Politische Meta-Kompetenz

Nach dem im 2. Kapitel entwickelten Definitionen von Politik wäre die Übernahme des engen Politikbegriffs nur um den Preis handgreiflicher Widersprüche zu vertreten. Aus der durch *Parsons* begründeten Charakterisierung ihrer gesellschaftlichen Funktion folgt vielmehr die Offenheit dafür, Politik in den unterschiedlichsten gesellschaftlichen Teilbereichen vorzufinden, sofern die Kriterien wirklich erfüllt sind, die für sie gelten. Es liegt auf der Hand, dass die Entscheidung für den engeren oder weiteren Politikbegriff nur zum Teil mit wissenschaftlichen Argumenten gestützt werden kann, zum anderen Teil aber ihrerseits durch politische Wertungen mitbedingt ist. Das damit gestellte Problem ähnelt dem politischen *Metaproblem* moderner Gesellschaften. Die Frage, welche gesellschaftlichen Teilbereiche einer politischen Regelung zugänglich sind und welche Handlungszusammenhänge als privat außerhalb der politischen Verantwortung bleiben müssen, ist unvermeidlich stets selbst eine politische Entscheidung.

Abb. 17: Politische Gesellschaft

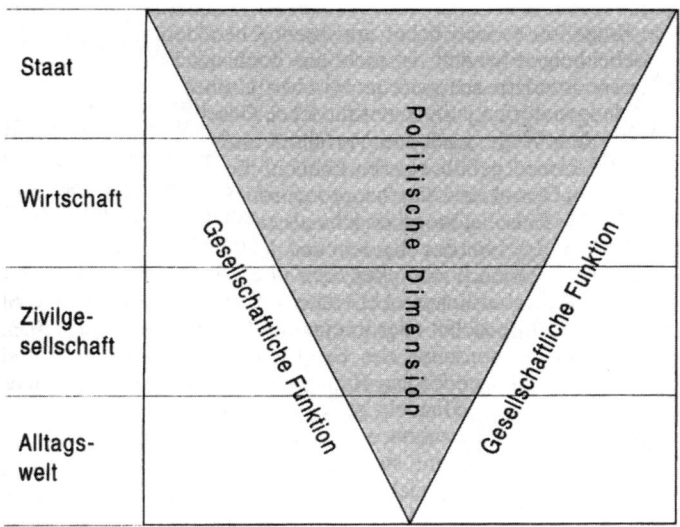

Eigene Darstellung

Die *Meta-Kompetenz* im politischen Bereich, also die Frage der Entscheidung darüber, welche Probleme in einer Gesellschaft politisch zu lösen sind und welche nicht, ist im Rahmen der Geltung der Menschenrechte und bis auf den Kernbereich des Intimlebens, die aus Gründen der Menschenwürde niemals politisch zur Disposition stehen können, selber immer nur auf politischem Wege entscheidbar. Ob beispielsweise das gesellschaftliche Verhältnis der

Geschlechter zueinander dem gesellschaftlichen und kulturellen Spiel der Kräfte überlassen bleibt oder politisch gestaltet wird, ist eine politische Entscheidung, ebenso wie die Frage, ob die Einkommensverteilung, die sich aus dem freien Spiel der wirtschaftlichen Kräfte ergibt, hingenommen oder durch politische Entscheidungen nach Maßgabe öffentlich anerkannter Gerechtigkeitsvorstellungen korrigiert werden soll.

Politik in der Gesellschaft

In der Gesellschaft selbst kann das Politische auf dreierlei Weise in Erscheinung treten:

Erstens durch das, was Ulrich Beck *Subpolitik* genannt hat, also Handlungen, etwa in den Bereichen der Wirtschaft, Medien oder Forschung, die für die ganze Gesellschaft unentrinnbar wirksam werden, wenn sie erst einmal vollzogen sind, die aber selbst nicht in politischen Verfahren gefällt werden (Beck 1993: 149ff). So hat etwa die Kernkraft, scheinbar nur eine weitere, modernisierte, aber dennoch privatwirtschaftliche Form der Energieversorgung eine Reihe von Auswirkungen auf alle Menschen in einem größeren Wirkungsbereich, gegebenenfalls sogar über die Landesgrenzen hinweg, denen sich niemand mehr durch eine eigene Entscheidung entziehen kann. Dazu gehören für die Menschen im unmittelbaren Nahbereich mögliche Schädigungen und Risiken durch Strahlungen, kleinere Unfälle und Sicherheitsvorkehrungen zum Schutz gegen die Risiken, dazu gehören in einem größeren Einzugsbereich, in der Regel für die ganze Gesellschaft und sogar benachbarte Gesellschaften, die Risiken großer Katastrophen sowie die unkalkulierbaren Kosten für ihre sichere Endlagerung, die die ganze Gesellschaft in erheblichem Maße beeinflussen und binden. Dies sind Gründe dafür, dass die Errichtung und der Betrieb von Kernkraftwerken unter engmaschigen öffentlichen Genehmigungsvorbehalten steht.

Die Frage, ob solche aus der Gesellschaft oder der Wirtschaft hervorgehende Initiativen politische Charakterzüge haben oder nicht, ist nicht aus dogmatischen Gründen von Interesse, sondern aus ganz praktischen Gründen. Politische Entscheidungen dürfen ja in demokratischen Gesellschaften prinzipiell nur auf dem Wege, nach den Verfahren und unter Beachtung derjenigen Normen gefällt werden können, die Politik in der rechtsstaatlichen Demokratie überhaupt kennzeichnen sollen. Die Definition eines Entscheidungsbereichs als politischen hat unmittelbar praktische Folgen für das Handeln und die Entscheidungs*weise*.

Zweitens: Politisch sind aber nach der Definition, die diesem Buch zugrunde liegt, auch diejenigen gesellschaftlichen Aktivitäten, die auf das Gemeinwohl großer Kollektive zielen oder in eigener Initiative Probleme lösen, die auf der Tagesordnung des Gemeinwesens als politische und damit als Aufgabe politischen Handelns anerkannt sind. So kann es durchaus als politisches Handeln gelten, wenn eine Bürgergruppe die Überwachung und Reparatur von Kinderspielplätzen in ihr eigenen Nachbarschaft übernimmt, statt diese Aufgabe der Kommunalpolitik zu übertragen. Das Gleiche gilt für ungezählte andere Aufgaben in den Lebensbereichen der Bürger, angefangen von der Verantwortung für die Umwelt bis hin zur Sicherheit im Wohnviertel (Siehe Kapitel 17).

Drittens: Innerhalb der meisten gesellschaftlichen Handlungsbereiche und Organisationen besteht neben anderen auch eine politische Dimension. Das gilt beispielhaft etwa für das Zusammenwirken von Eltern, Lehrern und Schülern in der Schule. Neben der Unterrichtsführung, die in der persönlichen Fachverantwortung des einzelnen Lehrers liegt und den Aufgaben der Dienstaufsicht über sie sowie der Unterrichtsorganisation entstehen viele Frage der Gestaltung des Schulalltags, des Zusammenwirkens der beteiligten Gruppen, der Ausgaben von Mitteln, der Ausstattung der Gebäude oder der Aktivitäten der Schule in ihrem gesellschaftlichen Umfeld, die politischen Charakter haben und darum nach demokratischem Verfahren erörtert und entschieden werden sollten. Die Mitbestimmung in großen Wirtschaftsunternehmen in der Bundesrepublik ist ein Beispiel dafür, wie die politischen Entscheidungsbereiche in einem, nicht politischen Zwecken dienenden, gesellschaftlichen Verband bestimmt und geregelt werden können.

Kriterien gesellschaftlicher Politik

Der Politikwissenschaftler *Richard Löwenthal* hat in der Hochphase der Debatten über die umfassende Demokratisierung der Gesellschaft der Bundesrepublik in den sechziger Jahren ein wichtiges Kriterium für die Möglichkeiten und Grenzen der Politisierung gesellschaftlicher Bereiche vorgeschlagen (Löwenthal 1974). Im Maße wie Fachwissen allein für die Lösung einer gesellschaftlichen Funktionsaufgabe maßgeblich ist, tut die Gesellschaft gut daran, sie nach dem *Prinzip der fachlichen Einzelverantwortung* an die jeweiligen Fachleute zu delegieren. Im Maße aber, wie die Entscheidungsbetroffenen eine gleiche Kompetenz der Mitentscheidung in Anspruch nehmen können, weil es letztlich um *Interessen- und Wertfragen* geht, die alle betreffen, für die es Alternativen gibt und bei denen die Präferenzen der Betroffenen den Ausschlag geben müssen, erweisen sich demokratische Entscheidungsverfahren als sinnvoll und notwendig. Bei der inneren Demokratisierung gesellschaftlicher Einheiten und Funktionsbereiche ist darüber hinaus von Bedeutung, dass demokratische Entscheidungsbeteiligung so organisieren wird, dass der Zeit- und Organisationsaufwand, der für sie erforderlich ist, nicht den gesamtgesellschaftlichen Funktionszweck der jeweiligen Einheit selbst infrage stellt.

Kapitel 9
Die Bürgerrolle: Citizenship

Citizenship: politische Bürgerschaft

Der englische Begriff *citizenship* bezeichnet einen für das Verständnis des Politischen grundlegenden Sachverhalt, ist aber nicht ohne gewichtige Bedeutungsverschiebungen ins Deutsche zu übertragen. Citizenship bedeutet die elementare politische Kompetenz des Bürgers, gleichberechtigt mit allen anderen Bürgern die letztgültige Entscheidungs- und Verantwortungsinstanz für alle Belange zu sein, die das Gemeinwesen betreffen. Daraus resultieren gleichermaßen grundlegende Rechte und Pflichten. In diesem Verständnis steht citizenship für eine im umfassenden Sinne wohl verstandene politische Bürgerrolle als Staatsbürgerschaft (Holz 2000). Mit Staatsbürgerschaft als politischer Metakompetenz ist darum nicht in erster Linie das exklusive Moment der Ausgrenzung der Nicht-Staatsbürger aus der gleichberechtigten politischen Mitentscheidung gemeint, sondern das Souveränitätsrecht der bürgerschaftlichen Selbstbestimmung, einschließlich aller dazu gehörenden Rechte und Pflichten.

Staatsbürgerschaft ist die maßgebliche Schlüsselressource für die Teilhabe des einzelnen an der politischen *Meta-Kompetenz*, nämlich die Entscheidung darüber, welche der gesellschaftlichen Handlungsbereiche auf welche Weise in politischer Verantwortung gestaltet oder reguliert werden sollen. Diese Entscheidung kann daher, in den Grenzen der Menschenrechte, immer nur mit Bezug auf den Willen der Gesamtheit der Staatsbürger und nicht nach den Maßstäben privater Interessen gefällt werden.

Quelle der Legitimität

Die Legitimität politischer Entscheidungen geht in der modernen Kultur auf die Idee eines politischen Herrschafts-Vertrages zurück, dem alle Staatsbürger zustimmen können, weil ihre grundlegenden Rechte und Interessen durch ihn gesichert und gewahrt bleiben. Nachdem die religiösen Bürgerkriege des sechzehnten und siebzehnte Jahrhunderts eindeutig erwiesen hatten, dass die Idee einer Legitimation politischer Herrschaft aus religiösen Quellen nicht länger wirksam war, blieb auch für die Politik nur noch ein „rationales" Legitimationsverfahren übrig, nämlich die Begründung politischer Herrschaft durch offene demokratische Verfahren und durch gute Argumente, die prinzipiell die Zustimmung eines jeden Betroffenen finden können. Vor allem seit den großen Gesellschaftsvertragstheorien von *Thomas Hobbes (1588-1679)*, *John Locke (1632-1704)* und *Immanuel Kant (1724-1804)* hat sich bis zur philosophischen Theorie der Legitimation moralischen und politischen Handelns der Gegenwart, etwa durch *Jürgen Habermas*, die im Kern unter den Bedingungen der modernen Kultur zwingende Vorstellung durchgesetzt, dass die politische Verfassung eines Gemeinwesens, seine allgemeinen Ziele, Grundnormen und Entscheidungsverfahren so gestaltet sein müssen, dass sie in ihren Entscheidungs*verfahren* und in ihren *Normen* die freie Anerkennung aller Betroffenen finden, also wie ein Vertrag zwischen Gleichgestellten beurteilt werden können (Habermas 1992: 109ff).

In diesem Vertrag, durch den die Menschen, die ihn schließen, zu Staatsbürgern werden, sichern sie einander Menschen- und Teilhaberechte zu und übertragen zugleich unter Bedingungen und Vorbehalten politische Entscheidungsbefugnisse auf ihr Gemeinwesen. Die Zustimmung zur gleichmäßigen Einschränkung willkürlicher Handlungsmöglichkeiten, die jeder Einzelne mit einem solchen Vertrag gibt, macht für alle nur unter der Bedingung Sinn, dass dadurch für jeden seine grundlegenden Rechte um so wirkungsvoller und verlässlicher gesichert werden. Darum enthält die Legitimationsidee des Vertrages immer die beiden Aspekte der Unverletzlichkeit grundlegender individueller Menschenrechte und des Verzichts auf jede über sie hinausgehende Willkürfreiheit zugunsten eines für alle verbindlichen Entscheidungsverfahrens in den politischen Angelegenheiten.

Citizenship als Meta-Kompetenz

Der zur Eigenart des Politischen selbst gehörende Tatbestand der *Meta-Kompetenz,* nämlich der Notwendigkeit, die Grenzen des Politischen Handlungsraumes ihrerseits selbst nur auf politischem Wege festlegen zu können, hat in der Neuzeit ihren folgenreichsten Ausdruck in der *Entwicklungsgeschichte der Menschenrechte* gefunden. Welche Rechte des Individuums zu den unabdingbaren Menschenrechten gezählt wurden und was der Staat unterlassen oder tun musste, um sie zu gewährleisten, das war immer vor allem durch die tatsächlichen politischen Grunderfahrungen bestimmt, um die es in der jeweiligen Epoche ging. Während für *Thomas Hobbes* nach Jahrzehnten religiösen Bürgerkriegs in seinem Heimatland England die äußere Garantie für den Schutz des Lebens das einzige und wichtige Menschenrecht war, deklarierte in der politisch stabilen Phase danach *John Locke* neben dem Leben, die Freiheit und das Eigentum, zu dem auch das Recht auf freie Religionsausübung zählte, zu weiteren unverzichtbaren Menschenrechten.

Abb. 18: Staatsbürger-Kompetenz

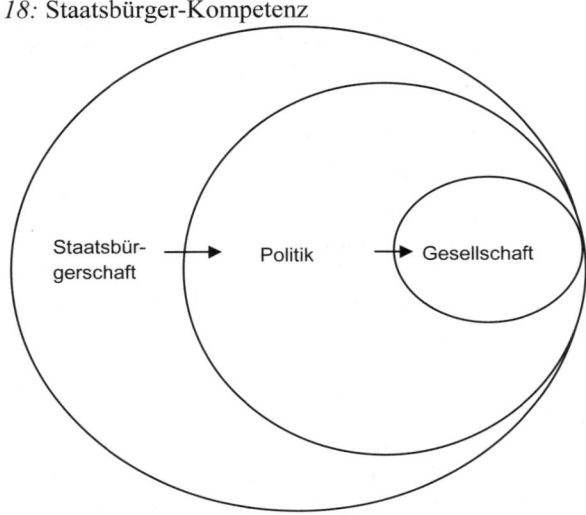

Eigene Darstellung

Citizenship und Bürgerrechte

Die von dem britischen Sozialwissenschaftler *Thomas H. Marshall* rekonstruierte Geschichte der Erweiterung und Differenzierung der Menschenrechte von den Anfängen ihrer liberalen Deutung, über ihre politische bis zu ihrer sozialen Fassung verdeutlicht die politische Funktion der Staatsbürgerrolle (Marshall 1973). Sie führt einerseits vor Augen, dass es letztlich in der Hand der Staatsbürger liegt, den Katalog der Grundrechte, deren Gewährleistung sie einander unbedingt zusichern, zu erweitern und zu interpretieren. Sie zeigt auch, dass die einzelnen Menschenrechte um so mehr offene politische Gestaltungsfragen aufwerfen, je umfassender sie geregelt sind, weil sie dann um so vielfältiger miteinander in Wechselwirkung treten, aber auch in Widerspruch geraten können.

Die praktische Geltung der einzelnen Menschenrechte und ihr tatsächlicher Spielraum hängen nun in wachsendem Maße auch davon ab, inwieweit durch die Ausübung einzelner Menschenrechte andere Menschenrechte oder die Menschenrechte Anderer beschnitten, beeinträchtigt oder gefährdet werden können. Die legitime Auflösung solcher Konflikte ist letztlich eine Frage politischer Gestaltung in der Verantwortung der Staatsbürger. Sie stellt sich im Laufe der gesellschaftlichen Entwicklung immer wieder neu und anders.

Im *neunzehnten* Jahrhundert waren die politischen Diskussionen vor allem durch die Erfahrung geprägt, dass das von Locke absolut gesetzte Menschenrecht auf Eigentum in der auf Privateigentum an Wirtschaftsunternehmen gestützten Marktwirtschaftsordnung regelmäßig dazu führte, dass die uneingeschränkte Ausübung des Eigentumsrechtes durch den Einen zu einer erheblichen Beschneidung der Freiheitsrechte Anderer führt. Das Eigentum an den Wirtschaftsgütern ist in allen Gesellschaften höchst ungleichgewichtig verteilt, so dass stets nur ein Teil der Gesellschaft die aus dem Eigentumstitel begründeten Verfügungsrechte über die Wirtschaftsentscheidungen sowohl im Inneren der Unternehmen und Betriebe, wie auch nach außen auf dem Markt und in der Gesellschaft innehat. Der andere Teil der Gesellschaft wäre ohne Schutz in dieser Hinsicht diesen Entscheidungen unterworfen mit der möglichen Folge der Einschränkung wichtiger Grundrechte.

Menschenrechte und politische Grundströmungen

Beim Disput der großen politischen Grundströmungen, die in Europa seit der Mitte des neunzehnten Jahrhunderts das politische Geschehen in hohem Maße beherrscht und geprägt haben, ist aufgrund dieser gewichtigen Erfahrung immer die Frage von zentraler Bedeutung gewesen, wo die Grenzen des Menschenrechts auf Eigentum zu ziehen sind, wenn das mindestens ebenso gewichtige Menschenrecht auf Handlungsfreiheit und Schutz der persönlichen Würde aller Mitglieder der Gesellschaft im realen Leben wirkungsvoll gesichert werden soll.

Nur die Staatsbürger selbst können für ihr jeweiliges Gemeinwesen diese Grenze festlegen. Gerade weil im Legitimationsverständnis der Moderne die Menschenrechte und das demokratische Entscheidungsverfahren gleich ursprüngliche und gleichgewichtige Quellen für dasjenige politische Handeln darstellen, das von allen als gerechtfertigt anerkannt werden kann, darf die Abwägung über das Verhältnis der Menschenrechte zueinander und die Notwendigkeit der Begrenzung des einen zugunsten des anderen Grundrechts nur in der Entscheidungskompetenz der Gesamtheit der Staatsbürger selbst liegen. Die Rechte des Staatsbürgers sind darum die oberste und wichtigste Legitimationsquelle für die Verfassung des Gemeinwesens, seine Ziele und Aufgaben sowie die konkrete Politik, die in diesem Rahmen bestimmt und ausgeführt wird.

Die Rechte der Staatsbürger sind auch der Ursprung für die Festlegung der Reichweite politischer Entscheidungen und der Bestimmung dessen, was die Geltung der verschiedenen Gruppen von Menschenrechten für die Ausgrenzung oder Einbeziehung einzelner gesellschaftlicher Handlungsfelder in den politischen Verantwortungsbereich bedeutet. So weit durch das Handeln Einzelner die Menschenrechte Anderer berührt werden, kann letztlich immer nur durch die Entscheidung der Gemeinschaft der Staatsbürger eine legitime Regelung ihres grundlegenden Verhältnisses zueinander gefunden werden. In diesem Sinne haben die Vereinten Nationen im Namen der Bürger der ganzen Welt 1966 präzisiert, dass fünf Gruppen von Menschenrechten Geltung haben, die einander bedingen, begrenzen und ergänzen: bürgerliche, politische, wirtschaftliche, soziale und kulturelle (Heidelmeyer 1972: 2ff.). Damit wird in einer originären politischen Entscheidung im Namen aller

Bürger der Welt geregelt, wie die Grundrechte und ihre Verhältnis zueinander bestimmt und gewichtet sind.

Obgleich der Kern der Menschenrechte nach modernem Verständnis unabhängig davon gilt, ob er Gesetzesform gewonnen hat, werden konkrete Menschenrechte immer nur in der Form justiziabel, in der sie durch souveräne politische Entscheidungen in Kraft gesetzt worden sind. Freilich erweisen sich für die Praxis ihrer politischen Konkretisierung politische Richtungsentscheidungen als ausschlaggebend, die sich aus den großem politischen Ideen und den gesellschaftlichen Interessen ergeben, die in ihnen ihren Ausdruck finden.

III. Wandel: Grundlagen und Ausdrucksformen

Kapitel 10
Politische Ideen

Differenzierungen im modernen Politikverständnis

Die politischen Legitimationsideen der Kultur der Moderne, Menschenrechte und Demokratie, lassen weiten Raum für konkurrierende Vorstellungen davon, wie Wirtschaft, Staat, Gesellschaft, Sozial- und Bildungssystem gestaltet sein müssen, um ihnen zu entsprechen. Der Spielraum für konkurrierende Ideen, Interessen. Orientierungen und politische Entwürfe, der damit eröffnet war, ist seit der Mitte des achtzehnten bis in die letzten Jahrzehnte des zwanzigsten Jahrhunderts hinein von den großen *politischen Grundströmungen* gefüllt worden (Fenske 1996, Neumann 2000). Sie besitzen in der Gegenwart zwar nur noch eine schwache Orientierungs- und Unterscheidungskraft, leisten aber weiterhin einen nennenswerten Beitrag zur Strukturierung des politischen Raumes. Sie sind mit grundlegenden politischen Werten und sozio-ökonomischen Interessen verwoben und dienen ihrer jeweilige Anhängerschaft als Filter bei der Wahrnehmung politischer Probleme und ihrer möglichen Lösung. In dieser doppelten Rolle wirken sie weiterhin, wenn auch in zunehmend abgeschwächter Form, als *Realfaktoren* im politischen Prozess und als formative Kräfte im politischen Diskurs.

Die großen politischen Ideen prägten das zwanzigste Jahrhundert und sind die für das Verständnis der Interpretation politischer Interessen, der Legitimitätsbezüge politischer Programme und der Argumente in den großen politischen Konflikten, auch zu Beginn des einundzwanzigsten von Bedeutung, auch wenn ihre Prägekraft nachlässt. Sie entstanden im Verlauf der letzten beiden Jahrhunderte in einer konfliktreichen Wechselbeziehung zueinander. Diese erscheint im Rückblick wie ein kontinuierliches interessegeleitetes Gespräch der großen politischen Akteursgruppen miteinander über die rechte Ordnung von Staat, Gesellschaft und Wirtschaft.

Die jeweilige Mischung des Einflusses gesellschaftlicher Teilinteressen und divergenter Werteinterpretationen auf die konkreten

Handlungskonzepte dieser Grundströmungen variiert von Fall zu Fall. Sie kann immer nur am gegebenen Beispiel geklärt werden.

Politische Ideen und Interessen

Die historische Reihenfolge, in der die politischen Grundströmungen bzw. Ideen entstanden und sich aufeinander bezogen sowie die grundlegende Differenzen, die sie voneinander unterscheiden, entsprechen den historischen Grunderfahrungen und den großen Interessen, die der gesellschaftliche Wandel jeweils hervorgebracht und einander entgegengestellt hat. Wie in allen vergleichbaren Fällen zeigt der genaue Blick auf die Einzelheiten und historischen Details ein Bild hochgradiger Differenzierung, das es schwer macht, haltbare Verallgemeinerungen aus der Fülle der Einzelereignisse herauszufiltern.

Ein erheblich vereinfachtes Bild der politischen Grundströmungen, ihrer Hauptantriebskräfte und ihres Verhältnisses zueinander lässt sich dennoch zeichnen. Die historischen Reihenfolge ihrer Entstehung ist kein Zufall, sie hängt mit zentralen gesellschaftlichen Problemerfahrungen und dem Schicksal der unterschiedlichen politischen Antworten zusammen, die auf sie in ihrer eigenen Zeit jeweils gegeben worden sind. Da die Vertreter der großen Grundströmungen dann auch wieder auf die Antworten der anderen auf sie und auf die neu hervorgetretenen gesellschaftlichen Probleme antworteten, unterlagen sie alle einem Prozess des fortwährenden Wandels durch ihre Bezugnahme aufeinander in den Arenen einer zunehmend demokratischen Öffentlichkeit.

Die Art, wie sie aufeinander antworteten und neue Probleme aufgriffen, war dabei immer durch ihre unterschiedliche Akzentuierung der politischen Grundwerte und ihre handlungsleitenden Interessen bedingt, bei den extremistischen Varianten mitunter jedoch auch vom bloßen Ressentiment.

Liberalismus

Freiheit und Gleichheit

Der *Liberalismus*, als die ursprüngliche Grundströmung, die der gesellschaftlichen und politischen Modernisierung zum Durchbruch verhalf, ging aus der europäischen Aufklärung seit der Mitte des achtzehnten Jahrhunderts hervor. Er verband sich mit den Emanzipationsinteressen des aufstrebenden Wirtschafts-und Bildungsbürgertums gegen den Autoritarismus, die Bevormundung und die durch Geburt fixierte gesellschaftlich-politische Ungleichheit in der Feudalgesellschaft und im Absolutismus seiner Entstehungszeit. Er war gleichzeitig eine wirksame Strömung in der zu dieser Zeit entstehenden politischen Öffentlichkeit, eine der führenden Grundpositionen in den wissenschaftlicher Veröffentlichungen der Zeit in den Bereichen der Philosophie, der Politik und der Volkswirtschaft, und eine anwachsende Strömung im politisch selbstbewusst werdenden Bürgertum. *John Locke* in England, *Montesquieu* in Frankreich, *Immanuel Kant* in Deutschland und der Schotte *Adam Smith* gelten als herausragende Vertreter des Liberalismus in Europa.

Der Liberalismus gewann in der zweiten Hälfte des achtzehnten Jahrhunderts entscheidenden Einfluss in Europa. Seine grundlegenden Ideen gehören zu den geistigen Grundlagen und politischen Orientierungen der französischen Revolution von 1789 und aller nachfolgenden Verfassungsbewegungen des neunzehnten Jahrhunderts in allen Teilen Europas. Sie fanden in der französischen Revolutionsparole *Freiheit, Gleichheit, Brüderlichkeit* ihren historischen Ausdruck.

Der politische Liberalismus geht vom absoluten *Vorrang der individuellen Freiheit* für die Regelung aller politischen, wirtschaftlichen und gesellschaftlichen Verhältnissen aus. Die Würde des einzelnen und die aus ihr folgenden Menschen- und Bürgerrechte sowie der individuelle Anspruch auf freie Entfaltung der Person werden zum Ausgangspunkt einer vernunftorientierten Neubegründung der angestrebten Lebensverhältnisse in allen gesellschaftlichen Bereichen. Insofern verbindet sich der Liberalismus mit dem aufklärerischen Optimismus der Vernunft und der Hoffnung auf einen gesellschaftlichen Fortschritt, der sich nach Maßgabe argumentativ begründeter Einsichten und freier Vereinbarungen der Bürger planvoll gestalten lässt.

Aus dem zugleich individualistischen und optimistischen Menschenbild folgen für die vier zentralen politischen Handlungsbereiche Staat, Kultur, Wirtschaft und Gesellschaft die für den Liberalismus kennzeichnenden programmatischen Grundlinien:

Staatsmodell

Eine *Verfassung*, gegründet auf Menschen- und Bürgerrechten sowie die weitgehende und klar geregelte Teilhabe der Bürger an der Gesetzgebung muss die politischen Entscheidungen, den Erlass der für die Gesellschaft verbindlichen Regelungen und die Ausübung der politischen Macht mit dem Anspruch der Bürger auf Gleichheit und Freiheit verlässlich in Einklang bringen. Dies erfordert eine *parlamentarische* Gesetzgebung mit einer sehr weitgehenden Repräsentation der Bürger, die allerdings vom Liberalismus typischerweise nicht bis zur Konsequenz der vollen demokratischen Beteiligungsrechte für alle Bürger an der Gesetzgebung fortgeführt wurde. Die staatsbürgerliche Teilhabe der Bürger an der Wahl ihrer Repräsentanten in den parlamentarischen Institutionen der Gesetzgebung wurde von Besitzes und Bildung abhängig gemacht. Dies blieb ein Kennzeichen des politische Programms des Liberalismus bis zum Beginn des zwanzigsten Jahrhunderts.

Die politische Macht muss weitgehenden Kontrollen durch Gewaltenteilung, Recht und parlamentarische Entscheidungsbefugnisse unterworfen werden und hat sich der Eingriffe in Wirtschaft und Gesellschaft weitgehend zu enthalten. Sie soll im wesentlichen der Garantie ungehinderter freivertraglicher Beziehungen zwischen den Bürgern in Wirtschaft und Gesellschaft dienen und diesen den freien Spielraum für den Wettbewerb ihrer Kräfte und die Entfaltung ihrer Handlungsfreiheit gewährleisten. Das liberale Ideal war der von der Gesellschaft wirksam kontrollierte, aber in die Gesellschaft nur *minimal* eingreifende Staat.

Gesellschaftsmodell

Die Lebensverhältnisse der Menschen, ihre Lebensentwürfe, ihr Verhältnis zueinander, ihre Lebensweise, wie Kant es ausdrückte, ihre Facon selig zu werden, also vor allem auch ihr Verhältnis zu den Traditionen ihrer Gesellschaft, müssen der freien Entscheidung der einzelnen Menschen selbst überlassen bleiben (Kant 1968). Die

Gesellschaft soll von staatlicher Regulierung, autoritärer Gängelung und weltanschaulicher Bevormundung frei, also ein Schauplatz der autonomen Selbstverantwortung und Betätigung der Bürger sein. Nicht der ererbte Status, sondern Leistung und Verdienst sollen Rang und Platz des einzelnem in der Gesellschaft regeln.

Kulturmodell

Die in der Aufklärung verwurzelte Forderung nach *Toleranz* gegenüber anders Denkenden, gegenüber verschiedenen Religionen und unterschiedlichen kulturellen Traditionen und gegenüber abweichenden Glaubensüberzeugungen waren das kulturelle Kernprogramm des Liberalismus. Die Vorherrschaft der Vernunft im persönlichen und öffentlichen Leben, das Vertrauen in die Wissenschaft und eine sich selbst aufklärende Öffentlichkeit sowie die Gewissheit, dass nur daraus Freiheit, Wohlstand und Fortschritt hervorgehen können, verlangten eine Kultur der Vielfalt, des Respekts vor individuellen, neuen Gedanken und Projekten.

Wirtschaftsmodell

Nach liberaler Auffassung wird den Grundwerten der Gleichheit und Freiheit nur eine Wirtschaftsverfassung gerecht, die die freie Verfügung des Individuums über sein privates Eigentum an Produktionsmitteln mit einem allein durch Vertragsfreiheit und Wettbewerb regulierten Markt verbindet. Der Markt galt als die „unsichtbare Hand" (*Adam Smith*),die die rein individualistisch motivierten Wirtschaftsaktionen der vielen Einzelnen letztlich zu einem harmonischen Ganzen verbindet, in dem gleichzeitig die individuelle Handlungsfreiheit garantiert, die gerechte Verteilung der Vorteile ermöglicht und der bestmögliche Fortschritt der Wohlfahrt der ganzen Gesellschaft gewährleistet sei. Der Staat hat lediglich das Eigentum und die Funktionsfähigkeit des Marktes zu garantieren, sich aber jeder Einmischung in das Wirtschaftsgeschehen selbst zu enthalten.

Die Epoche seit der Aufklärung in der Mitte des achtzehnten Jahrhunderts, über den Triumph der französischen Revolution 1789 bis in die erste Hälfte des neunzehnten Jahrhunderts war in Europa von der Vorherrschaft des liberalen Denkens und seiner Gegnerschaft gegen Feudalismus und Absolutismus geprägt.

Konservatismus

Aufklärungskritik

In einem idealtypischen Sinne kann der Konservatismus als Antwort auf erste Versuche der Verwirklichung des politischen Programms des Liberalismus in der französischen Revolution von 1789 gesehen werden und insbesondere auf die Befürchtungen, die deren gewaltsamen Exzesse im Namen von Vernunft und Tugend hervorbrachten. Im Verlaufe der auf Freiheit, Menschenrechte, Vernunft und öffentliche Tugend abzielenden politischen Umwälzung hatte sich die Politik der französischen Revolution erheblich radikalisiert und war schon am Beginn der neunziger Jahre des 18. Jh. in eine Phase des Tugendterrors übergetreten, in der einzelne Machtgruppen im Namen der Vernunftherrschaft begannen, die Freiheit aufs Neue umfassend einzuschränken und gegen vermeintliche und wirkliche Gegner ihres Revolutionsprogramms mit massenhaften Freiheitsentzug, drakonischen Strafen und Hinrichtungen vorzugehen.

Reden und Schriften des englischen Staatsmanns *Edmund Burke*, in denen diese Radikalisierung des französischen Revolutionsprogramms als logische Konsequenz des politischen Programms des Liberalismus gebrandmarkt wurden, gelten als Urkunde des selbstbewussten, argumentativ begründeten Konservatismus (Burke 1967). Die Hauptargumente, die während seiner weiteren Entwicklung dann die Grundpositionen des Konservatismus in der modernen Gesellschaft trotz seines erheblichen Wandels im Kern immer prägen sollten, lauten:

Gleichheitskritik

Der Versuch einer auf die Vernunft und den Gedanken der Gleichheit der Menschen gestützten Umwälzung der gesellschaftlichen und wirtschaftlichen Verhältnisse ist als solcher von Grund auf verfehlt und widerspricht dem Wesen der menschlichen Gesellschaft und des Menschen selbst. In den Traditionen, denen sich die jeweils gegenwärtigen Lebensverhältnisse verdanken, stecke mehr Weisheit angehäufter Erfahrung als es die abstrakte Vernunft der Aufklärung erfassen kann. Das Vertrauen in die Weisheit der Tradition und die in den überkommenen Institutionen angesammelten

Erfahrung kann darum Vorrang gegenüber den reinen Vernunft-konstruktionen der Aufklärung und des liberalen Politikentwurfs beanspruchen. Gesellschaften sind eine Art großer lebendiger Organismus, der sich nach seinen eigenen inneren Gesetzen langsam entwickeln und nicht durch äußere Eingriffe nach den abstrakten Regeln des Verstandes umgestaltet oder willkürlich neu geschaffen werden kann.

Das allmähliche *Wachstum* und das Verständnis der Beziehungen der einzelnen Teile des gesellschaftlichen Organismus zueinander müssen die Grundlage einer klugen Staatskunst sein. So wie in jedem lebendigen Organismus den verschiedenen Teile die ihnen für das Leben des Ganzen notwendige Teilfunktion zugeordnet sei, so sei auch das Oben und Unten in der Gesellschaft, die Arbeitsteilung zwischen einzelnen Funktionsbereichen und den die Gesellschaft leitenden Eliten durch das Wesen der menschlichen Gesellschaft und ihre Entwicklungsbedingungen selbst begründet. Nur die erfahrenen und klugen *Eliten*, die die gesellschaftlichen Funktionsbedingungen verstehen und durch ihr eigenes Herkommen, ihre Bildung und ihre Verantwortung eine ausreichende Fähigkeit entwickeln, sind zur Führung der Staatsgeschäfte berufen und nicht die Repräsentanten der Massen, die von den politischen Tagesstimmungen nach oben gespült werden.

Anthropologischer Pessimismus

Der Konservatismus misstraut dem anthropologischen Optimismus von Aufklärung und Liberalismus, demzufolge die Menschen alle auf gleiche Weise zur Selbstbestimmung und Verantwortung befähigt seien. Die Masse der Menschen folge viel eher kurzsichtigen und für die Gemeinschaft als Ganze abträglichen Impulsen und Neigungen und müsse darum durch starke Institutionen, intakte Traditionen und die autoritäre Vorrangstellung der Eliten im Zaume gehalten werden. Überzogene Gleichheitsvorstellungen zerstören nach dieser Auffassung mit dem gesamtgesellschaftlichen Wohl letzten Endes auch das Wohl der weniger befähigten Einzelnen, in deren vermeintlichen Interesse sie erhoben werden.

Hierarchien, langsame gesellschaftliche Entwicklung nach deren eigenen Gesetzen, Achtung vor Tradition und Autorität, Vorrang der Eliten in der Leitung der politischen und gesellschaftlichen Angelegenheiten und der Respekt vor den unterschiedlichen gesellschaftlichen Stellungen der verschiedenartigen Gruppen, dienen dem Wohl der ganzen Gesellschaft und sind allein mit ihrer gedeihlichen Entwicklung verträglich. Der Status quo, die bestehenden Verhältnisse, sind durch die bisherige Entwicklung legitimiert, Veränderungsabsichten sind ihnen gegenüber uneingeschränkt rechenschaftspflichtig.

Dilemma

Es liegt auf der Hand, dass diese Auffassung insbesondere dem Interesse der alten Eliten entsprach, die sich durch das Programm des politischen Liberalismus herausgefordert, entmachtet und entwertet sahen. Gleichwohl traf diese Vorstellungswelt ein über die Eliten hinausgehendes Interesse an Orientierung, Stabilität und berechenbarer, verantwortlicher Autorität und konnte somit zu einer politischen Grundströmung werden, die in vielen Teilen der Gesellschaft Unterstützung fand. Das „geschichtliche Dilemma" des Konservatismus (Greiffenhagen 1971) resultiert aus der inneren Logik dieser Strömung selbst. Immer wieder gerät sie in die Situation, in der Gegenwart einen Status quo als überlegene Wirklichkeit gegen Veränderungsabsichten zu verteidigen, dessen Herausbildung selbst sie in der Vergangenheit gerade bekämpft hatte. Konservatismus ist im Unterschied zum Liberalismus und auch zu den nachfolgenden politischen Strömungen, wie dem Sozialismus, eher ein *Prinzip des Umgangs mit Veränderungsbestrebungen* als ein Programm mit klaren institutionellen und strukturellen Mustern.

Abb. 19: Politische Ideen

Zeit/Situation	Ideen (Thema)

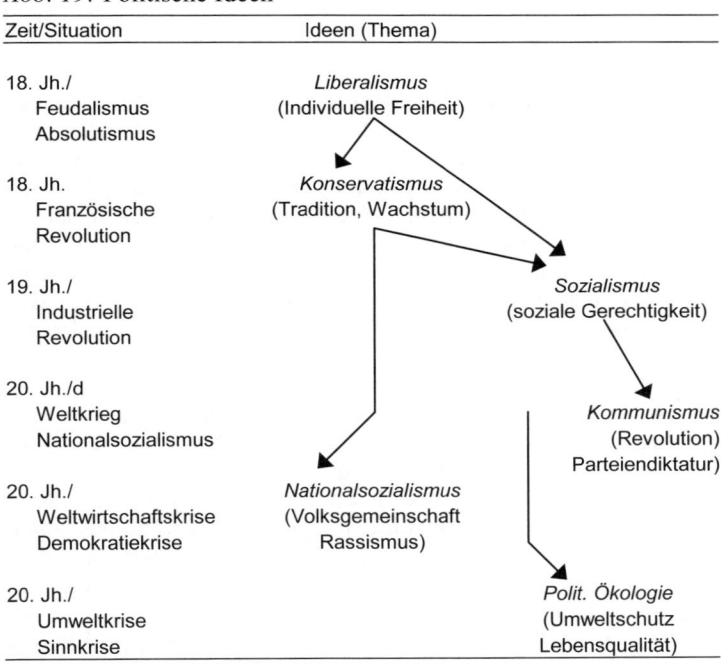

18. Jh./ Feudalismus Absolutismus	*Liberalismus* (Individuelle Freiheit)
18. Jh. Französische Revolution	*Konservatismus* (Tradition, Wachstum)
19. Jh./ Industrielle Revolution	*Sozialismus* (soziale Gerechtigkeit)
20. Jh./d Weltkrieg Nationalsozialismus	*Kommunismus* (Revolution) Parteiendiktatur)
20. Jh./ Weltwirtschaftskrise Demokratiekrise	*Nationalsozialismus* (Volksgemeinschaft Rassismus)
20. Jh./ Umweltkrise Sinnkrise	*Polit. Ökologie* (Umweltschutz Lebensqualität)

Eigene Darstellung

Im zwanzigsten Jahrhundert hat sich der Konservatismus in den
Demokratien Europas auch deren veränderten Handlungsbedingungen angepasst und vertritt nun in aller Regel seine Prinzipien
abgestimmt auf den von ihnen gesetzten politischen Rahmen. Aus
dem teilweise reaktionären Konservatismus in Deutschland im
neuzehnten und im ersten Drittel des zwanzigsten Jahrhunderts ist
nach 1945 eine demokratische politische Strömung geworden.

(Demokratischer) Sozialismus

Der Grundimpuls

Auch die sozialistische Grundströmung entstand als Reaktion auf Folgen der Verwirklichung des liberalen Programms. Seit den dreißiger Jahren des neunzehnten Jahrhunderts, als sich die Auswirkungen der *industriellen Revolution* in den meisten europäischen Ländern deutlich bemerkbar machten, wurden die ersten sozialistischen Gegenentwürfe wirksam. Angefangen von den sogenannten *Frühsozialisten* über die großen theoretischen Entwürfe von *Karl Marx* und *Friedrich Engels*, bis hin zum *Revisionismus* hat sich das Antlitz des Sozialismus in den unterschiedlichen Gesellschaften und in verschiedenen Zeitabschnitten der Entwicklung der *kapitalistischen* Wirtschaftsweise erheblich verändert (Meyer 1991).

Der in den Ursprüngen angelegte Identitätskern seiner Vorstellungswelt hat sich gleichwohl durch alle erheblichen Wandlungen hindurch bis in die Gegenwart erhalten. Aufgrund der eindrücklichen Erfahrungen des Massenelends, der Armut, der Ausbeutung und der Rechtlosigkeit der Eigentumslosen in einer allein vom freien Privateigentum an den Produktionsmitteln und dem freien Spiel der Marktkräfte beherrschten Wirtschaftsordnung gelangen die sozialistischen Denker und Politiker der Entstehungsphase in der ersten Hälfte des 19.Jahrhunderts zu ihren charakteristischen Schlussfolgerungen.

Die in der französischen Revolutionsparole zum Ausdruck gebrachten politischen *Prinzipien* des Liberalismus, Freiheit, Gleichheit, Brüderlichkeit bleiben als Grundwerte für die Neugestaltung von Wirtschaft, Staat und Gesellschaft gültig und wegweisend. Das ursprüngliche liberale Programm indessen ist nach Auffassung der Begründer der sozialistischen Idee ungeeignet, sie in der gesellschaftlichen Lebenswirklichkeit auch tatsächlich für alle Menschen, auch die schwachen und mittellosen, zu erfüllen. Zunächst muss die politische Gleichheit als Programm einer uneingeschränkten Demokratie verstanden und verwirklicht werden. Damit erst entsteht die Voraussetzung für die Gestaltung von Wirtschaft und Gesellschaft gemäß deren politischen Grundprinzipien. Da aber die politische Gleichheit für einen großen Teil der Gesellschaft keinen ausreichenden Schutz vor der Verletzung ihrer Menschenwürde, vor der willkürlichen Einschränkung ihrer Freiheit und vor größter gesellschaftlicher Ungleichheit bietet, solange die Verhältnisse in Wirtschaft und Gesellschaft sie immer aufs neue erzeugen, bedarf es deren grundlegender Neuordnung.

Eigentumskritik der Sozialisten

Uneingeschränktes Privateigentum an den Produktionsmitteln nur für eine kleine Gruppe führt notwendigerweise zur Verletzung der Freiheitsrechte und auch des Gleichheitsprinzips für viele. Darum müssen die wirtschaftlichen und gesellschaftlichen Entscheidungen, die das Schicksal vieler betreffen, in gesellschaftlicher Verantwortung gefällt werden. Nur auf diesem Wege kann sichergestellt werden, dass sie in Einklang mit Freiheit und Gleichheit gebracht werden. Das freie Spiel der Kräfte am Markt führt zur Entrechtung und Ausbeutung der Schwächsten, zu erheblichen gesellschaftlichen Ungerechtigkeiten und ebenso zu zyklisch wiederkehrenden Wirtschaftskrisen, in denen jeweils gesellschaftliche Produktivkräfte brachgelegt, Massenarbeitslosigkeit erzeugt und die Not der Schwächsten verstärkt wird.

Wegen der Funktionsschwächen des Marktes muss die Koordination der wirtschaftlichen Entscheidungen im Interesse und in der Verantwortung der ganzen Gesellschaft erfolgen. Indem in der sozialistischen Grundströmung die Forderung nach Gleichheit besonders ernst genommen wurde, ergab sich ein Programm der Vollendung der Demokratie, der *Demokratisierung auch der grundlegenden wirtschaftlicher Entscheidungsstrukturen* und einer *gesamtwirtschaftlichen Koordination* in gesellschaftlicher Verantwortung.

Vor dem Ersten Weltkrieg herrschte in großen Teilen der internationalen Sozialdemokratie, deren Parteien sich die sozialistische Idee zum Programm gemacht hatten, die Vorstellung vor, diesen Zielen sei am besten durch eine Sozialisierung der Produktionsmittel und einer Ersetzung des Marktes durch volkswirtschaftliche Planung gedient. Im Maße wie dann in der nachfolgenden Zeit Sozialdemokraten Regierungsverantwortung zu übernehmen hatten, aber ebenso im Maße wie die Folgen des kommunistischen Modells sichtbar wurden, wich die *starke Version* des Anfangs immer mehr einer schwächeren institutionellen Vorstellung von der Kontrolle des Privateigentums und der Regulierung des Marktes, so im Godesberger Programm der SPD von 1959.

Wandel im Wirtschaftsprogramm

Während die politischen Prinzipien selbst, also die Grundwerte der Programmatik der demokratischen Sozialisten, ebenso wie die unbedingte Verteidigung der Demokratie ihre ursprüngliche Bedeutung im Wesentlichen behielten, wurden die institutionellen Vorstellungen von Sozialisierung und Planung einem erheblichen Wandel unterzogen.

In der Zeit nach dem Zweiten Weltkrieg stand die weiterhin gültige Vorstellung einer Umwandlung der wirtschaftlichen und gesellschaftlichen Verhältnisse im überwiegenden Teil der Parteien des demokratischen Sozialismus unter dem Leitbild einer gemischten Wirtschaftsordnung, in der sozial kontrolliertes Privateigentum und gesellschaftliches Eigentum nebeneinander bestehen sollten. Den Märkten wird nunmehr eine wichtige Rolle wirtschaftlicher Koordinierung zugewiesen, aber unter dem Vorbehalt einer politischen Regulation der gesamtwirtschaftlichen Entwicklung.

Ein umfassender *Sozialstaat* dient dem Schutz der Würde der sozial und wirtschaftlich Schwachen auch in Situationen, in denen sie aus eigener Kraft ihre wirtschaftliche und soziale Existenz nicht sichern können. Der fortgeltende prinzipielle Anspruch einer Verbindung von rechtsstaatlicher Demokratie, politischer Makrosteuerung der Ökonomie und ausgebautem Sozialstaat findet in dem Programmbegriff einer *sozialen Demokratie* ihren Niederschlag, der in dieser Strömung an die Stelle des traditionellen Namens des demokratischen Sozialismus getreten ist (Meyer 1991: 124ff.).

Kommunismus

Abzweig vom demokratischen Sozialismus

Im Verlauf den Ersten Weltkrieges sonderte sich aus der sozialistischen Tradition die kommunistische Bewegung ab. Unter dem Einfluss vor allem des russischen Intellektuellen und Revolutionärs *Wladimir Iljitsch Lenin* (1870-1924) wurde das *marxistische Erbe* der sozialistischen Tradition von dieser Strömung in erheblichem Umfang neu interpretiert und auf die Bedürfnisse der politischen Revolution einer Minderheit in einem wirtschaftlich und politisch zurückgebliebenen Agrarland zugeschnitten. Die kommunistischen Ideen knüpften zwar an die Motive der sozialistischen Kapitalismuskritik und formell auch an einige ihrer Forderungen für die Neugestaltung von Wirtschaft, Staat und Gesellschaft an, überdehnten diese aber zu Konsequenzen, die in einem direkten und prinzipiellen Widerspruch zum Programm und zur Kultur des demokratischen Sozialismus stehen.

Legitimationsideologie

Grundlage für diese Verwandlung ist die Überspitzung und politische Instrumentalisierung der Marxschen Vorstellung von wirtschaftlich-politischen Grundgesetzen der geschichtlichen Entwicklung zu einem starren Schematismus, für den eine absolute Erkenntnis*gewissheit* in Anspruch genommen wird. Sozialismus und Kommunismus als unabwendbare Endziele der Geschichte rechtfertigen demzufolge die Revolutionäre, die über die wissenschaftliche Einsicht in die unbedingte Notwendigkeit des geschichtlichen Endziels verfügen, im Namen der Arbeiterklasse, die sie ihrem Anspruch nach vertreten und selbst im Namen der ganzen Menschheit, für deren wahre Interessen diese einsteht, mit diktatorischen Vollmachten alle Maßnahmen zu ergreifen, die dem großen Endziel dienen.

Aus dem Versprechen, dass alle gegenwärtigen Maßnahmen der Sicherung der Erreichung des historischen Endziels dienten, indem Freiheit und Gleichheit ohne Einschränkungen realisiert und jede Form von Zwang und Gewalt endgültig überwunden sein würden, wurde die gegenwärtige Diktatur legitimiert. „Wissenschaft" trat als Legitimationsmodell an die Stelle von Menschenrechten und Demokratie, aber vorgeblich nur, um beiden am Ende nur um so wirksamer zum Sieg zu führen.

Strukturmerkmale

Zum Programm, das aus der kommunistischen Ideologie für die gegenwärtige Epoche abgeleitet wird, gehören vor allem die Strukturmerkmale: uneingeschränkte *Diktatur der marxistisch-leninistischen Partei*, die allein aus ihrem geschichtsphilosophischen Gewissheitsansprüchen legitimiert war, *zentrale Planung und Lenkung* der Wirtschaft und aller anderen gesellschaftlichen Bereiche, *Verstaatlichung* der Produktionsmittel, Durchsetzung der marxistisch-leninistischen *Weltanschauung* als verbindlicher kultureller Orientierungen in allen Bereichen der Wissenschaft, des Bildungssystems, des öffentlichen Lebens und der Massenmedien.

Es hat zwar infolge der großen wirtschaftlichen Schwierigkeiten, in die kommunistische Systeme in der Praxis immer wieder gerieten, häufige Versuche der Kurskorrektur und der inneren Reform gegeben. Da diese aber an die Dogmen gebunden blieben, um nicht die Legitimation des ganzen Projekts infrage zu stellen, haben sie nie zu einer wesentlichen Korrektur an den genannten Strukturelementen führen können.

Wandel im Kommunismus

Die beschriebene klassische Variante der kommunistischen Idee ist im sogenannten *Euro-Kommunismus* zugunsten einer im wesentlichen am Modell des demokratischen Sozialismus orientierten Revision überwunden wurden. Demokratie und Menschenrechte sollten nun den verbindlichen Rahmen für die Umgestaltung des Wirtschaftssystem darstellen. In China wird seit dem Beginn der neunziger Jahre der Versuch gemacht, die kommunistische Ideologie als Legitimationsbasis für die politische Herrschaft einer Partei weiterhin zu nutzen, auf dem Gebiet der Organisation der Wirtschaft und ihrer Entwicklung indessen in erheblichem Maße Anleihen sowohl beim Liberalismus (Privatisierung von Staatsunternehmen, Marktsteuerung) wie auch beim demokratischen Sozialismus (Ansätze zum Sozialstaat, Rahmenplanung) zu machen. Auf diese Weise entsteht ein neues, spannungsreiches Projekt, dessen künftige Entwicklung und dessen Erfolge gegenwärtig noch nicht realistisch abzuschätzen sind.

Faschismus/Nationalsozialismus

Faschismus und Nationalsozialismus

Die Ideen von Nationalsozialismus und Faschismus bleiben durch beständige Versuche ihrer Neubelebung und „Modernisierung" in Parteien, Initiativen und Publikationsorganen des politischen Rechtsextremismus und Rechtspopulismus in den meisten europäischen

Ländern weit über die eigentliche historische Epoche ihrer Entstehung und Wirksamkeit hinaus von Belang. Der deutsche *Nationalsozialismus* und der italienische *Faschismus* gleichen sich weitgehend, unterscheiden sich jedoch darin bedeutsam, dass nur der Nationalsozialismus den Antisemitismus zum Vernichtungsprogramm des Holocaust, der Ermordung der Juden in Europa, radikalisierte.

Rassismus

Ausgehend von den offensichtlichen Schwierigkeiten der Demokratie und der liberalen politischen und gesellschaftlichen Verfassung, wie sie sich in den wirtschaftlichen und politischen Krisen Europas seit den zwanziger Jahren manifestierten, propagierten die Faschisten und Nationalsozialisten die Idee der *Volksgemeinschaft* als Lösung der Probleme moderner Politik. Die *ethnische Identität (Rasse)* als Fiktion einer biologisch geschaffenen kulturellen Identität des Volkes sollte eine Gemeinsamkeit der Interessen verbürgen, die von einem berufenen Führer zum Ausdruck gebracht und vollstreckt werden konnte. Auf diesem Wege sollte allen Interessengegensätzen, öffentlichen Kontroversen, Parteirivalitäten, sowie den Unsicherheiten des Pluralismus ein Ende gesetzt werden.

Führerprinzip

Es wurde postuliert, dass die einheitliche biologische Prägung eines Volkes als Rasse eine stabile Grundübereinstimmung der Interessen und gesellschaftlichen Verhältnisse der „Volksgenossen" zueinander verbürge. Die „Rassen" der Welt stünden in einem unbarmherzigen Überlebenskampf um Raum und Ressourcen. Alles „Volksfremde" müsse „ausgemerzt" werden, um die Voraussetzung einer solchen völkischen Harmonie zu gewährleisten. Nicht durch liberale Interessenvertretungen, öffentliche Diskurse und Mehrheitsentscheidungen, sondern durch die Übergabe der ganzen Macht an den charismatischen Führer, der das völkische Interesse am entschiedensten und reinsten zum Ausdruck bringe, sowie die schlagkräftige Organisation des gesamten Volkes als Gefolgschaft des Führers erschien als die geeignete politische Organisation für die Umsetzung dieser Idee in die gesellschaftliche Lebenspraxis.

Ein solcher antiliberaler, antidemokratischer und antipluralistischer Harmonismus auf der Basis der vermeintlichen Einheitlichkeit der Interessen und Werte aller Angehörigen derselben ideologisch konstruierten biologischen Grundeinheit (Volk, Rasse) führt innerhalb der Volksgemeinschaft zu einer schlichten politischen Organisationsform von Führer und Gefolgschaft. Im Verhältnis zu denen, die als Außenstehende definiert waren, oder sich der Volksgemeinschaft entziehen, führte sie jedoch zu einem radikalen Freund-Feind-Denken. Die „Fremden" wurden ihrer Rechte beraubt, entweder verschärfter Repression unterworfen oder wie die Juden für die organisierte Vernichtung vorbestimmt und planmäßig ermordet.

Totalitarismus

Totalitär ist der Nationalsozialismus darin, dass er die Gesamtheit der menschlichen Lebensbeziehungen nach den Vorgaben seiner Ideologie steuern und lenken will. Damit entrechtet er die Individuen weitgehend und erhebt den Anspruch der umfassenden politischer Intervention in alle gesellschaftlichen und privaten Lebensbereiche hinein.

Auch wenn Nationalsozialismus und Faschismus nach ihrer Niederlage im Zweiten Weltkrieg und der Brandmarkung ihrer Verbrechen gegen die Menschlichkeit vor dem Forum der Weltöffentlichkeit in ihren historischen Reinformen in der Gegenwart kaum noch Beachtung finden, haben einige ihrer Ideen in abgeschwächter, verdeckter oder „modernisierter" Form weiterhin erheblichen Einfluss.

Aktuelle Rolle

Neo-Faschismus und Rechtspopulismus zehren in unterschiedlichen Graden der Abschwächung, Variation und Oberflächenmodernisierung noch immer von der Substanz der alten Ideologie. Die Vorstellung, die Institutionen von Demokratie, Rechtsstaat, Pluralismus und Liberalität sowie die Anwesenheit von „Fremden" seien die Hauptursachen ungelöster wirtschaftlicher und politischer Probleme verbunden mit aggressiven Formen der Ausländerfeindlichkeit als vermeintlichen Voraussetzungen für die Rückgewinnung „harmonischer" gesellschaftlicher Verhältnisse. Die Bereitschaft, politische Gleichheit zugunsten von Führerschafts- und Gefolgschaftsmythen preiszugeben, die Hoffnung, durch Berufung auf

„ethnische Identität" Orientierung und Lebensgewissheit gegen die Relativierungen einer liberalen, pluralistischen Gesellschaft zurückzugewinnen und die offene oder verdeckte Propagierung der Ungleichwertigkeit der Völker und Kulturen – das alles sind Orientierungsmuster aus dem historischen Nachlass von Nationalsozialismus und Faschismus, die in den europäischen Demokratien immer wieder neu variiert und belebt werden.

Politische Ökologie

Industrialismus-Kritik

Alle bisher genannten politischen Ideen und Strömungen haben bis in die siebziger Jahre des zwanzigsten Jahrhunderts hinein trotz aller Gegensätze im Übrigen die Überzeugung geteilt, die beständige Ausweitung von technisch-wissenschaftlicher Naturbeherrschung und industrieller Groß-Produktion sei die unerlässliche Voraussetzung für alle übrigen wirtschaftlichen und politischen Ziele, die sie verfolgten.

Große Katastrophen in Chemiebetrieben und Atomkraftwerken, lebens- und gesundheitsgefährdende Verschmutzungen der ökologischen Systeme Luft, Wasser und Erde sowie Hochrechnungen, denen zufolge eine weitere Belastung dieser Systeme in der bis dahin praktizierten Weise deren Regenerationskraft bereits in absehbarer Zeit unwiederbringlich erschöpften, haben seit der *Mitte der siebziger Jahre* des zwanzigsten Jahrhunderts neue Ideen und neue soziale Bewegungen mit einer vorrangig ökologischen Orientierung zunächst vor allem in den Kernländern der europäischen Industriezivilisation, wie Deutschland, Frankreich, Belgien, Großbritannien, danach aber auch in den meisten anderen Ländern entstehen lassen.

Vorrang natürlicher Lebensgrundlagen

Kennzeichnend für das Denken der politischen Ökologie ist die Vorrangigkeit der Sicherung der natürlichen Lebensgrundlagen gegenüber allen kurzfristigen Interessen insbesondere aus den Bereichen der Industrie, des Kraftfahrzeugverkehrs und der persönlichen

Lebensführung (Amery 1976). Die Idee intakter Kreisläufe in den Ökosystemen sowie die damit verknüpfte Vorstellung einer nachhaltigen Entwicklung im Umgang mit der Natur und ihren begrenzten Ressourcen wurde ursprünglich in der Hauptsache von Angehörigen der jüngeren Generation und solcher gehobener kultureller und sozialer Berufe vertreten, die keine direkten Verbindungen mit dem Industriesektor aufwiesen. In abgeschwächter Form breiteten sich diese Ideen in kurzer Zeit weit über die ursprünglichen Trägergruppen hinaus aus (Brand/Büser/Rucht 1983).

In der Regel ist mit der ökologischen Idee vom Vorrang der natürlichen Lebenskreisläufe vor allen kurzfristigen Interessen an technischer Naturbeherrschung und Produktion auch die Vorstellung einer Neuorientierung der Entwicklung der menschlichen Zivilisation selbst verbunden. Der vorherrschende konsumistische Lebensstil soll den Zielen einer sinnerfüllten qualitativen Lebensweise weichen, die ohne exzessiven Materialverbrauch auskommt und dennoch ein erhöhtes Maß humaner Lebensbefriedigung mit sich bringt.

Basisdemokratie

Begründet werden die politischen Forderungen der ökologischen Grundströmung mit der Gleichwertigkeit der Interessen nachwachsender Generationen und denen der gegenwärtig Lebenden. Insoweit beruht die mit der ökologischen Idee verbundene Zukunftsethik auf einer Ausdehnung der klassischen Gleichheitsforderung in die Zukunftsdimension.

Da die ökologische Idee ursprünglich vor allem von selbstorganisierten Bürgerinitiativen gegen die großen Parteien und Organisationen durchgesetzt wurde, verbindet sie sich häufig, wenn auch nicht zwingend, mit der Forderung nach basisnäherer Organisierung der Demokratie entweder innerhalb der Parteien selbst oder im Verhältnis von Parteien und Organisationen einerseits und zivilgesellschaftlichen Politikformen andererseits.

Schwächung und Überlappung der Grundströmungen

Mehrere Stränge der Entwicklung in den demokratischen Dienstleistungsgesellschaften haben im letzten Drittel des zwanzigsten
Jahrhunderts zu einer deutlichen Schwächung der Orientierungs-
funktion der großen politischen Grundströmungen im politischen
Prozess und zu einer Verringerung der Bedeutung ihrer Konflikte
geführt. Dazu gehören die zunehmende gesellschaftliche *Indivi-
dualisierung*, die mäßigende Rolle der *Demokratie* und ihrer politischen Kultur, die erheblich angewachsenen *Komplexität von Gesellschaft und Wirtschaft* und die mit ihr verbundene Verringerung
der Gestaltungsspielräume für grundlegenden Wandel.

Vor allem nach dem Ende des Ost-West-Gegensatzes zwischen
der überwiegend rechtsstaatlich-demokratischen geprägten politischen Welt des Westens und der kommunistisch geprägten Welt
des Ostens hat das Spannungsverhältnis zwischen diesen Ideen und
Grundströmungen erheblich nachgelassen und ihre Orientie-
rungskraft wurde geschwächt. Es kommt hinzu, dass im geschichtlichen Prozess ihrer Wechselwirkungen im Rahmen des demokratischen Wettbewerbs diese politischen Ideen Einfluss aufeinander genommen haben und sich im Ergebnis in beträchtlichem Maße
überlappen.

Aktuelle Bedeutung

Dennoch lassen sich in der Wahrnehmungsweise gesellschaftlicher
Probleme und Konflikte, in den Grundlinien der Antworten auf die
politischen Herausforderungen und in der politischen Mentalität
von Individuen und Gruppen in den Demokratien noch immer die
Spuren dieser Grundmuster erkennen. Im Unterschied zur Zeit ihrer Anfänge verkörpern sich die politischen Grundströmungen aber
gegenwärtig nicht mehr unmittelbar in ihnen zugeordneten politischen Parteien, sondern haben, wenn auch in charakteristisch unterschiedlicher Gewichtung, Einfluss in unterschiedlichen Parteien.

So sind in der Bundesrepublik Deutschaland etwa die beiden
großen Volksparteien CDU und SPD sowohl von Liberalismus und
Konservatismus wie auch von Sozialismus und politischer Ökologie geprägt. Dabei sind die liberalen und konservativen Akzente bei
der CDU und die sozialistischen und ökologischen Akzente bei der

SPD deutlicher ausgeprägt, entsprechend der unterschiedlichen sozialen Verankerung beider Parteien in den gesellschaftlichen Gruppen, die diesen Ideen, bedingt durch ihre politischen Interessen, am nächsten stehen. Die Kenntnis ihrer Ursprungsmotive und Denkmuster trägt darum auch weiterhin zum Verständnis der Triebkräfte und Ziele politischer Akteure und der Dynamik politischer Prozesse bei.

Das resultiert auch daraus, dass neben spezifischen gesellschaftlichen Positionsinteressen und den Hoffnungen und Befürchtungen der jeweiligen geschichtlichen Konstellation ihrer Entstehung auch ein jeweils unterschiedliches spezifisches Verständnis der sozio-politischer Grundwerte in sie eingeflossen ist, das für die Wahrnehmung und Bearbeitungsweise politischer Probleme weiterhin von Bedeutung ist.

Kapitel 11
Politische Kultur

Begriff und Sachverhalt

Der Begriff *Politische Kultur* hat sich erst seit dem Ende der neun-
zehnhundertfünfziger Jahre in seinen entsprechenden Übersetzun-
gen im internationalen Sprachgebrauch eingebürgert (Berg-Schlosser 1972). Die Sache, um die es dabei geht, ist freilich viel älterer
Natur und die Beschäftigung mit ihr reicht zurück bis in die Antike. Politische Kultur ist ein für das Politische in all seinen Dimensionen hoch bedeutsamer *realer Sachverhalt*, der gleichwohl regelmäßig vernachlässigt wird, da er sich der direkten Beobachtung
weitgehend entzieht. Die Begründer des Forschungszweiges *Politische Kultur* in der Politikwissenschaft, *Gabriel Almond* und *Sidney
Verba,* haben zu Beginn der sechziger Jahre des zwanzigsten Jahrhunderts den Sachverhalt, um den es dabei geht, eindrücklich beschrieben: „Die Entwicklung eines stabilen und wirksamen demokratischen Regierungssystems hängt von mehr ab als nur den
Strukturen des Regierungssystems und des politischen Prozesses:
Sie hängt von den Orientierungen ab, die die Menschen im Hinblick auf den politischen Prozess haben – sie hängt von der politischen Kultur ab" (Almond/Verba 1963).
    Politische Kultur ist derjenige Teil der allgemeinen Kultur, der
sich direkt auf das Politische richtet, auf die Strukturen und Sachverhalte des Gemeinwesens, auf die Ziele politischen Handelns und auf
den politischen Prozess. Da auch die politische Kultur, wie die Kultur im Ganzen, aus der Gesamtheit der kollektiven Werte, Orientierungen, Einstellungen, Kommunikationsgewohnheiten und Sinn-
gebungen einer Gesellschaft besteht, wirkt sie in ausschlaggebender
Weise als *Motivationskraft* und als *Steuerungszentrum* auf das
menschliche Handeln, im Fall der politischen Kultur auf das politische Handeln ein. Sie bestimmt entscheidend, welche Legitimationsüberzeugungen in einem politischen Gemeinwesen real wirksam sind
und damit auch als Ressource politischer Macht zur Verfügung ste-

hen. Sie ist aber immer nur indirekt zu erschließen. Erst in der systematischen Interpretation von regelmäßigen Handlungsweisen, Symbolen und Ereignissen, Kommunikationsformen und Konflikten lässt sich die politische Kultur des jeweiligen Gemeinwesens erkennen.

Abb. 20: Ebenen politischer Kultur

Eigene Darstellung

Methoden und Status

Die politische Kulturforschung hat vor allem Instrumente der Umfrageforschung, der Tiefeninterviews und der statistischen Interpretation von Umfragedaten entwickelt, um die in einem Gemeinwesen tatsächlich wirksam werdende politische Kultur umfassend beschreiben und verstehen zu können. Das kennzeichnende Missverhältnis zwischen der häufig ausschlaggebenden Wirksamkeit der politischen Kultur für die Politik und ihrer weitgehenden Unsichtbarkeit im politischen Prozess trägt dazu bei, dass sie bei der Betrachtung politischer Geschehnisse oft über Gebühr vernachlässigt oder unterschätzt wird. Auf diese Weise kann nur ein höchst unvollständiges, wenn nicht gänzlich irreführendes Bild politischer Abläufe entstehen.

Politische Kultur in diesem Verständnis ist zunächst kein *normatives* Modell für das Verhalten, das von Politikern und Bürgern in einem bestimmten Gemeinwesen, etwa der Demokratie, erwartet wird. Sie ist vielmehr die Gesamtheit der *tatsächlich wirksamen* Orientierungen, Werte, Einstellungen und Gewohnheiten, die dem tatsächlichen Handeln der jeweiligen Kollektive Sinn und Richtung verleihen. Als reale Wirkungsmacht des Politischen spielt sie überall eine Rolle, wo Politik stattfindet, weil Politik sich ja stets im Handeln kulturell geprägter individueller und kollektiver Akteure realisiert. Ohne das Verständnis wenigstens der wichtigsten Merkmale der politischen Kultur der Akteure eines Gemeinwesens lässt sich dessen Politik daher nicht zureichend verstehen. Obgleich beispielsweise Sri Lanka die politischen Institutionen seiner vormaligen Kolonialmacht Großbritannien sehr weitgehend übernommen hat, haben die politischen Prozesse des Landes aufgrund seiner verschiedenen politischen Kultur einen ganz anders gearteten Charakter. Das Verständnis dieser Unterschiede erweist sich als Schlüssel zum Verständnis der Wirklichkeit der Politik.

Erfahrungen und Bezugsprobleme

Es ist kein Zufall, dass die politische Kulturforschung von zwei Anlässen ihren Ausgang nahm, in denen sich die Wirkungsmacht politischer Kultur der Betrachtung im Nachhinein förmlich aufzwingt. Der eine Anlass war der Zusammenbruch der *Weimarer Demokratie* und die Machtergreifung des Nationalsozialismus in Deutschland, die sich ereigneten, obgleich die Weimarer Demokratie über eine durchaus funktionsfähige Verfassung verfügte und ein durchaus funktionsfähiges politisches Institutionen-System ausgebildet hatte.

Der andere Anlass bestand aus Erfahrungen beim Versuch, europäische Verfassungen im Zuge des Prozesses der Entkolonialisierung in Länder der *Dritten Welt* zu übertragen, um diese nach dem Vorbild der ehemaligen kolonialen Mächte in politische Demokratien zu überführen.

In vielen Ländern der Dritten Welt war schon wenige Jahre nach der erfolgten Unabhängigkeit zu beobachten, dass dieselben politischen Institutionen, die in ihren kolonialen Herkunftsländern über Jahrzehnte oder gar Jahrhunderte hinweg ihrem Funktionszweck entsprechend angemessen und wirksam funktioniert hatten, in der veränderten Umwelt, in die sie verpflanzt worden waren, völlig andere Prozesse und Ergebnisse hervorbrachten, die nicht selten ihrem eigentlichen Funktionssinn vollständig widersprachen. In vielen Ländern Afrikas und Asiens wurden die neuen Institutionen in der Hauptsache genutzt, um Formen der Entscheidungsfindung, der politischen Mobilisierung, des politischen Handelns, des Tauschgeschäftes zwischen Führung und Gefolgschaften zu praktizieren, die zwar in den kulturellen Traditionen des jeweiligen Landes tief verwurzelt waren, deren Abläufe und Zwecke den neu eingeführten Institutionen des politischen Systems indessen zuwiderliefen.

Infolgedessen gerieten in diesen Ländern die demokratischen Institutionen alsbald in Bedrängnis. Im Falle des Zusammenbruchs der Demokratie der Weimarer Republik erwiesen sich demokratiefremde Einstellungen, Bewertungen und Handlungsmuster, die seit dem Kaiserreich die politischen Traditionen in Deutschland geprägt hatten, in einer Situation der Krise als mächtiger denn die demokratischen Institutionen der geltenden Verfassung. Die Demokratie musste unter dem Beifall eines sehr großen Teils der Gesellschaft ihren Platz für die totalitäre Diktatur des Nationalsozialismus räumen.

Civic Culture

Diese Erfahrungen lösten die wissenschaftliche Forschung über politische Kultur aus. Sie war seit der ersten großangelegten Studie *The Civic Culture* (*Almond/Verba 1963*) der systematischen Erforschung den kulturellen Verhaltensfaktoren gewidmet, die Einfluss auf das politische Handeln nehmen. Bei der politischen Kultur handelt es sich um *kollektive* Eigenschaften, die von einer ganzen Gesellschaft oder größeren Teilgruppen innerhalb dieser Gesellschaft, wie Eliten, Milieus, regionalen Bezugsgruppen, sozialen Klassen, ethnischen Gruppen, Altersgruppen jeweils geteilt werden. Da diese kollektiven Eigenschaften das Verhalten der jeweiligen Gruppen umfassend prägen, wird politische Kultur auch in allen Dimensionen von Politik wirksam.

Wertmuster wie Gleichheit oder Ungleichheit, Individualismus oder Kollektivismus, soziales Vertrauen oder Misstrauen, Sicherheitsverlangen oder Unsicherheitstoleranz, Kurz-oder Langfrist-orientierung, die in einer gegebenen Kultur tief verankert sind und über lange Zeitperioden hinweg genährt und tradiert werden, verschaffen sich im politischen Leben Geltung (Meyer 2002). Sie entscheiden darüber, welche Verfassung des Gemeinwesens als legitim erachtet wird, so dass der Einzelne aus eigener Überzeugung dem Gemeinwesen gegenüber loyal ist und an seinen Prozessen aktiv mitwirkt. Die Einschätzung individueller und kollektiver Rechte, die Stellung zur Macht, Handlungsgewohnheiten, Kommunikationsverhalten der Menschen untereinander, die Einschätzung von Eliten und Autoritäten entscheiden in ausschlaggebendem Maße darüber mit, welcher Ablauf politischer Prozesse als legitim und unterstützungswürdig empfunden wird und wie sich die individuellen und kollektiven Akteure in diesen Prozessen verhalten.

In diesem Sinne füllt die politische Kultur die Institutionen des Gemeinwesens mit Leben, bestimmt über Bedeutung und Akzeptanz von Problemen und Problemlösungen und verleiht dem politischen Prozess jeweils seinen spezifischen Charakter. Sie bedingt die anerkannten Regeln für seine Abläufe und das Verhalten seiner Akteure über das hinaus, was in den Institutionen und Gesetzen des jeweiligen Gemeinwesens dazu festgelegt werden kann. Sie prägt die Art und Weise *wie* von den Institutionen Gebrauch gemacht wird.

Für das Verständnis der Struktur, der Variationsmöglichkeiten, der Wirkungsweise und der Entwicklung politischer Kulturen sind die Grundbegriffe und die empirischen Forschungsergebnisse von Almond/Verba noch immer informativ, auch wenn die Erforschung der politischen Kultur seither einen weiten Weg zurückgelegt hat.

Abb. 21: Elemente politischer Kultur

3 Dimensionen:	kognitiv		
		affektiv	
			evaluativ
3 Ebenen:	Polity-Kultur		
		Policy-Kultur	
			Politics-Kultur
3 Typen:	Parochial		
		Subjekt (Untertan)	
			Partizipativ

Eigene Darstellung

195

Dimensionen

Politische Kultur ist immer *mehr-dimensional.* Sie umfasst *zum einen* den Bereich der *subjektiven Orientierungen*, die in einem politischen Gemeinwesen im Ganzen und in seinen Teilkollektiven vorherrschen, aber auch sichtbare *Manifestationen* des politisch bezogenen Handelns in diesem Gemeinwesen wie Fest- und Feiertage, Fahnen und Ornamente, Rituale und Rollen, Bauwerke und Zeremonien. Sie umfasst *zweitens* nicht nur das *Wissen*, das die Handelnden im Hinblick auf das Politische zu ihrer Verfügung haben, sondern auch *gefühlsmäßige* Einstellungen zu politischen Sachverhalten und Personen, und ebenso ihre *Wertüberzeugungen* und Urteile über die verschiedenen Elemente ihrer politischen Welt.

Die Kenntnis der Institutionen des jeweiligen Gemeinwesens und ihrer Wirkungsweise gehört ebenso zur politischen Kultur wie die grundlegenden Urteile, zu denen die Bürger im Hinblick auf sie gelangen und die ihr Handeln bestimmen. Um die Komplexität des ganzen politischen Lebens, zu dem die Bürger Orientierungen ausbilden, überschaubar zu machen, haben *Almond/ Verba vier* grundlegende Bereiche unterschieden, auf die sich die politischen Orientierungen beziehen können: Das *politische System* als Ganzes, die *Input-Seite*, die *Output-Seite* und das *Selbst* der Personen. Da sich diese beiden Pioniere der politischen Kulturforschung auf die subjektive Handlungsseite der politischen Kultur beschränkten, haben sie 1959/60 mit der Methode differenzierter Fragebögen und zusätzlicher Interviews die Charakteristika und die Unterschiede in den politischen Kulturen von fünf Ländern erkundet: *USA, Großbritannien, Mexiko, Italien und Deutschland.*

Grundlagenforschung

Diese fünf Länder waren mit Bedacht gewählt, um durch Kontrastbildung möglichst informative Ergebnisse zu gewinnen. Bei Deutschland und Italien handelt es sich um zwei Länder, in denen das Institutionensystem der Demokratie nach kurzer Zeit zusammengebrochen war und einem totalitären politischen System weichen musste. Offenbar hatten die demokratischen Institutionen keine ausreichende Entsprechung und Unterstützung in den Orientie-

196

rungen der Mehrheit der Bürgerinnen und Bürger gefunden, also in der politischen Kultur des Gemeinwesens. Die USA und Großbritannien gelten als die beiden stabilsten großen Demokratien der Neuzeit, in denen es auch durch ähnlich schwere Wirtschaftskrisen, wie sie die kontinental europäischen Länder erfahren hatten, nie zu einer Infragestellung der demokratischen Institutionen gekommen war. Mexiko schließlich ist ein Land der Dritten Welt mit einer großen kulturellen Tradition, die sich von der der Industriegesellschaften erheblich unterscheidet. Das Land verfügte aber seit der Revolution von 1905 über demokratische Institutionen.

Durch diese Unterschiede in der Geschichte, in der historischen Stabilität oder Gefährdung demokratischer Institutionen sowie im Entwicklungsstand der in den Vergleich einbezogenen Länder waren Aufschlüsse über unterschiedliche Typen politischer Kultur sowie Hinweise auf deren Ursachen und Wirkungen zu erwarten.

Typen politischer Kultur

Die groß angelegte empirische Untersuchung ergab eine Unterscheidung in *drei Grundtypen* politischer Kultur und *drei Varianten* von Mischtypen zwischen ihnen. Diese Typen kennzeichnen jeweils die Orientierungen großer Kollektive in den verglichenen Ländern oder Tendenzen im Gesamtkollektiv ihrer Einwohner.

(1) Die parochiale politische Kultur
(parochial politcal culture)

Sie ist vor allem dadurch gekennzeichnet, dass die Menschen, die von ihr geprägt sind, über keine ausreichende Informationen zum politischen Leben ihres Gemeinwesens verfügen, weder über die Strukturen und Arbeitsweisen ihres politischen Systems noch über die Vorgänge der Einflussnahme auf politische Entscheidungen, noch darüber, wie politische Entscheidungen zustande kommen. Sie haben auch keine Vorstellung davon, dass sie selbst Subjekt des politischen Lebens, der politischen Einflussnahme und der politischen Entscheidung sein können.

Historisch gesehen entspricht eine solche politische Kultur frühen Stammesgesellschaften, in denen es tatsächlich noch keine spezialisierten politischen Institutionen gibt, so dass die Führungs-

rollen der Häuptlinge, Stammesältesten, Schamanen oder Medizin-
männer noch Dimensionen wirtschaftlichen, religiösen und politischen Handelns integrieren. Von *parochialer* politischer Kultur
geprägte Individuen erwarten nichts von ihrem politischen Gemeinwesen, haben auch keine Vorstellungen darüber, wie es funktioniert und wie sie selbst auf es einwirken könnten. In Gesellschaften, in denen ein differenziertes politisches Institutionen-System schon ausgebildet ist, besteht parochiale politische Kultur weniger in reiner Unkenntnis als vielmehr in der gefühlsmäßigen Ab-
lehnung oder Abwertung von Politik in all ihren Dimensionen.

Vor allem in Teilen Italiens und Mexikos fanden die Wissenschaftler eine große Anzahl von Menschen, die von einer solchen
politischen Kultur geprägt waren, obgleich sie schon länger in einer
Demokratie mit ausgeprägten Chancen der politischen Einflussnahme und Erwartungen an die Rolle ihrer Staatsbürger lebten.

(2) Die politische Untertanenkultur (subject political culture)

Ihr Kennzeichen ist die überwiegende Orientierung der Menschen,
die zu ihr gehören, einerseits am großen politischen System als Ganzes und andererseits an den verbindlichen Regelungen die es hervorbringt (*output*), aber nicht an den Prozessen und Möglichkeiten der
Einflussnahme auf seine Entscheidungen und auch nicht an ihrer eigenen Rolle als politisch Handelnde. Diese Menschen sind sich der
Strukturen und Arbeitsweisen des Regierungssystems bewusst, sie
identifizieren sich affektiv mit ihrer Regierung oder lehnen sie ge-
fühlsmäßig ab, sie beurteilen und bewerten sie und ihr Handeln, aber
sie nehmen im Ganzen gesehen eine passive Haltung ein und weisen
eine höchst begrenzte staatsbürgerliche Kompetenz auf.

Abb. 22: Dimensionen politischer Kultur

	1. System als Objekt	2. Input Objekte	3. Output Objekte	4. Selbst als Objekt
Wissen				
Affekte				
Wertungen				

Quelle: Almond/Verba: The Civic Culture 1963

Eine solche reine Untertanenkultur gehört historisch in die Epoche, in der es im politischen System noch keine entwickelte Teilhabemöglichkeit für die Bürger gab, aber das politische Institutionensystem schon klar und wirkungsvoll ausgeprägt war. Einem „obrigkeitsstaatlichen" Regierungssystem entspricht diese politische Kultur daher genau. In den entwickelten demokratischen Regierungssystemen beschränkt sich die Reduzierung der politischen Orientierung der Menschen auf das System im Ganzen und die Output-Seite allein auf die gefühlsmäßigen und bewertenden Haltungen, während Information und Kenntnisse durchaus umfassend und vollständig sein können. Dieser Typ einer Untertanenkultur, der allein an den Ergebnissen der politischen Entscheidung und nicht an der Mitwirkung an ihnen interessiert ist, hat lange Zeit die deutsche politische Kultur geprägt. Er hatte in Deutschland seit dem Kaiserreich seine kontinuierlichen Wirkungen bis ins zweite Jahrzehnt der Bundesrepublik hinein.

(3) Politische Teilhabekultur (participant political culture)

Dieser Typ politischer Kultur beschreibt die Einstellungen von Menschen, die gleichermaßen über alle vier Bereiche der politischen Welt, das System als Ganzes, die Input-Seite, die Output-Seite und das Selbst informiert sind und ihnen gegenüber gefühlsmäßige Einstellungen und wertende Urteile entwickeln. Die von ihr geprägten Menschen neigen zu einer aktiven Teilnahme am politischen Gemeinschaftsleben. Sie sind Staatsbürger, die sich über die Gesamtheit des politischen Prozesses und Systems informieren, am politischen Prozess teilnehmen und eine aktive Rolle für sich selbst in Anspruch nehmen.

Abb. 23: Typen politischer Kultur

	System als ganzes	Input Objekte	Output Objekte	Selbst als Teilhaber
Parochial (parochial)	0	0	0	0
Untertanen (Subject)	1	0	1	0
Teilhabe (Participant) Kultur	1	1	1	1

Quelle: Almond/Verba: The Civil Culture 1963

Politische Kultur und politisches System

Aufgrund ihrer Befragungsdaten kamen die Autoren der Studie zu einer Reihe weiterer Beschreibungen und Deutungen der Entwicklung politischer Kulturen. Wenig überraschend war in dieser Zeit zunächst das Hauptergebnis, wonach die politische Kultur in den beiden untersuchten angelsächsischen Ländern ganz überwiegend vom Typus der partizipativen Kultur geprägt war, in Deutschland und Italien der Typus der Untertanenkultur vorherrschte und in den weniger entwickelten Teilen Italiens sowie Mexikos der Typus der parochialen politischen Kultur in erheblichem Maße auftrat. Gezeigt werden konnte auf diese Weise auch, dass offensichtlich die stark vom Untertanentypus geprägten politischen Kulturen Italiens und Deutschlands, die in den zwanziger und dreißiger Jahren zum Zusammenbruch der demokratischen Institutionensysteme in beiden Ländern beigetragen hatten, den Wechsel unterschiedlicher politischer Systeme überdauert und sogar eine längere Frühphase der neu gegründeten Demokratie in beiden Ländern weitgehend unverändert überlebt hatten.

Die politische Kultur Deutschlands, die mit ihrer Prägung durch Obrigkeitsorientierung, Untertanengeist, Konfliktscheu, Harmonismus und Verachtung für die Institutionen und Prozeduren der Demokratie im neunzehnt Jahrhundert als Mehrheitskultur entstanden und im Kaiserreich gefestigt worden war, hatte, ohne sich im Kern zu verändern, den Wechsel von vier verschiedenen, in ihrem Anspruch teilweise einander entgegengesetzten politischen Systemen überdauert (Reichel 1981). Nach dem *halb-feudalistischen* politischen System des Kaiserreiches, dem sie ihrem Anspruch und ihrer Wirkungsweise nach entsprochen hatte, überdauerte sie die Weimarer *Demokratie*, an deren frühem Ende sie maßgeblich beteiligt war, überlebte den *Nationalsozialismus*, mit dem sie in vielen Punkten eine Wahlverwandtschaft verband und behauptete sich auch noch in den ersten Jahrzehnten der *neuen Demokratie* der Bundesrepublik, trotz intensiver Anstrengungen zum Aufbau einer politischen Kultur, die der Demokratie entsprach. Einige ihrer Elemente, wie die Sehnsucht nach Harmonie im Verhältnis der politischen Parteien zueinander, sind noch immer erkennbar.

Die Autoren der Studie entdeckten eine kennzeichnende Ungleichzeitigkeit der Entwicklung der politischen Kultur in ein und demselben politischen Gemeinwesen. Das gilt in einem zweifachen

Sinne. Zum einen ersetzt eine historisch nachfolgende politische Kultur nicht einfach die alte in vollem Umfang. Für längere Zeit überlagern sich die ältere und die neuere politische Kultur vielmehr und gehen je nach den Traditionen des Landes und seiner wirtschaftlichen, politischen und gesellschaftlichen Entwicklungen unterschiedliche Formen der Verknüpfung und der Kombination ein. In allen untersuchten Kulturen fanden sich deutliche Spuren aller drei der beschriebenen reinen Typen, aber in unterschiedlicher Mischung und in unterschiedlichem Umfang. Zum anderen werden verschiedene Teilkollektive derselben Gesellschaft je nach historischer Situation, Bildungsgrad, Stellung im sozial-ökonomischen System und Tradition ihrer Gruppe in unterschiedlichem Umfang von den verschiedenartigen Typen politischer Kultur geprägt und unterschieden sich damit zum Teil erheblich. Alle Gesellschaften sind in Hinsicht auf ihre politische Kultur in sich uneinheitlich, aber doch von einigen übergreifenden charakteristischen Merkmalen geprägt.

Der Idealtypus

Almond und *Verba* gelangten aufgrund der tatsächlichen Mischungsverhältnisse zwischen den Typen in den beiden angelsächsischen politischen Kulturen zu der Überzeugung, dass eine spezifische Kombination von Elementen der Untertanenkulturen und der partizipativen Kultur die beste Gewähr für diejenige staatsbürgerliche Orientierung und Handlungsbereitschaft ist, die die Stabilität der Demokratie sichern. Die Menschen, die von dieser staatsbürgerlichen Misch-Kultur *(civic culture)* geprägt sind, interessieren sich gleichermaßen für den Output und den Input ihres politischen Systems und sie nehmen für sich selbst eine aktive politische Rolle in Anspruch, die sie informiert und selbstbewusst ausfüllen. Aber sie akzeptieren auch die Rolle des loyalen Staatsbürgers gegenüber den tatsächlich getroffenen politischen Entscheidungen und sie bewahren sich eine gefühlsmäßige Identifikation mit der Gemeinschaft, in der sie leben. In diesem Sinne regulieren die Loyalitätswerte der parochialen und der Untertanenkultur die Art und Weise, wie sie ihre aktive Staatsbürgerrolle sehen und wahrnehmen. Eine solche *balancierte* politische Kultur verbindet politischen Aktivismus, politisches Interesse und rationales Urteil mit einem gewissen Maß an Passivität sowie einer Verpflichtung gegenüber ursprünglichen Gemeinschaftswerten.

Die höchst interessanten Ergebnisse dieser Studie gaben wichtige Hinweise für die nachfolgende Erforschung der politischen Kultur in vielen Gesellschaften der Welt. Als besonders informativ erwiesen sich stets Vergleiche, weil sie auch Hinweise auf die Entstehungsursachen und die Bedingungen des Wandels politischer Kultur enthalten. Das einzelne Individuum wächst auf dem Wege der politischen Sozialisation in die politische Kultur seiner Gesellschaft hinein. So wie sich die politische Kultur großer Kollektive durch Erfahrungen und die überzeugende Deutung dieser Erfahrungen verändern und weiterentwickeln, so kann sich auch der einzelne im Verlaufe seines Sozialisierungsprozesses und in seinem späteren Leben durch seine eigenen Erfahrungen distanziert und differenziert zu der Kultur verhalten, in der er sich vorfindet. Er bleibt letztlich freilich immer von ihr in einem gewissen Maße geprägt.

Politische Kultur in Deutschland

Untersuchungen zur politischen Kultur der Bundesrepublik in den siebziger und achtziger Jahren haben belegt, dass die Erfahrung mit einer gut funktionierenden Demokratie, die als politische Rahmen für wachsenden wirtschaftlichen Wohlstand und soziale Sicherheit gewirkt hat, das Erbe der obrigkeitsstaatlichen politischen Kultur Deutschlands weitgehend zu überwinden half (Reichel 1981, Bergschlosser/Rytlewski 1993). Dazu trug auch die antiautoritäre Studentenrevolte der sechziger Jahre bei, die in neuen respektlosen Formen des politischen Protestes mit den Autoritäten der alten Gesellschaft brach. In die gleiche Richtung wirkte auch der Wertwandel, der in den Wohlstandsgesellschaften der Nachkriegszeit überall auf der Welt neue, auf aktive Selbstbestimmung bezogene Werte („Postmaterialismus") an die Stelle der alten auf Sicherheit, Berufskarriere, Erwerbsarbeit und Anerkennung nach den Regeln der alten Gesellschaft gestützte Werte („Materialismus") treten ließ (Inglehart 1989).

In der Gegenwart findet sich in der Bundesrepublik Deutschland wie in den meisten anderen Gesellschaften eine hochgradige *innere* Differenzierung der politischen Kultur. Sie folgt neuen Mustern und setzt neue Maßstäbe für das politische Handeln der Staatsbürger selbst und ebenso für die Parteien und politischen Eliten. Sie bedingt, welche Themen sich auf der politischen Tagesordnung der Gegenwart behaupten können und welche Stile politischen Handelns und politischer Kommunikation Aussicht auf Erfolg haben.

Innere Differenzierung

Eine in den modernen Gesellschaften der Gegenwart für alle Bereiche politischen Handelns bedeutsame Entwicklung, bei der sich politische Ästhetik und politische Kultur überlagern und in einer für die modernen Gesellschaften kennzeichnenden Weise verbinden, ist die innere Aufgliederung der Gesellschaft in unterschiedliche *sozial-ästhetische Milieus*. Für die Bundesrepublik unterscheiden die sozialwissenschaftlichen Forschungsinstitute *Sigma*, Mannheim, und *Sinus*, Heidelberg, beispielhaft zehn solcher Milieus[1]. Sie sind vor allem dadurch gekennzeichnet und voneinander unterschieden, dass sich ihre Mitglieder in höchst unterschiedlicher Weise in ihrem Alltagsleben, in der Arbeitswelt und in ihrem öffentlichen Handeln orientieren(Flaig/Meyer/Ueltzhöffer 1993).

Die Zugehörigkeit zu einem dieser Milieus bemisst sich nicht an Idealen und auch nicht in erster Linie an den sozio-demografischen Merkmalen der Schichtenzugehörigkeit wie Bildungsabschluss, Beruf, Höhe des Einkommens und Alter. Solche Merkmale wurden bis in die achtziger Jahre von der politikwissenschaftlichen Forschung als Hauptkriterien für die Unterscheidung politischer Einstellungen und politischen Verhaltens herangezogen. Sie erweisen sich in den individualisierten modernen Dienstleistungsgesellschaften jedoch als wenig aussagekräftig. Sehr viel genauer lässt sich die politische Kultur der unterschiedlichen gesellschaftlichen

---

1   Die beiden genannten Institute differenzieren die Milieus von Zeit zu Zeit, je nach der tatsächlichen Entwicklung, weiter aus und akzentuieren die Milieunamen neu. Da sich der im vorliegenden Kapitel behandelte Grundsachverhalt selbst dadurch nicht verändert, beziehe ich mich im Text weiterhin auf die hier präsentierte „klassische" Form des Milieumodells.

Großgruppen anhand des Milieu-Modells beschreiben, denn es basiert auf einer gründlichen erfahrungswissenschaftlichen Erkundung der tatsächlichen Einstellungen, Werte, Handlungsorientierungen und Präferenzen, denen die Menschen in ihrer alltäglichen Lebenspraxis wirklich folgen. Milieus kennzeichnen also große Gruppen von Menschen mit einer ähnlichen Lebensauffassung und Lebensweise, die auch die grundlegenden Einstellungen zur politischen Welt einbezieht.

Abb. 24: Soziale Milieus in Deutschland

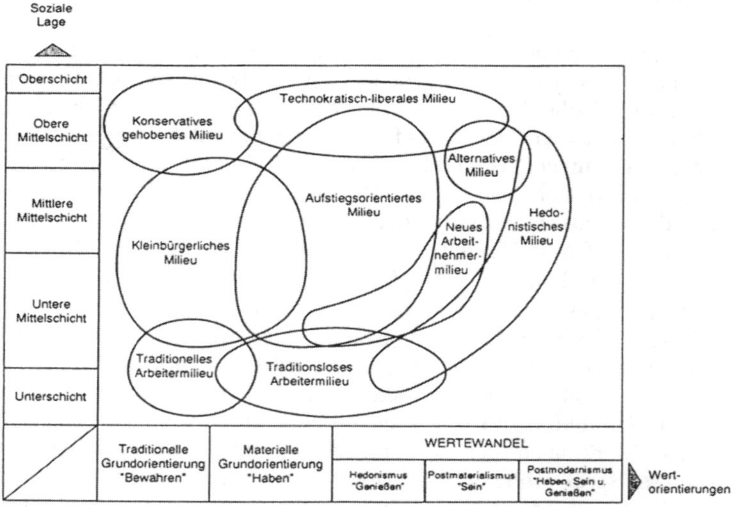

Quelle: Sigma – Sozialwissenschaftliches Institut für Gegenwartsfragen Mannheim

Dimensionen der Differenzierung

Die Gemeinsamkeiten und Unterschiede, um die es dabei geht, beziehen sich u.a. auf die Lebensziele, die Einstellung zur Arbeit und Leistung, zur Familie und Partnerschaft, das Freizeit- und Kommunikationsverhalten, die Wunsch- und Leitbilder, den Lebensstil, die ästhetischen Grundbedürfnisse (Alltagsästhetik), die Stilwelten und vor allem das politische Interesse und Engagement, die Systemzufriedenheit sowie die Wahrnehmung und Verarbeitung gesellschaftlicher Probleme wie technologischer Wandel, Umwelt, Sicherheit, Wirtschafts- und Sozialpolitik.

Die in repräsentativen Erhebungen für die unterschiedlichen Milieus festgestellten Merkmale politischer Kultur fördern daher sehr wirklichkeitsnahe Daten über die tatsächlichen politischen Verhaltensorientierungen, die in einer Gesellschaft wirksam sind, zutage. Die Einstellungen der unterschiedlichen Milieus zu den Lebenszielen, zu Arbeit und Leistung, zur Familie und Partnerschaft, zu den Grundwerten der Politik entscheiden auf der einen Seite darüber, welcher der politischen Parteien sie ihre Unterstützung geben und auf der anderen Seite auch darüber, welche Politiken, Symbole, Kommunikationsstile und Grundwerteinterpretationen die Parteien der Öffentlichkeit anbieten, um eine möglichst große Unterstützung zu gewinnen. Die Einstellungen der Milieus zu den wünschenswerten Formen des politischen Engagements, zur politischen Kommunikation, ihre Vorstellungen von den Formen der Politik und von politischer Führung entscheiden darüber, welche Kommunikationsangebote von ihnen akzeptiert und unterstützt werden und darum auch wieder über die Angebote der Parteien und anderen Akteure in diesen Bereichen. Oder, falls die geeigneten Angebote ausbleiben, über das Ausmaß an politischer Entfremdung in einer Gesellschaft.

Die Grundfunktionen politischer Kultur als Steuerungsleistung für den Entwurf und die Realisierung einzelner Politiken (*policy*), für den politischen Prozess (*politics*), für das Kräfteverhältnis und die Chancen konkurrierender politischer Parteien, für die Art und die Verteilung unterschiedlicher Möglichkeiten des politischen Engagements in einer Gesellschaft und vor allem auch für die politische Dynamik im Ganzen werden in der Gegenwartsgesellschaft zunehmend durch die Gemeinsamkeiten und Unterschiede der sozialen Milieus geprägt. Auf der Basis eines Kernbereichs überlappender Grundwerte und Orientierungen wie sie beispielhaft in den Staatszielen und Legitimationsverfahren der Verfassung beschrieben sind, differenziert sich die Lebenskultur und damit auch die politische Kultur der gesellschaftlichen Großgruppen in zunehmendem Maße *innerhalb* der modernen Gesellschaften aus.

Milieu-Kulturen

Die *konservativ geprägten Milieus* (traditionelles Arbeitermilieu, kleinbürgerliches Milieu, konservativ technokratisches Milieu) sind an den Grundwerten des Bewahrens und des Habens orientiert und entsprechend an einer Politik des Wirtschaftswachstums und des unbehinderten wissenschaftlichen-technischen Fortschritts. Sie sind überwiegend, obwohl sie untereinander im Hinblick auf die Unterstützung politischer Parteien weit voneinander abweichen, doch an den traditionellen Politikmodellen orientiert, in denen die Rolle großer Parteien und Organisationen sowie der Vorrang der Eliten bestimmend sind.

Die von der Grundorientierung des *Verbrauchens und des Genießens* geprägten Milieus (traditionsloses Arbeitermilieu, aufstiegsorientiertes Milieu, modernes bürgerliches Milieu, modernes Arbeitnehmermilieu, hedonistisches Milieu) orientieren sich in allen zentralen Lebensbereichen an diesen Grundorientierungen. Sie beurteilen die Programmangebote der politischen Parteien in deren Lichte und sind kaum geneigt, in großen anonymen Organisationen Langzeitpflichten zu übernehmen und sich in deren Disziplin einzufügen. Sie sind darüber hinaus viel stärker als die konservativen Milieus in ihren politischen Entscheidungen von den Angeboten und Stimmungen des Tages abhängig und daher überdurchschnittlich an den unterhaltsamen, einander rasch abwechselnden Kommunikationsangeboten der Massenmedien orientiert.

Die *postmodernen* Milieus (Liberal-intellektuelles Milieu, postmodernes Milieu, modernes Arbeitnehmermilieu) sind bestrebt, die Werte eines sinnvollen Lebens, der individuellen Selbsterfahrung, aber auch der Sicherung einer anspruchsvollen beruflichen Karriere kreativ miteinander zu verbinden. Sie sind häufig politisch gut informiert und interessiert und suchen die genaue, im Dialog entwickelte und überprüfbare Information. In ihrer eher rational geprägten politischen Leistungs-Bilanz gelangen sie zur zeitweiligen Unterstützung einer Partei oder aber auch zur begründeten Wahlenthaltung, je nach den Argumenten, die sie in der gegebenen Situation überzeugen.

Gemeinsamkeiten und Unterschiede

Durchschnittswerte der politischen Kultur, wie sie in den Anfängen der politischen Kulturforschung für ganze Nationen erhoben wurden, sagen darum über die tatsächlich politische Kultur einer Gesellschaft in der Gegenwart wenig aus. Wesentlich interessanter sind vielmehr diejenigen gesellschaftlichen Untereinheiten, die Gruppen wirklicher Menschen gleicher Sicht- und Handlungsweise im Alltag umfassen. Die Milieus einer Gesellschaft bilden eine dynamische Konstellationen, denn mit jeder nachwachsenden Generation verschiebt sich der Schwerpunkt in Richtung auf die moderneren Milieusegmente. Die Angebote der politischen Kommunikation, die tatsächlich gesuchten und erfolgreichen Formen politischer Partizipation und ebenso die Programme und das Kommunikationsverhalten der Parteien orientieren sich in den hochgradig segmentierten Gesellschaften der Gegenwart an den politisch kulturellen Unterschieden der verschiedenen Milieus.

Politische Kultur und Parteien

Für die politischen Parteien ist das Problem der Mehrheitsbildung in dieser Situation mit unterschiedlichen Schwierigkeitsgraden behaftet. Während kleine, relativ homogene Parteien, wie in der Bundesrepublik Deutschland *Die Grünen*, sich auf ein oder zwei benachbarte sozio-kulturelle Milieus stützen können und große Volksparteien mit einer überwiegend konservativen Werteorientierung, wie in der Bundesrepublik die CDU, zumindest noch auf eine Gruppe in ihrer Wertorientierung benachbarter Milieus, ist die SPD seit den neunzehnhundertsiebziger Jahren in der dauernden Zerreißprobe. Sie muss die ihr aus sozialen Gründen nahestehenden Angehörigen der Unterschichten erreichen, aber ebenso die modernen Arbeitnehmermilieus, die sich in ihrem Lebensstil, ihren Wertorientierungen und ihrer politischen Kultur so erheblich voneinander unterscheiden, dass ein dauernder prekärer Balanceakt notwendig ist, um die großen Gruppierungen mit Aussicht auf Erfolg noch überzeugen zu können. So erklärt sich ein erheblicher Teil des politischen Prozesses und der Erfolge oder Misserfolge inhaltlicher Politiken in der Gegenwart auch aus der sozio-kulturellen Milieustruktur und ihrer Dynamik.

Kapitel 12
Politische Ästhetik

Eine unterschätzte Dimension

Auf den ersten Blick könnte es entbehrlich erscheinen, in einer Einführung in die Politik das Thema *Politische Ästhetik* ausführlich zu behandeln. Das erweist sich bei näherer Betrachtung für die medial geprägten Gegenwartsgesellschaften aber als unzutreffend. Die politische Ästhetik ist sei längerem in einem stillschweigenden, aber durchgreifenden Prozess zu einem Kernbereich der Politik geworden (Meyer 1994). Sowohl die Geschichte der deutschen Politik seit der Weimarer Republik wie auch die aktuelle Verfassung des Politischen zeigen, dass der politischen Ästhetik mehr und mehr eine ausschlaggebende, mitunter sogar beherrschende Rolle im politischen Prozess in unserer Zeit zukommt (Reichel 1991). Dabei mag dahingestellt sein, in welchem Maße es sich bei dieser aktuellen Rolle der politischen Ästhetik im Prozess des Politischen selbst im Vergleich zu früheren Epochen der Politik um eine erhebliche Steigerung ihres quantitativen Anteils oder lediglich um eine qualitative Veränderung ihrer Formen und ihrer Wirkungsweise handelt.

Begriff und Sachverhalte

Als *politische Ästhetik* werden im vorliegenden Zusammenhang die Manifestationen und die Wahrnehmung der vorbedachten Inszenierung sinnlicher Erscheinungsformen und Kommunikationsstrategien von Politik bezeichnet. In diesem Sinne gehören zur politischen Ästhetik wie eh und je *Symbole* und *Rituale*, aber mehr und mehr auch die *Verbildlichung*, die *Theatralisierung* des Politischen in der Selbstdarstellung ihrer sichtbarsten politischen Akteure ebenso wie ihrer Vermittlung in den Massenmedien (Meyer/Kampmann 1998). Dazu gehört auch die Selbstmanifestation der politischen Verhältnisse und der politischen Kultur in den öffentlichen

Monumenten und Bauwerken einer Epoche. Gerade in den öffentlichen Bauwerken und Symbolen eines Gemeinwesens oder einer
ganzen Epoche kommt unvermeidlich und oft absichtsvoll inszeniert deren politische Kultur in konzentrierter Form zum Ausdruck.

Abb. 25: Politische Ästhetik

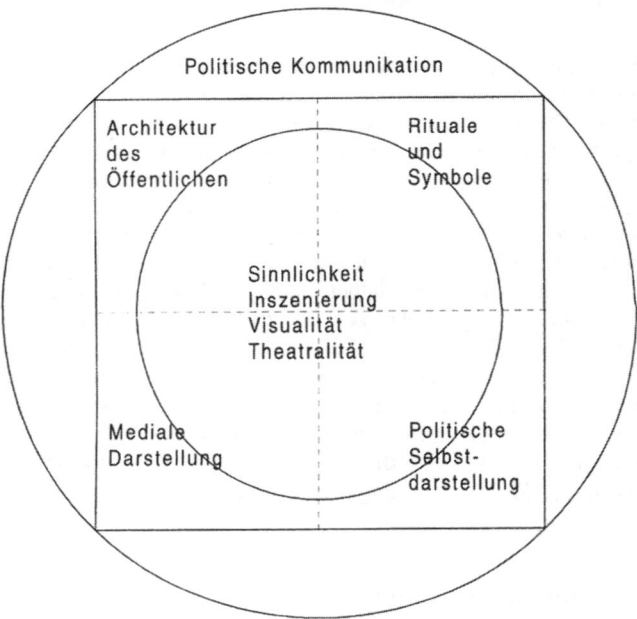

Eigene Darstellung

In den Zeugnissen der Geschichte überragen die Monumente ästhetischer Inszenierungen des Politischen die Symbolhandlungen
sichtbar, obgleich auch diese, wie der sagenhafte Gang König Hein-
richs nach Canossa im Jahre 1077 in der Erinnerung die Zeiten
überdauern. Die Vergegenständlichung symbolischer Politik in der
Architektur prägte Lebenswelt und öffentlichen Raum zu allen
Zeiten. Die Pracht der Paläste, die schon dem flüchtigen Blick mit

unwiderstehlicher Beweiskraft demonstrierten, über welche Macht ihre Gebieter verfügten. Die Städte und Marktplätze, deren Hütten und Häuser sich unter die Fittiche der mächtigen Burg flüchteten, der große Dom in Rom, dessen Kolonnaden wie gewaltige Arme sich zum Erdkreis erstrecken, um die Gläubigen zugleich einzuladen und zu empfangen. Die Pyramiden grandios und stumm, den Anspruch auf Ewigkeit und Macht zugleich verkörpernd.

Ästhetik und Macht

Die politische Ästhetik der weltlichen und der religiösen Macht hat Bauwerke hervorgebracht, die ans Wunderbare grenzen. Sie sollten dem Betrachter sinnenfällig vor Augen führen, dass ihre Beherrscher und Schöpfer über eine außeralltägliche oder gar göttlich legitimierte Macht verfügen. Die Macht der gesellschaftlichen Ordnung kam zu fast allen Zeiten in der Ästhetik der Kleiderordnung zum Ausdruck, insbesondere auch bei den Rollenträgern der öffentlichen Repräsentation politischer Ämter. Die Kleidung der Herrscher, der Mächtigen, der Stände, der Klassen dienten dieser Demonstration von Macht und ihrer Abstufung. Kronen, Zepter, Gewänder, Kragen, Schuhe, Besätze und Ringe wirken als Symbole sozialer und politischer Macht. Die äußeren Formen der ästhetischen Inszenierung politischer Macht sind bis heute etwa bei der Selbstdarstellung des britischen Königshauses aus politischen Anlässen zu bewundern.

Der öffentliche Raum und die sozialen Beziehungen waren durch ein allgegenwärtiges Netz sinnlich eindrücklicher Verdichtung symbolisch strukturiert. Die Macht der Staatsrepräsentanten, der Anspruch auf überirdische Beglaubigung der Vertreter religiöser Macht, die sozialen Rollen, kurz die öffentlichen Verhältnisse waren auf diese Weise dem Blick des Volkes in den Darbietungen, Darstellungen und Strukturen der politischen Ästhetik in großen Teilen der Geschichte immer gegenwärtig. Die Sinne, denen diese ästhetischen Inszenierungen sich darboten, sollten nicht urteilen, sondern wahrnehmen und bewundern (Burke 1993).

Ästhetik und Kommunikation

Politik basiert auf Kommunikation, die immer auch eine ästhetische Dimension hat. Stets präsentieren sich die Akteure selbst und ihre Botschaften in einem gewissen Maße auch auf eine sinnlich erfahrbare Weise und zielen mit ihr auf Emotionen, die durch die sinnliche Wahrnehmung leichter, sicherer und voraussehbarer zu mobilisieren sind als durch Argumentation. Ästhetisierte Kommunikation ist durch die für politische Akteure höchst attraktive doppelte Eigenart gekennzeichnet, dass sie zugleich nachhaltiger wirkt und doch häufig nur als eine weniger bedeutsame Begleiterscheinung ihre bewusste Infragestellung unterläuft.

Die Schlüsselfrage in diesem Zusammenhang ist aber, ob die vorherrschenden Formen und die Wirkungen politischer Ästhetik mit den legitimierenden Ideen einer Epoche im Einklang stehen oder sie, womöglich kaum merklich, unterlaufen oder gar außer Kraft setzen. Seitdem im Verlauf des zwanzigsten Jahrhunderts durch die immer mehr verfeinerten Ergebnisse der experimentellen Psychologie, vor allem aber durch die historisch beispiellosen Wirkungsmöglichkeiten und Wirkungsreichweiten der audiovisuellen Massenmedien die Kalkulierbarkeit und die Wirksamkeit ästhetischer Politikinszenierungen eine völlig neue Qualität erreicht haben, spielen sie im Prozess des Politischen eine wesentlich gewichtigere und in der Summe auch neuartige Rolle. Die Funktionsweise der politischen Öffentlichkeit, die Praxis der politischen Kommunikation, die Politikvermittlung im Ganzen, sowohl von Seiten der politischen Akteure wie von Seiten der Massenmedien, lassen sich gegenwärtig ohne eine Beschreibung der Wirkungsweise der Regeln der politischen Ästhetik nicht mehr verstehen. Eine Schlüsselrolle spielen dabei Strategien der Verkörperung und der Visualisierung sowie auf sie gestützte Formen theatraler Inszenierung des Politischen. Sie stehen in andauernder intensiver Wechselwirkung mit einer allgemeinen sozio-kulturellen Entwicklung hin zu einer Inszenierungsgesellschaft.

Zur Geschichte

In den traditionell geprägten Gesellschaften und sogar noch in der Moderne bis weit ins zwanzigste Jahrhundert hinein waren Darstellungen des Politischen überwiegend symbolische Verdichtungen tatsächlicher Sozialbeziehungen oder von der ganzen Gesellschaft akzeptierter Wertdeutungen. Die Überlieferung war sich ihrer unangefochtenen Geltung sicher, die Bilder, Symbole, Ornamente und Bauwerke brachten das nur sinnenfällig zum Ausdruck. In dem Spiel, das die ästhetische Inszenierung auch immer schon war, kam in diesem Sinn der wirkliche Kern der bestehenden Verhältnisse, der realen Machtverhältnisse, der gesellschaftlichen Strukturen und der weltanschaulichen Überzeugungen nur zum Ausdruck. Das ist einer der bedeutenden Unterschiede zwischen der politischen Ästhetik, der vormodernen Welt und ihrer Wirkungsweise in der modernen „Inszenierungsgesellschaft".

Der politische Raum wird in der gegenwärtigen Mediengesellschaft in ausschlaggebendem Maße durch ästhetische Inszenierungen geprägt, die vorbedacht, professionell kalkuliert und in erster Linie auf gewünschte Wirkungen beim Publikum berechnet sind und zwar den neuen technologischen Möglichkeiten gemäß ganz unabhängig davon, worauf sich die jeweilige Inszenierung auf der Ebene der Herstellung des eigentlichen *politischen Produkts* tatsächlich bezieht.

Es waren in Deutschland die Nationalsozialisten, die die Reize der ästhetischen Inszenierung umfassend und wie mit kriegswissenschaftlichen Mitteln geplant zum ersten Mal in großem Maßstab für ihre Politik eingesetzt haben (Reichel 1991). Sie hatten den Zusammenhang zwischen dem Wohlgefallen am schönen Schein und der emotionalen Tiefenwirkung ästhetischer Ereignisse, also die Faszination des Ästhetischen für die Zwecke ihrer Macht gezielt und gekonnt genutzt. Alle Mittel, über die sie zu ihrer Zeit geboten, haben sie ohne Zurückhaltung aus den vorhandenen Traditionen, insbesondere denen der Arbeiterbewegung entlehnt, zugespitzt und hemmungslos eingesetzt. Sie haben ihre Politik als ein „Gesamtkunstwerk" aus Aufmärschen und Ornamenten, Lichterdomen und Gesängen, Kostümen und Bewegungen, Choreografie und Massenandacht in Szene gesetzt. Hitler und sein Chefpropagandist Goebbels waren mit ihrer Stimme über die zu dieser Zeit sich ausbreitende Radio-Kultur hautnah im privatesten Lebensraum fast aller Bürger des Landes ungeladene Dauergäste. Die fortbestehenden sozialen und politischen Konflikte sowie die erbarmungslose Repression gegen Andersdenkende konnten auf diese Weise eine Zeitlang hinter den Kulissen der ästhetischen Inszenierung des Politischen versteckt werden. Die nackte Gewalt der Unterdrückung konzentrierte sich auf die Wenigen, die der Faszination des schönen Scheins nicht erlagen.

Fernsehgesellschaft und Mediendemokratie

Im Zeitalter vor dem Fernsehen, aber am Beginn der weiten Verbreitung des Radios und des Aufstiegs des Films gelang es den Nationalsozialisten, die politische Ästhetik zu einem erstrangigen Mittel der Sicherung und Legitimierung politischer Macht zu gestalten. Ihre ästhetischen Inszenierungen waren auf ihre Weise oft nahezu perfekt. Davon zeugen vor allem die Propagandafilme der bekannten Regisseurin *Leni Riefenstahl.* Die ästhetische Indienstnahme der Sinne gegen Freiheit und Menschenwürde konnte offenbar nur gelingen, weil auf diesem Wege auch wirkliche ästhetische und emotionale Interessen der Menschen befriedigt wurden, die für diese ersichtlich erhebliches Gewicht hatten. Das hatten die Nationalsozialisten früh gespürt, mit den wachsenden Erfolgen ihrer Strategie zunehmend gelernt und dann mit professionellen Methoden praktiziert. Der Zusammenhang zwischen den Absichten dieser ästhetischen Inszenierungen des Politischen und ihrer Wirkungsweise unterhalb der Ebene rationaler Urteilsbildung kann dazu veranlassen, von der Erfindung des Herrschaftsmittels „ästhetischer Gewalt" durch die Nationalsozialisten zu sprechen.

Auch in der pluralistischen Mediendemokratie der Gegenwart geht es bei der *Kommunikationsdimension* der politischen Ästhetik immer darum, die Sinne anzusprechen und auf diese Weise eine emotionale Identifikation mit politischen Vorgängen, Personen und Verhältnissen zu erreichen, die tiefer reicht und mächtiger wirkt, als es die Zustimmung durch rationales Einverständnis bewirken könnte. Politische Ästhetik ist freilich ihrer Natur nach ambivalent. Sie kann als sinnliche Darstellung dessen wirksam werden, was auch auf der Ebene vernünftiger Verständigung gerechtfertigt werden kann, und mit ihren Mitteln ein beispiellos großes Publikum ansprechen. Sie kann aber auch, wie im Falle des Nationalsozialismus und in weiten Bereichen der Werbung, zur Verführung der Sinne zugunsten von Zielen eingesetzt werden, für die bei vernünftiger Verständigung keine Zustimmung zu gewinnen wäre. Sie kann dann auch zur Täuschung führen, wenn in Bildern und theatralisch inszenierten Handlungsabläufen die Wirklichkeit von Leistungen, Erfolgen und Tatsachen durch die Erzeugung dichter Realitätsillusionen nur vorgespielt wird, die auf der Ebene der Herstellung politischer Handlungen keine Entsprechung hat (Meyer/OntrupSchicha 2000).

Ästhetisierung der politischen Öffentlichkeit

Der öffentliche Raum in der Mediengesellschaft ist in ausschlaggebendem Ausmaß und in kennzeichnender Weise durch inszenierte Bilder, Handlungen, Symbole und Zeichen geprägt, die sich weit von dem entfernt haben, was im idealen Modell der Demokratie eigentlich bis heute vorgesehen ist. In den Urteilen des *Bundesverfassungsgerichts* der Bundesrepublik und in den gültigen Theorien der Demokratie gilt Öffentlichkeit uneingeschränkt als der Raum der gleichberechtigten und vernünftigen Verständigung zwischen den Staatsbürgern. Die Mediendemokratie der Gegenwart folgt hingegen immer mehr den Regeln der ästhetischen Inszenierung. Diese Regeln sind durch gesellschaftliche Wandlungsprozesse, besonders aber durch die Eigenlogik der Wirkungsweise der Massenmedien geprägt. Sie müssen zunächst einmal unvoreingenommen verstanden werden, damit beurteilt werden kann, ob und in welchem Maße sie den Erfordernissen vernünftiger Verständigungsprozesse zwischen den Staatsbürgern entsprechen, oder wenigstens *entsprechen können*, oder aber ihnen prinzipiell *widersprechen*. Alle drei möglichen Bewertungen sind gegenwärtig in der wissenschaftlichen Literatur zu dieser Frage zu finden. Die Mediendemokratie befindet sich in der Bundesrepublik erst im Frühstadium ihrer Ausbildung.

Empirische Untersuchungen haben gezeigt, dass die Dominanz der inszenierten Bilder, Handlungen und Symbole im öffentlichen Raum der Mediengesellschaft zwar in besonderer Weise dazu einlädt, das Politische auf eine Weise darzustellen, die der politischen Logik nicht gerecht wird und einen politischen Schein zu erzeugen, der mit der politischen Wirklichkeit oft außer Zusammenhang steht

(Sarcinelli 1987; Meyer/Ontrup/Schicha 2000). Diese durch die technischen Produktionsmittel der politischen Ästhetik der Gegenwart, besonders die audiovisuellen Techniken des Fernsehens, gegebene Möglichkeit wird zwar tatsächlich in einem für die Demokratie höchst problematischen Umfang realisiert, ist aber keineswegs ohne bessere Alternative. Politische Ästhetik kann nämlich auch unter geeigneten Bedingungen genutzt werden, um authentische Informationen einem breiten Publikum zugänglich zu machen, die Teilhabe eines beispiellos großen Teils der Gesellschaft am politischen Leben zu ermöglichen und damit die Grundlagen der Demokratie zu erweitern. Diese Verbindung von Information und unterhaltsamer Inszenierung ist im Begriff des Politainment zum Ausdruck gebracht (Dörner 2001). Ästhetisierung der politischen Kommunikation ist prinzipiell ambivalent, sie kann beidem dienen: der beträchtlichen Erweiterung der Öffentlichkeit bei angemessenem Informationsgehalt der Kommunikation oder der Ersetzung der Inhalte durch den emotional gewinnenden schönen Schein. Die Informationswirkung ist immer möglich, aber nie gesichert. Sie ist nur eine Möglichkeit, die im Falle der verantwortlichen Nutzung der technischen Infrastruktur der modernen Massenmedien realisiert werden kann, aber unter dem Druck der knappen Zeit, des Geldes, des leichten Erfolges und der größtmöglichen Einschaltquote häufig ungenutzt bleibt.

Visualisierung

Die politische Ästhetik der Mediendemokratie beschreibt eine nach Umfang, Tiefenwirkung und Produktionsform neue Weise der Versinnlichung von Kommunikationsverhältnissen, Lebensweisen und Sozialbeziehungen. Sie ist vor allem bestimmt durch Strategien der Visualisierung und der wissenschaftlich informierten und professionell betriebenen Inszenierung von politischen Ereignissen so wie deren Vermittlung in den Massenmedien. Das Bildmedium Fernsehen und die Werbung sind in ihren bildbeherrschten Kommunikationsformen zur wahrnehmungsprägenden und die Kommunikation beherrschenden „Kulturmetaphern" für die Kommunikation insgesamt, vor allem auch die politische Kommunikation geworden (Postman 1985). Die „Sprache der Bilder" und auch die Verfügbarkeit von Bildern überlagern dabei zunehmend die Rede, das Argument und den Text. Die Logik der Bilder, ihre Bezugnahme aufeinander, ihre Botschaften, sowie der Status ihrer Glaubwürdigkeit prägen die politische Kommunikation in neuartiger Weise. Der Stil unterhaltsamer visueller Eindrücklichkeit übernimmt eine Leitfunktion in der politischen Kommunikation und relativiert den Stil diskursiver Kommunikation.

Die Vorherrschaft fotografischer Bildlichkeit hat weitreichende Folgen. Sie bewirkt zunächst den Verlust der Distanz zwischen den im Bild gebotenen Informationen und Deutungen und den Menschen, die sie wahrnehmen. Bilder lassen von sich aus selten erkennen, dass sie ebenso sehr Inszenierungen und Diskurse sind wie die gesprochene und geschriebene Sprache. Sie wirken zumal im Fernsehen wie die unwillkürliche Spiegelungen objektiven Welt selbst. Die Regisseure verschwinden hinter ihren Bildern, so dass die Urheberschaft der stets gemachten und inszenierten Bilder zunächst immer aus dem Blick gerät. Während Wörter und Texte immer die Frage nach der Rechtfertigung aufwerfen, scheinen Bilder für sich selbst zu sprechen. Das Bild scheint als Abbild seine eigene fraglose Beglaubigung zu besitzen, wie ein Stück Realität selber. Beim gesprochenen und geschriebenen Wort ist immer deutlich, dass es einen Autor gibt. Das Zeigen von Bildern wirkt zunächst auf die Betrachter, als würde nur der Vorhang beiseite geschoben, der den Blick auf die Dinge selbst verstellte. Bilder wirken zudem nachhaltiger und eindrücklicher als die bloße Sprachinformation.

Die Inszenierung der Bilder

Diese Zusammenhänge in der Bildwirkung sind von *H. M. Kepplinger* als „essentialistischer Trugschluss" beim Lesen von Bildern bezeichnet worden. Fotos unterlaufen die beim geschriebenen und gesprochenen Wort stets gegenwärtige Distanz zwischen der Realität und den Behauptungen über sie (Kepplinger 1987). Während im Falle ideologischer Weltbilder immerhin noch der Behauptungscharakter erkennbar bleibt, umgehen Bilder, wenn sie geschickt als Dokumentation in Szene gesetzt sind, die Erkenntnismöglichkeit ihres auch immer nur behauptenden Status. Auch Bilder können ja durch ihre Perspektive, den Moment der Aufnahme, die Auswahl, den Fokus, die Schnitte und vieles anderes, nie etwas anderes sein als eine *Deutung* der Sache, die sie zeigen.

Diesen Sachverhalt können sich die Regisseure der Inszenierung in doppelter Weise zunutze machen. In den Medien selbst werden vornehmlich die Ereignisse und die Aspekte von Ereignissen ausgewählt, die in den unterhaltsamen Bildern in besonderer Weise zum Ausdruck gebracht werden können, um die Attraktivität des Angebots für die Zuschauer zu erhöhen. Die politische Akteure ihrerseits können sich durch vorbedachte Inszenierungen auf diese Regeln einstellen und gewünschte Botschaften durch Aktionen, arrangierte Ereignisse, gestellte Bilder so in Szene setzen, dass sie mit der starken Bildwirkung die von ihnen gewünschten Effekte erzielen. Das geschieht vor allem durch die Vorführung von symbolischen Handlungen und die Darstellung der Verkörperung großer politischer Eigenschaften und Projekte, wie Mut, Entschlossenheit, Weisheit, Fortschritt oder Modernität.

Kapitel 13
Politik in der Mediendemokratie

Politische Öffentlichkeit

Eine funktionierenden politische Öffentlichkeit ist für die Demokratie wesensnotwendig. Erst ein öffentlicher Raum, in dem Informationen über das Politische von allen, die das wollen, frei und unbehindert sowohl verbreitet wie beschafft werden können, ermöglicht den Bürgern die Urteilsbildung für autonome Entscheidungen. Öffentlichkeit ist in diesem Sinne als der politische Kommunikationsraum bestimmt, zu dem alle Bürger als passiv und als aktiv kommunizierende Zugang haben. In den modernen Flächenstaaten ist Öffentlichkeit auf die Vermittlungsleistungen der Massenmedien angewiesen, da nur sie in der Lage sind, Kommunikation zu organisieren, an der im Prinzip alle Bürger teilhaben können. Die Massenmedien sind damit zu einer notwendigen Voraussetzung der modernen Demokratie geworden. Sie sollen, nach Urteilen des Bundesverfassungsgerichts der Bundesrepublik Deutschland, dafür Sorge tragen, dass ein faires und ausgewogenes, vollständiges und verständliches Bild des Politischen entsteht, das den Bürgern ein angemessenes Verständnis des politischen Lebens ihres Gemeinwesens möglich macht (Branahl 1996).

Eine stille Revolution

Nach den Idealen der Lehrbücher zur Politik und nach der Rechtsprechung des Verfassungsgerichts der Bundesrepublik gelten das politische System und das Mediensystem als zwei im Wesentlichen voneinander unabhängige gesellschaftliche Funktionsbereiche mit höchst unterschiedlichen Aufgaben. Während das politische System in Abhängigkeit von den jeweiligen Wahlergebnissen und in Verantwortung gegenüber Verfassung und Gemeinwohl Politik vollzieht, wird es vom Mediensystem beobachtet, das mit ausgewogenen, umfassenden und sachlich zutreffenden Informationen, Berichten und Kommentaren die vernünftige Urteilsbildung der Bürger ermöglicht, die auf dieser Grundlage die Mandatsträger und Amtsinhaber das politische Institutionen-Systems beauftragen und kontrollieren können.

Dieses klassische Modell gehört in der heutigen Mediendemokratie der Vergangenheit an. Es ist einer neuartigen Gestaltung der Beziehung zwischen den beiden Funktionssystemen gewichen, die für den Vollzug, für die Darstellung und öffentliche Wahrnehmung des Politischen durch die Bürger und die Politik selbst weitreichende Folgen hat.

Das Verhältnis von Politik und Medien war nie spannungsfrei. Die neuartigen Beziehungen zwischen Mediensystem und politischem System werden in Politik- und Medienwissenschaft je nach theoretischem Ansatz in aufschlussreicher Weise höchst unterschiedlich beurteilt. Zentrale Grunderkenntnisse über Art und Ausmaß der Veränderungen zwischen den beiden Systemen finden gleichwohl weitgehende Übereinstimmung. Dazu gehört die Einschätzung, dass die neue Beziehung zwischen beiden, dem politischen System und dem Mediensystem, in der modernen Mediendemokratie zu einem Schlüssel für das angemessene Verständnis von Politik geworden ist. Politik in der Mediendemokratie kann nicht mehr unabhängig vom Verständnis des Mediensystems und den Wechselwirkungen zwischen beiden Systemen verstanden werden (Jarren/Sarcinelli/Saxer 1998).

Kern der Veränderung ist eine weitgehende Überlagerung der beiden Systeme, die zu einem erheblichen Teil aus der Wirkungsweise ihrer jeweiligen Funktionsgesetze selbst hervorgegangen ist. Aus Legitimationsgründen ist demokratische Politik unvermeidlich auf die öffentliche Darstellung ihres Vollzugs und ihrer Ergebnisse angewiesen. In den schwer überschaubaren komplexen Gesellschaften der Gegenwart benötigt sie dazu die Massenmedien. Diese folgen indessen bei jeglicher Darstellung von Politik gleichermaßen unvermeidlich ihrer eigenen Logik, wenn sie *ihrem gesellschaftlichen Funktionszweck,* der Erzeugung von Aufmerksamkeit für gemeinsame Themen, gerecht werden wollen.

Die Logik der Massenmedien

Die modernen Massenmedien erzeugen gesellschaftliche Aufmerksamkeit für gemeinsame Themen im Wesentlichen durch die Befolgung von zwei aufeinander abgestimmten Regelsystemen. Das erste Regelsystem besteht in der Auswahl berichtenswerter Ereignisse nach Maßgabe ihrer *Nachrichtenwerte*. Das zweite Regelsystem besteht aus einem Kanon von *Inszenierungsformen* für das so ausgewählte Nachrichtenmaterial, die die Maximierung des Publikumsinteresses gewährleisten. Das Zusammenwirken beider Regelsysteme, das sich in einem gewissen, allerdings eng begrenztem, Ausmaß von Medium zu Medium anders gestaltet, kennzeichnet die spezifische *Logik des Mediensystems*. Dieser Logik ist alles unterworfen, was im Mediensystem hervorgebracht wird, jede Information und jeder Bericht über alle anderen gesellschaftlichen Teilsysteme und deren Leistungen. Bei den visuell ausgerichteten elektronischen Medien fördert diese Medienlogik auf der Präsentationsebene vor allem spannungsreiche theatralische Inszenierungen.

Die *Selektionslogik* der Massenmedien, die als Regelsystem die Auswahl der in Betracht kommenden Ereignisse steuert, besteht in der Anwendung der sogenannten *Nachrichtenfaktoren* (Schulz 1990). Der Nachrichtenwert eines Ereignisses gilt als um so größer, je mehr dieser Faktoren auf es zutreffen. Es sind vor allem die folgenden: *Kurze Dauer des Geschehens, räumliche, politische und kulturelle Nähe zum Betrachter, Überraschungswert im Rahmen eingeführter Großthemen, Konflikthaftigkeit, Schaden, ungewöhnliche Erfolge und Leistungen, Kriminalität, Personalisierung, Prominenz der handelnden Personen*

Die *Präsentationslogik*, die als Regelsystem die Darstellung der ausgewählten Ereignisse in den Medien steuert, unterscheidet sich nach Graden von Medium zu Medium (Meyer/Ontrup/Schicha 2000). Erhebliche Unterschiede bestehen in dieser Hinsicht zwischen den Boulevard- und den Qualitätsmedien, jedoch zeigt der genauere Vergleich, dass alle nachfolgenden benannten Inszenierungsformen in allen Mediengattungen eine Rolle spielen können, einige von ihnen naturgemäß, eher in den Bild – als in den Printmedien: *Personifikation, mythisierender Heldenkonflikt, Drama, Archetypische Erzählung, Wortgefecht, Siozialrollendrama, Symbolische Handlung, Unterhaltungsartistik, Sozialintegratives Nachrichtenritual.* Bei all diesen Inszenierungsformen geht es um die Erzeugung von Aufmerksamkeit, Neugier und Spannung mit den Stilmitteln des Theaters, um ein möglichst breites Publikum zu gewinnen und bei der Stange zu halten.

Abb. 26: Logik der Politikvermittlung

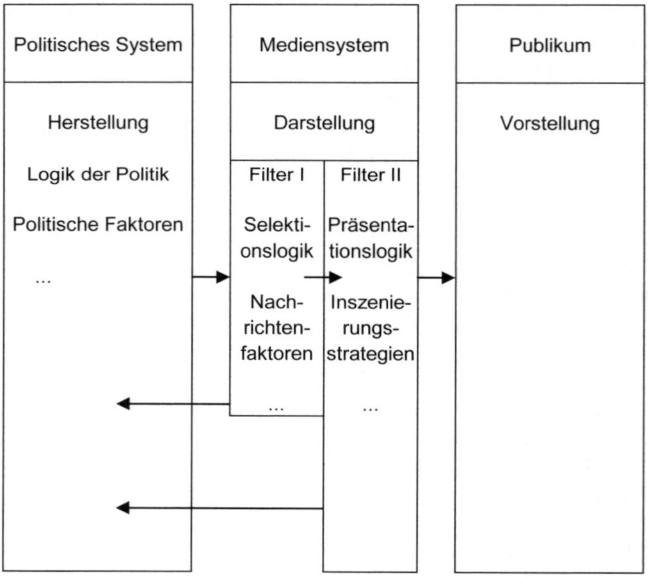

Politisches System	Mediensystem		Publikum
Herstellung	Darstellung		Vorstellung
Logik der Politik	Filter I	Filter II	
Politische Faktoren	Selektionslogik	Präsentationslogik	
...	Nachrichtenfaktoren	Inszenierungsstrategien	
	...	...	

Eigene Darstellung

Die Mediatisierung der Politik

Die zunehmende Mediatisierung von Politik ist durch das Zusammenwirken ihrer beiden komplementären Seiten gekennzeichnet. Auf der Seite der Medien trägt jede Darstellung des Politischen in ausschlaggebender Weise die Spuren des Wirkens der beiden medialen Filtersysteme. Damit entsteht die Frage, ob die Darstellung der Politik in den Massenmedien die *Eigenlogik des Politischen* noch in einem für die selbständige Urteilsbildung der Bürger angemessenen Maße erkennen lässt oder ob sie diese in zu weitgehender Weise in den Regeln ihrer eigenen Logik auflöst und damit das Verständnis politischer Vorgänge erschwert.

Auf der Seite der Politik führt die Schlüsselrolle des Mediensystems im Prozess der Legitimation politischen Handelns zur Vermehrung und zur Professionalisierung der Anstrengungen, ein Höchstmaß an Kontrolle über die Darstellung der Politik im Mediensystem zurückzugewinnen. Dies geschieht auf dem Wege der möglichst perfekten Übernahme der medialen Logik in die Selbstdarstellung der Politik. Damit entsteht die Frage, ob Politik unter diesen Bedingungen überhaupt noch in angemessenem Ausmaß ihrer eigenen Logik folgen kann oder in der Hauptsache zum Lieferanten für die spezifischen Bedürfnisse des Mediensystems wird in der Hoffnung, auf diese Weise ihren unbegrenzten Bedarf an öffentlicher Zustimmung umfassend und risikoarm befriedigen zu können.

In der modernen Mediendemokratie stellen sich damit *zwei* demokratie-politisch und demokratie-theoretisch gleichermaßen brisante Fragen. Die *eine* bezieht sich auf das Problem, ob das Politische in den Formen seiner medialen Repräsentation noch in angemessener Weise erkennbar bleibt. Die *andere* reicht wesentlich weiter. Sie bezieht sich auf das Problem, ob sich das Politische selbst im Kern verändert, wenn es unter den Einfluss der vom Mediensystem festgelegten Vermittlungsbedingungen gerät. Beide Male handelt es sich um Fragen, die das Verständnis von Politik selbst in ihren unmittelbaren Vollzügen, ihrer demokratischen Qualität und ihrer Rolle in der öffentlichen Wahrnehmung wesentlich betreffen.

Politisches System und Mediensystem

In den Medienwissenschaften wie in der Politikwissenschaft besteht ein Konsens darüber, dass sich unter dem Einfluss der erweiterten und neuartigen Rolle der Massenmedien für das politische System die Grenzen zwischen diesem selbst und dem Mediensystem in folgenreichem Ausmaß verschoben hat. Die klassische Vorstellung, der zufolge beide Funktionssysteme zwei durch ihre unterschiedlichen Funktionslogiken klar und eindeutig voneinander getrennte gesellschaftliche Handlungsbereiche sind, die jeweils füreinander und für die Gesellschaft im ganzen verschiedenartige aber gleichermaßen bestandsnotwendige Aufgaben erfüllen, ist offenkundig im Kern überholt.

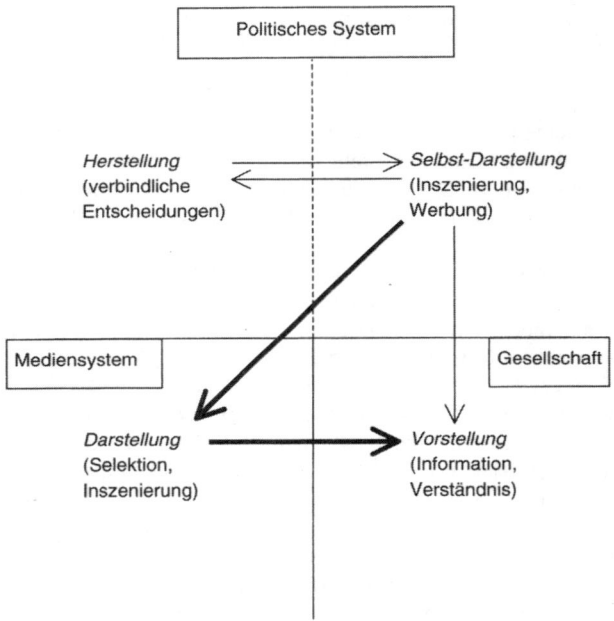

Abb. 27: Mediendemokratie

Die ursprüngliche Lehrbuchvorstellung des Verhältnisses der beiden Teilsysteme, der zufolge die Politik eigensinnig und unbeirrt
den ihr zugeschriebenen Dienst der Erzeugung gesamtgesellschaftlich verbindlicher Entscheidungen leistet und das Mediensystem
das politische Handeln und seine Folgen aus kritischer Distanz beobachtet und einem breiten Publikum möglichst ausgewogen und
objektiv, angemessen und sachlich vermittelt, ist von vielen Wissenschaftlern, die sich empirisch mit dem Thema befassen, seit
längerem kommentarlos zur Seite gelegt worden.

   Die Sichtweisen dieser neuartigen Beziehung zwischen beiden
Systeme laufen aber weit auseinander. In der einschlägigen me-
dienwissenschaftlichen Literatur konkurrieren *vier* Deutungsmodelle
miteinander, die jeweils den Anspruch erheben, das überholte klassische Modell der neuen Realität entsprechend zu ersetzen:

Konkurrierende Deutungs-Modelle

Für die Beschreibung und Erklärung des Verhältnisses von Politik und Mediensystem lassen sich drei grundlegende Varianten unterscheiden: *Autonomietheorien* gehen von der weitgehenden Unabhängigkeit beider Funktionsbereiche voreinander aus. *Dependenztheorie* behaupten die Abhängigkeit des einen der beiden Bereiche vom anderen, *Interdependenztheorien* gehen von ihrer wechselseitigen Verflechtung und Abhängigkeit aus. Die folgenden vier Modelle sind aktuelle Beispiele für in diesem Sinne unterschiedliche Sichtweisen.

(1) Das konstruktivistische Modell

Dieses Modell enthält seinem eigenen Anspruch nach eine radikal relativistische Grundannahme. Sie geht davon aus, dass die Produkte des Mediensystems im Hinblick auf das politische Teilsystem einige der im Prinzip unbegrenzt vielen Möglichkeiten seiner erkennenden und beschreibenden *Konstruktion* realisieren (Schmidt 1990). Die Frage der Angemessenheit erübrigt sich im Grunde, sofern sie dennoch gestellt wird, so ist sie eher im Hinblick auf die funktionellen Möglichkeiten des Mediensystems als im Hinblick auf die Logik des Politischen zu beantworten (Schmidt 1987).

Die medialen Konstruktionen reihen sich ein in die weite Palette anderer möglicher Konstruktionen, etwa aus der Betrachtungsperspektive der Wissenschaft, der eigenen Erfahrung der Bürger, der Didaktik, und werfen eher die Frage auf, aus welchen Bereichen Handlungsanschlüsse an die verschiedenen Konstruktionen möglich sind und welche Anschlüsse diese wiederum in den unterschiedlichen Bereichen gesellschaftlichen Handelns nahe legen. Auch die Frage nach dem Verhältnis der Selbstkonstruktion des Politischen für die Medien und seiner medialen Rekonstruktion fällt im Rahmen dieses Modells für die Beurteilung der Leistungen des Mediensystems kaum ins Gewicht.

(2) Das Verschmelzungsmodell Plassers

Das Modell des österreichischen Medienwissenschaftlers *Fritz Plasser* sieht eine *Verschmelzung* der beiden gesellschaftlichen Funktionssysteme der Politik und der Medien zu einem einzigen nach einer einheitlichen Logik funktionierenden *Supersystem* (Plasser 1985). Es hat den Reiz, eine neuere Entwicklungstendenz pointiert und spektakulär ins Blickfeld zu rücken, überzeichnet das Bild der tatsächlichen Entwicklung im Verhältnis der beiden Teilsysteme zueinander jedoch in den entscheidenden Fragen erheblich. Die Überlappung zwischen beiden gesellschaftlichen Funktionssystemen schreitet tatsächlich weiter voran.

Die Neigung der politischen Akteure wächst, ihre eigene mediale Vermittlung möglichst in eigener Regie, mit eigenem Personal und in eigener Entscheidungshoheit zu betreiben. Dennoch kann in den hoch komplexen Gesellschaften der Gegenwart keine Rede davon sein, dass das politische System seine Kernfunktion der Erzeugung gesamtgesellschaftlich verbindlicher Entscheidungen mit Steuerungswirkung für die anderen Teilsysteme vollends zu Gunsten der bloßen Darstellung und der Selbstdarstellung solcher Aktivitäten aufgegeben habe.

Plassers Modell eines *politisch-medialen Supersystems* beschreibt einen bedeutsamen Aspekt der neuen Realität im Verhältnis der beiden Systeme zueinander, verdeckt aber durch seine überzogene Deutung gerade die entscheidende Frage nach dem Verhältnis der Selbstinszenierung des Politischen im politischen System und dem instrumentellen Entscheidungshandeln im selben System, das ja nachweislich weiterhin *auch* verbindliche Entscheidungen, also das klassische politische Produkt, herstellt. Die demokratie*politisch*, demokratie*theoretisch* und medien*theoretisch* interessante Frage ist aber gerade die nach *diesem* Verhältnis.

(3) Das Verschmelzungsmodell – Leinemanns

Aus der journalistischen Praxiserfahrung *Jürgen Leinemann* zu einem anderen Modell gelangt (Leinemann 1998). Im Handeln des Politikers auf den medialen Bühnen verschmelzen unvermeidlich dessen Projektionen und die Realität sowie die Wechselbeziehungen zwischen beiden auf so vollkommene Weise, dass jeder Ver-

226

such sie im nachhinein voneinander zu trennen, ebenso vergeblich wie verfehlt ist. Dieses Argument verwechselt jedoch zwei Ebenen der Analyse. Die beschriebenen Zusammenhänge mögen teilweise oder in zunehmendem Maße sogar gänzlich die Ebene des Selbstverständnisses der handelnden politischen Akteure beschreiben. Sie erfassen jedoch nicht das Verhältnis zwischen deren öffentlicher Kommunikation und ihrem instrumentellen Handeln auf der Ebene von Gesetzgebungen, Programmverwirklichung und exekutiven Entscheidungen, für die sie die Verantwortung tragen oder die in ihrem Namen vollzogen werden. Die reale Differenz zwischen dem Geschehen auf der *Herstellungs*-Ebene und der *Darstellung* ihrer Produkte auf der Ebene der medialen Politikvermittlung ist indessen aus demokratietheoretischer und politikwissenschaftlicher Sicht weiterhin eine der entscheidenden Fragen.

(4) Das Modell von Jarren und Arlt

Otfried Jarren und *Jürgen Arlt* haben die These formuliert, Politik*programme* entstünden in der Mediengesellschaft überhaupt erst in der medialen Kommunikation über sie (Jarren/Arlt 1997). Insofern sei die *Trennung* zwischen einer inhaltlich programmatisch bestimmten politischen Handlungsebene und der medialen Vermittlungsebene im gegenwärtig erreichten Stadium der Mediatisierung der Politik weitgehend überholt. Das Argument kann so verstanden werden, dass in der öffentlichen Kommunikation wie in einem fortwährendem Test von Seiten der politischen und der Medienakteure gleichermaßen ermittelt wird, welche Positionen öffentlich tragfähig und mehrheitsfähig und damit zugleich auch politisch chancenreich sind.

Unter dem Eindruck der öffentlichen Macht der Medien und ihrer Bedingungen der Politikvermittlung wird diesem Argument zufolge die Vorstellung zunehmend realitätsfremd, dass zunächst in öffentlichkeitsfernen Kommunikationsgremien Handlungsprogramme entworfen werden, die anschließend der Öffentlichkeit übermittelt und im Maße ihrer Legitimation durch öffentliche Zustimmung sodann in praktisches Handeln umgesetzt werden. Dieser Teil des Arguments selbst ist offenkundig realistisch und beschreibt einen wichtigen Teil des Verhältnisses zwischen Parteiorganisationen, Medien-Öffentlichkeit und strategischen Führungsspitzen zutreffend.

Als Beschreibung des Verhältnisses von Herstellung und Darstellung von Politik geht es aber einen Schritt zu weit. Es lässt offen, in welchem Verhältnis die öffentlich formulierten politischen Handlungsprogramme und Absichten zur politischen Entscheidungsebene stehen, auf der sie realisiert werden müssen. Auch wenn die öffentlich formulierte Politik tatsächlich erst innerhalb der medialen Öffentlichkeit entsteht und nicht nur in ihr präsentiert wird, bleibt immer noch die Frage, was daraus in der Praxis der herstellenden Politik der Gesetze, Maßnahmen und Handlungsprogramme wird. Jedenfalls existiert zwischen diesen beiden Ebenen ein prinzipieller Status-Unterschied. Das Verhältnis von Handlungsabsichten und Handlungen auf beiden Ebenen bleibt in jedem Falle eine *empirische* Frage, die sowohl demokratiepolitisch wie auch politikwissenschaftlich von entscheidendem Interesse ist.

Abb. 28: Ebenen der Politik

Politisches System	Ebene 1	Herstellung (Produktion)
	Ebene II	Selbst-Darstellung (Selbst-Präsentation)
Medien-system	Ebene III	Fremd-Darstellung (mediale Präsentation)

Eigene Darstellung

Bilanz

Plassers These hat weitreichende Konsequenzen für die Politik und das Verständnis von Politik. Sie besagt im Kern, dass Politik ihre eigensinnige Funktionslogik preisgibt und sich in mediengerechter Selbstdarstellung erschöpft. Diese Deutung erfasst eine tatsächliche Entwicklungstendenz, geht aber einen entscheidenden Schritt über die anderen Modelle hinaus. Diese stimmen in der Diagnose überein, dass die Schnittfläche zwischen den sich überlappenden Teilsystemen von Politik und Medien beträchtlich wächst. Politik übernimmt in zunehmendem Maße ihre eigene mediale Vermittlung, aber sie erschöpft sich nicht darin.

Tatsächlich verändert sich auch das Politische selbst unter dem Einfluss des Mediensystems beträchtlich, aber es löst sich nicht im Mediensystem auf. In den grundlegenden Konturen zeichnet sich beim gegenwärtigen Übergang zur Mediendemokratie deutlich ab, wie sich das Politische unter dem Einfluss seiner *Kolonisierung durch das Mediensystem* wandelt. Die Auswirkungen dieser Entwicklung sind umfassend und vielgestaltig. Sie strukturieren nicht nur ihre Darstellung und deren Anteil am Geschehen, sondern auch *den politischen Prozess auf der Herstellungsebene* teilweise neu (Meyer 2001). Sie überformen die konstitutiven Faktoren der politischen Logik, verteilen in vielen Fällen die Akzente zwischen ihnen neu, fügen neue Elemente aus dem Bereich der medialen Wirkungsgesetze hinzu, aber sie schmelzen die Logik der Politik keineswegs vollständig in die des Mediensystems ein.

Ein Drei-Ebenen-Modell

Empirisch angemessen für das Verständnis von Politik in der Mediendemokratie ist vielmehr ein *Drei-Ebenen-Modell.* Mit ihm können sowohl die Vorgänge auf jeder der drei unterschiedlichen Ebenen wie auch die Wechselwirkungen zwischen ihnen beschrieben und erklärt werden (Meyer/Brosda/Schicha 2001):

Ebene I: *Herstellung* der Politik.
Instrumentelles Handeln.
Erzeugung verbindlicher
Entscheidungen.
Ebene II *Selbst-Darstellung* der Politik.
Eigen-Inszenierungen von
hergestellter und nicht-hergestellter
Politik *im* politischen System.
Ebene III *Fremd-Darstellung* der Politik.
Politik-Darstellung *im* Mediensystem
nach dessen Regeln

Schlüsselfragen an die Politik

Für das Verständnis von Politik stellt dieses Drei-Ebenen-Modell zwei Schlüsselfragen:

Erstens: Verändert sich unter dem Einfluss der Rückwirkungen des Mediensystems (Ebene III) die Logik politischen Handelns mitsamt den Faktoren, deren Wechselwirkung sie prägt (Ebene I), *wesentlich*, und wenn ja, *wie*?

Zweitens: Wird in den Darstellungen des Mediensystems (Ebene III) noch in angemessener Weise sichtbar, was in den politischen Herstellungs-Prozessen (Ebene I) geschieht?

Weitere, für die Politikwissenschaft und die Beurteilung des Verhältnisses von Medienöffentlichkeit und Politik aufschlussreiche Fragen stellen sich im Hinblick einerseits auf die Beziehungen zwischen Herstellungen und Selbst-Darstellung der Politik (Ebenen I u. II) sowie zwischen Selbst-Darstellung und Medien-Darstellung (Ebenen II u. III). Einige Antworten auf diese Fragen sind in diesem Kapitel enthalten. Grundlegend für die Beurteilung des Wandels der Logik der Politik selbst ist aber die *erste* Frage. Wie verändert sich das Geschehen in den politischen Handlungsdimensionen unter dem Einfluss des Mediensystems?

Veränderungen der Politik

Die Politics-Dimension

Die tatsächlich stattfindenden Veränderungsprozesse beziehen sich auf alle drei Dimensionen der Politik. Eine Analyse der Erfolgskarriere einzelner Spitzenpolitiker bei den Machtkämpfen um die obersten Rangplätze in ihren Parteien – wie Gerhard Schröder in Deutschland, Bill Clinton in den USA oder Tony Blair in Großbritannien – lässt deutlich erkennen, dass die vermittels *persönlicher Inszenierungskompetenz* angesammelte mediale *Macht* eine der wichtigsten, wenn nicht die ausschlaggebende *Ressource* beim Kampf um Führungsämter geworden ist. Ohne einen hohen und weiter ausbaufähigen Rangplatz in der Mediengunst haben Bewerber um die Spitzenämter in Partei und Staat heute nicht nur in den USA, sondern auch in den europäischen Mediendemokratien keine realistische Aussicht auf Erfolg. Ein hohes Maß an medialen Macht-Ressourcen versetzt den politischen Akteur, der über sie verfügt, mittlerweile sogar in die Lage, weitgehend eigenmächtig, nämlich allein im Hinblick auf die Wahrung und Mehrung dieser Machtquelle auch über das Programm und die Politiken der eigenen Partei zu verfügen. Er kann dann Politiken verfolgen oder aufgeben, über die in den demokratischen Diskursen der eigenen Partei zuvor in anderer Weise entschieden worden ist. Ein Beispiel ist der Kurswechsel des Außenministers Joschka Fischer im Jahre 2001 von der in den Programmen seiner Partei, Bündnis 90/Die niedergelegten pazifistischen Position zum Kampfeinsatz der Bundeswehr in Krisengebieten.

Die Entscheidungsmacht über Programm und Profil der im Namen einer großen Volkspartei öffentlich vertretenen Politik geht unter diesen Umständen in einem allmählichen Transformationsprozess von den öffentlichen Foren der Partei in die Beratergremien jener Spitzenpolitiker über, die ihre Herrschaftsposition einem persönlichem Mediencharisma verdanken. Als demokratische *Legitimationsinstanz* werden im Zuge dieser Entwicklungen zunehmend nur noch die Ergebnisse von Umfragen, medial inszenierten Stimmungen und die auf ihnen basierenden Momentaufnahmen von Wahlentscheidungen anerkannt.

Die öffentlichen Arenen argumentativ erwägender und beschließender Politik in den *Parteien* und in der großen Öffentlichkeit verlieren gegenüber kalkulierten Inszenierungen von Images, Symbolhandlungen und ausdrucksstarken Scheinereignissen an Bedeutung. Die *Akteure,* die über diese *Macht-Ressourcen* verfügen gewinnen auf Kosten der anderen erheblich an Einfluss. Das genau ist die konzeptionelle Bedeutung des Begriffs „Mediendemokratie" (Sarcinelli 1998c, Meyer 2001). Das *instrumentelle politische* Handeln *(Herstellung)* auf der Ebene der Programme und inhaltlichen Entscheidungen wird von der öffentlichen Selbstdarstellung der Politik unter diesen Bedingungen weitgehend entkoppelt.

Diese Entwicklung verändert auch die Rolle eines zentralen Faktors in der Logik des politischen Handelns, nämlich die der *Legitimation* im Kern. An die Stelle der demokratischen *Legitimation durch Verfahren* und der öffentlichen Diskurse kollektiver Willensbildung in den Parteien, in der Zivilgesellschaft und in der großen Öffentlichkeit tritt in beträchtlichem Ausmaß die *persönliche Verfügung über Mediencharisma*, das durch professionalisierte Inszenierungskunst akkumuliert und strategisch eingesetzt werden kann. Mediencharisma wird mithin zu einer eigenständigen und häufig dominanten Machtressource.

Damit wird freilich der Faktor *Macht* aus der Logik politischen Handelns nicht verdrängt. Vielmehr erschließt sich ihm eine *neue Ressource*, die nun mit anderen Ressourcen wie Wissen, Handlungskompetenz, Verlässlichkeit, Zielstrebigkeit, Glaubwürdigkeit oder Finanzen in eine im besonderen Maße erfolgversprechende Konkurrenz tritt.

Bei alledem steht außer Frage, dass die Durchsetzung *konkurrierender Politiken*, seien sie nun nach der Logik kollektiver Diskurse in Parteien oder der medialer Strategien der Spitzenakteure zustande gekommen, sowie der Kampf um die politischen Führungsämter auch unter dem wachsenden Einfluss der Medienlogik weiterhin nach Maßgabe *der Logik eines politischen Prozesses* verläuft. Auch unter den von den Medien dominant geprägten Handlungsbedingungen verfolgen die *Akteure Interessen*, stützen sich dabei auf verschiedenartige *Macht-Ressourcen*, unter denen die Medienpräsenz selber eine neuartige Schlüsselstellung einnimmt, und nutzen soziale, ökonomische und mediale *Macht*, um politische Gestaltungsmacht zu erringen. Die Eigenlogik des politischen Handelns wird infolgedessen in der Dimension des politischen *Prozesses (Politics)* von der medialen Logik vielfältig modifiziert, ergänzt und neu akzentuiert, aber keineswegs aufgelöst oder aufgesogen.

Die Polity-Dimension

In der Dimension der *Verfassung* und der *Kultur* des politischen *Gemeinwesens* als Rahmen und Handlungsvoraussetzung der Politik übernimmt in Mediendemokratien neben den Institutionen der Verfassung im klassischen Sinne sowie der allgemeinen politischen Kultur der Gesellschaft die Verfassung des Mediensystems und die mediale Kommunikationskultur eine teils ergänzende, teils aber auch prägende Rolle. Für die Politikvermittlung, die Bedingungen der Synthese von Medienlogik und politischer Logik sowie die Akkumulation von Mediencharisma durch einzelne politische Spitzenakteure ist einerseits die Rolle von Boulevard-Medien, Qualitäts-Print-Medien und Funk-Medien und andererseits die spezifische Struktur der Verfügung über sie von ausschlaggebender Bedeutung.

Quer zu den Einflüssen dieser Medienformen und Verfügungsstrukturen prägt die Art und Weise, wie die mediale Logik von den Akteuren innerhalb des Mediensystems gehandhabt wird, die jeweilige Kommunikationskultur der Gesellschaft. Die Medienlogik lässt den Akteuren potenziell einen weiten und je nach der Verfügungsstruktur über die Medien immerhin noch einen beträchtlichen Spielraum für eine angemessene Repräsentation des Politischen in seiner medialen Darstellung. Die Kommunikationskultur als Teil der politischen Kultur prägt in ausschlaggebendem Maße die Möglichkeiten für angemessene Information der Bürgerinnen und Bürger über die Politik und somit auch die Bedingungen ihrer Staatsbürgerrolle vor.

Eine dominante Rolle spielen dabei die kommerziellen Fernsehanstalten in der Medienverfassung mit ihrem unmittelbaren kommerziellen Zwang zur beständigen Maximierung der Einschaltquoten. *Kommunikationskultur* und *Medienverfassung* werden zentrale Bestandteile der Verfassung des Gemeinwesens mit erheblicher Ausstrahlungswirkung auf Rolle und Substanz der politischen Kultur, der politischen Kommunikation und demokratischen Qualität der Politik und ihrer Kontrolle.

Die Policy-Dimension

In der Dimension der politischen *Handlungsprogramme* führt die Kolonisierung des politischen Systems durch das Mediensystem zu einer Vermehrung und Forcierung der Möglichkeiten zu symbolischer Schein-Politik und theatralischer Politikinszenierung, sei es als bloße Beimischungen zur Darstellung wirklich praktizierter Politiken sei es als Ersatz für sie. Diese Möglichkeiten werden insbesondere in Situationen schrumpfender politischer Handlungskorridore phantasievoll und häufig genutzt. Der Zwang zur Legitimation politischen Handelns oder Unterlassens wächst für den Nationalstaat in der gegenwärtigen ökonomischen Krise erheblich, während ihm der Prozess der Globalisierung, die diese Krise verursacht, einen wichtigen Teil seiner Gestaltungschancen entzieht.

Dies ist einer der Gründe dafür, dass die Verführung für die politischen Akteure wächst, offenkundige Erfolgsdefizite durch medienwirksames Scheinhandeln zu überdecken. Die Möglichkeiten dafür sind reichhaltig, denn der größere Teil der Bürgerinnen und Bürger nutzt als einzigen Zugang zur Beurteilung politischen Handelns den Blick auf die „Medienbühnen", obgleich vielfältige andere Informationsmöglichkeiten, von den Qualitätszeitungen, über das Internet bis hin zu politischen Bildungsveranstaltungen bestehen. Für sie ist es schwierig, wenn nicht im Durchschnitt sogar unmöglich geworden, die aufwendig ins Bild gesetzte Eröffnung einer neuen Fabrik durch den Bundeskanzler daraufhin zu prüfen, ob hier politisches Handeln ursächlich war, ob dieses politische Handeln eher zu einer Verbesserung oder Verschlechterung der Bilanz der Arbeitsplätze beigetragen hat und was daraus für die Konkurrenz der politischen Akteure auf den politischen Bühnen zu folgern ist. Denn viele von ihnen setzen in gleicher Weise auf die Erfolgsrezepte politischer Inszenierung von Erfolgshandlungen und Persönlichkeitsimages.

Während die Bürger auf der Ebene der Problemdefinition immerhin noch die Möglichkeit haben, ihre eigenen lebensweltlichen Erfahrungen zur Gegenprüfung in Anspruch zu nehmen, haben sie im Hinblick auf die immer gekonnter ins Werk gesetzten Inszenierungen symbolischer Schein-und Image-Politik diese Möglichkeit kaum noch. Erst wenn in komplizierten Prozessen, deren Einzelheiten schwer zu durchschauen sind, die ungelösten Probleme der Politik in Form von Arbeitslosigkeit oder Gewalt, sozialer Degradierung oder Umweltschädigungen trotz der medialen Glanzbilder in die *eigene Lebenswelt* der betroffenen Teile des Publikums eindringt, kehrt die Frage nach der Realität von *Handlungsprogramm und Handlungserfolgen* als *letzter Maßstab* in die Welt der inszenierten Politik doch wieder zurück. Der Alltagsdiskurs über die eigenen Erfahrungen mit der Politik und dem politischen System bleibt auch in der Mediendemokratie das letzte, unhintergehbare Kriterium für die Beurteilung des Erfolgs von Politiken.

Die Logik des Politischen

Die Logik des Politischen in der Politik selbst wird mithin in all ihren Dimensionen überlagert und durch neue, medien- und inszenierungsbezogene Faktoren ergänzt, überformt, und relativiert, aber nicht annulliert. Im politischen Prozess werden die Karten für die Macht und Karrierechancen der politischen Stars neu gemischt und anders verteilt, aber die Akteure und ihre Machtquellen bestimmen das Geschehen. Die Verfassung des Gemeinwesens ändert sich unter dem Einfluss des Mediensystems und seiner Kommunikationskultur, aber politische Kultur und Institutionen wirken weiterhin als Rahmen und Bedingung politischen Handelns. Inszenierte Schein-Politik nimmt überhand, politische Handlungsprogramme werden zunehmend virtuoser ganz oder teilweise nur noch vorgespielt, die Frage nach den wirklichen Handlungserfolgen verblasst aber nicht vollends in der Blendung des Medienscheins, sondern tritt in den Krisenerfahrungen des Alltagslebens in ihr volles Recht wieder ein.

Die These *Fritz Plassers* von der Selbstauflösung der Politik in ihrer medialen Inszenierung überzieht also die tatsächlich zu beobachtende Tendenz in realitätswidrigem Maße. Zwar droht die politische Öffentlichkeit tatsächlich zum Spiegelkabinett zu werden, in dem sich beide, Politik und Medien, immer nur selber zu erkennen vermögen und dabei die Welt selbst aus den Augen verlieren. Aber hinter den Spiegeln geht das wirkliche Leben weiter, sowohl in den Lebenswelten der Bürger, wie in den Vorhöfen und an den Hebeln der Macht.

Die Macht und die Logik ihrer Ausbildung, Entfaltung und Wirkung ziehen sich in nicht gekanntem Ausmaß hinter die medialen Kulissen zurück. Sie entziehen sich dem *ersten* Blick. Die Medien können jedoch das Spiegelkabinett verlassen, wenn sie die ihnen von Seiten der Politik angebotenen Repräsentationsbühnen umgehen und den Blick wieder auf die Logik der politischen Prozesse richten, auch wenn die mediale Inszenierung ein guter Teil der Wirklichkeit der Politik in der Mediengesellschaft ist. Politik als Produktionsprozess verbindlicher Entscheidungen nach einer eigensinnigen Logik findet auch in der Mediendemokratie statt. Sie ist weiterhin hinter den Medienbühnen zu besichtigen, wenn auch die Macht, die die Präsenz auf der Medienbühne verschafft, den Prozess selbst restrukturiert.

Kapitel 14
Beispiel zur Mediendemokratie

Politik der Nähe

In den Gemeinden lässt sich Politik vom einzelnen Bürger im Ansatz noch immer direkt beobachten, weil er die Akteure, ihre Handlungen und Handlungsfolgen zum Teil sogar unabhängig von deren medialer Darstellung wahrnehmen und seine Eindrücke mit vielen anderen abgleichen kann, die ihrerseits über direkte Erfahrungen verfügen. Das gilt für die regionale, nationale und transnationale Politik nicht, denn über sie kann der Einzelne fast ausschließlich noch aus ihren medialen Darstellungen ein Bild gewinnen, allerdings, wenn das erforderliche Maß an Mühe aufgewandt wird, ein der Vielfalt der Medienangebote entsprechendes differenziertes Bild.

Darum hat sich das kommunalpolitische Beispiel aus Kapitel 6 für die Darstellung der Logik des Politischen besonders gut geeignet, nicht aber für die der Mediatisierung der Politik. Sie könnte zwar auch am kommunalpolitischen Beispiel gezeigt werden, aber nur in viel komplexeren Schilderungen und Analysen.

Natürlich spielt auch für den geschilderten kommunalpolitischen Zusammenhang die Mediatisierung der Politik eine Rolle, sie kann von den Bürgern aber, im Unterschied zu den Vorgängen in den nationalen und transnationalen Arenen, im Lichte ihrer eigenen Erfahrungen weitgehend erkannt, auf die Produkte der Herstellungsebene bezogen und auf dieser Basis dann auch bewertet werden. Die Differenz zwischen dem medienbezogenen Image, das ein Akteur für sich inszeniert oder inszenieren lässt, und dem, was er als natürliche Person tatsächlich ist und kann, bleibt im Erfahrungshorizont einer gemeinsamen Lebenswelt sichtbar. Der Unterschied zwischen symbolischen Schauinszenierungen der politischen Akteure, Besuche, Auftritte, Eröffnungen und dergleichen, und dem, was sie zur Lösung des Problems tatsächlich verlangen und tun, bleibt erkennbar.

Die Verteilung der Gunst der Medien auf die Akteure und ihre Lösungsvorschläge entzieht sich nicht dem fragenden Blick. Zu allen Akteuren ist direkter Kontakt möglich, der Fortgang der Lösung des politischen Problems ist täglich direkt zu beobachten. Unterschiede und Zusammenhänge zwischen den politischen Ebenen der Herstellung, der Selbstdarstellung und der medialen Fremd-Darstellung bleiben im alltäglichen Erfahrungshorizont der Bürger weitgehend gegenwärtig und ihrer Beurteilung unterworfen.

Ferne Politik

Die Situation ändert sich entscheidend in den übergeordneten Arenen, in denen Politikvermittlung in beiden Richtungen, von den handelnden politischen Akteuren an das Publikum und von den Bürgern an die Akteure des politischen Systems nur noch über die Massenmedien möglich ist. Eine direkte Kontrolle der Herstellungsebene durch die von ihr betroffenen Bürger ist dann fast vollständig ausgeschlossen. Die Selbstdarstellung der Politik, ihre mediale Darstellung und das Zusammenspiel zwischen beiden gewinnen für die Vorstellungen der Bürger von Politik und ihren praktischen Vollzügen in den größeren Arenen eine Schlüsselstellung.

Eine perfekte Inszenierung

Ein Beispiel aus dem Vorwahlkampf des Jahres 1994

In München war am 10. August ein Koffer von Reisenden aus Moskau beschlagnahmt worden, in dem sich eine größere Menge hochgiftigen Plutoniums befand, das zur Gefährdung von Millionen von Menschen hätte missbraucht werden können. In der Öffentlichkeit setzte sofort eine dramatische Debatte ein. Die „Neue Züricher Zeitung" sprach von einem „apokalyptischen Alptraum". Mangelnde öffentliche Autorität in zerfallenen Sowjetreich wurde als Ursache der neuen Gefahr identifiziert.

Vorspiel

Aller Augen in Deutschland richteten sich auf den Bundeskanzler und Kanzlerkandidaten in der bevorstehenden Bundestagswahl, Helmut Kohl. Hatte dieser doch das öffentliche Bild seiner engen „Männerfreundschaft" mit dem russischen Präsidenten Boris Jelzin stets gefördert und politisch mit dem Hinweis begründet, diese enge Beziehung sei ein wichtiger Baustein für Stabilität in Europa, gute deutsch-russische Beziehungen und berechenbare Verhältnisse in Russland selbst. Der Kanzler geriet in den Medien unter wachsenden Erwartungsdruck. Nun entspann sich eine rasche Folge kennzeichnender Ereignisse.

Ereignis I

Der Bundeskanzler lässt öffentlich bekannt geben, er habe einen Brief an den russischen Präsidenten abgesandt mit der dringenden Bitte, dafür zu sorgen, „daß kein spaltbares Material in der Welt herum vagabundiert". Die Freundschaft beider Staatsmänner und die Entschlossenheit des deutschen Bundeskanzlers erscheinen als Schlüsselressource zur Bannung der neuen unabsehbaren Gefahr für Deutschland, Europa und die Welt.

Ereignis II

Der Bundeskanzler kündigt an, er werde unverzüglich praktische Schritte unternehmen, um die Gefahr sofort, wirksam und endgültig zu beseitigen. Zu diesem Zwecke werde der Staatsminister im Kanzleramt und Koordinator der Geheimdienste des Landes, Bernd Schmidbauer, ohne Zeit zu verlieren, nach Moskau reisen, um persönlich, als unmittelbar Beauftragter des Kanzlerkandidaten, die Quelle des Übels zu beseitigen.

Ereignis III

Einige Zeit später: Ort, der Flughafen Köln/Bonn. Abflug einer Maschine nach Moskau. Im Bild der Staatsminister Bernd Schmidbauer. Ernst, entschlossene Mine, Gestik der Tatkraft und Handlungsentschlossenheit. Mit Worten, die Zielklarheit, Macht, Entschiedenheit und kompromisslose Härte zum Ausdruck bringen, erklärt er den Journalisten, zum großen Publikum in Lande gewandt, er reist nun im persönlichen Auftrag des Kanzlers nach Moskau, um an Ort und Stelle die Verantwortlichen zu veranlassen, die Löcher zu stopfen, die das kriminelle Abzweigen von Plutonium aus den Beständen des Landes möglich gemacht haben.

Ereignis IV

Stunden danach, nun Flughafen Moskau. Der Staatsminister, soeben der Maschine aus Köln/Bonn entstiegen, erklärt den wartenden Journalisten mit dem Blick auf das Publikum in Deutschland, er sei jetzt hier, am Ort, von dem die große Gefahr für die Bevölkerung in Deutschland ausgeht und an dem sich die Verantwortlichen befinden, im persönlichen Auftrag des Bundeskanzlers eingetroffen, um dafür zu sorgen, dass diese Gefahr im Interesse der Menschen in Deutschland sofort, zuverlässig und dauerhaft beendet wird. Er werde nun unverzüglich die Verantwortlichen aufsuchen. Dann: Bilderfolge mit dem in einer gewichtigen Staatslimousine im Gefolge weiterer zum Zentrum der Macht des Landes eilenden Staatsakteurs mit seinen Begleitern.

Ereignis V

Am nächsten Tag, wieder am Moskauer Flughafen. Der Staatsminister auf dem Weg zum Flugzeug, das ihn nach Köln/Bonn zurückbringt. Er erklärt den Journalisten als Botschaft an das Volk in Deutschland, dass seine Mission sehr schwierig, aber sehr erfolgreich war. Durch seinen direkten Eingriff im Auftrag des Bundeskanzlers hier am Ort, von dem die Gefahr bisher ausgegangen sei, habe er nun sicherstellen können, dass sie effektiv abgestellt ist und sich so nicht wieder ereignen könne. Mit den obersten Verantwortlichen Russlands seien genaue Vereinbarungen getroffen worden.

Ereignis VI

Einige Stunden später, nun erneut Flughafen Köln/Bonn. Der Staatssekretär Schmidbauer ist soeben der Maschine aus Moskau entstiegen. Er sagt, er ist auf dem Weg zum Bundeskanzler, um ihm zu berichten, dass er seinen Auftrag erfolgreich durchgeführt hat. Drahtige, sportliche Erscheinung, Gesten der Tatkraft, ernst entschlossene

240

Miene mit dem Gestus der Verschwiegenheit. Mit Worten, die Zielklarheit, Macht, Entschiedenheit und Härte zum Ausdruck bringen, erklärt er den Journalisten, zum großen Publikum im Land gewandt, dass er mit dieser schwierigen Mission Erfolg hatte. Die Menschen könnten wieder beruhigt sein. Durch direkten Eingriff im Auftrag des Bundeskanzlers in Moskau, am Ort, von dem die Gefahr bisher ausgegangen sei, habe er sicherstellen können, dass die große Gefahr nun effektiv abgestellt ist. Er habe die russische Staatsführung zu entsprechenden Maßnahmen vertraglich verpflichten können. Dann: Bilderfolge mit dem in einer gewichtigen Staatslimousine in Richtung Bundeskanzleramt davon eilenden Staatsminister.

Ereignis VII

Der Kanzler erklärt, dass er sehr froh darüber ist, der deutschen Öffentlichkeit jetzt mitteilen zu können, dass er durch die von ihm ohne Zögern veranlasste erfolgreiche Mission seines Staatsministers die Gefahr, die auch für das gesamte deutsche Volk durch den aufgedeckten Atom-Schmuggel entstanden war, erfolgreich und dauerhaft abwenden konnte.

Ereignis VIII

Korrespondenten-Berichte in einigen Qualitäts-Zeitungen auf Seite drei oder vier. Der Sprecher der russischen Regierung habe zum Besuch des Staatsministers Schmidbauer eine Erklärungen abgegeben. Die russische Regierung habe dem Beauftragten des deutschen Bundeskanzlers gegenüber mit aller Entschiedenheit die Anschuldigungen zurückgewiesen, es habe sich in dem umstrittenen Fall um russisches Plutonium gehandelt. Russland habe mit der Angelegenheit nicht das geringste zu tun. Man habe dennoch eine gemeinsame Vereinbarung unterzeichnet. Sollte in Zukunft jemals in einem der beiden Unterzeichnerstaaten tatsächlich eine solche Gefahr entsehen, so werde man sich so früh wie möglich gegenseitig informieren: „Gemäß der Absprache zwischen dem Bundeskanzler der Bundesrepublik Deutschland und dem Präsidenten der Russischen Föderation trafen deren Beauftragte Staatsminister Schmidbauer und Direktor Stepaschin zusammen und sind wie folgt übereingekommen: „Beide Seiten unterstreichen die dringende Notwendigkeit, den illegalen Umgang mit radioaktivem und Nuklearmaterial ungeachtet seiner

Herkunft weltweit und auf ihrem jeweiligen Staatsgebiet mit allen erforderlichen Mitteln zu unterbinden. Damit soll auch verhindert werden, dass radioaktive Stoffe- selbst in Kleinmengen- in die Hände von Terroristen und Erpressern gelangen können.""

Nachspiel

Berichte einer Zeitung aus Anlass des gegen die Plutonium-Schmuggler beginnenden Gerichts-Prozesses: Die Geschichte um den bislang weltgrößten Plutonium-Schmuggel sei eine raffinierte Inszenierung des Bundesnachrichtendienstes, die Bomben-Geschichte sei ein Bomben-Schwindel, eine der abenteuerlichsten Aktionen, die der deutschen Geheimdienst in seinen 40 Dienstjahren angezettelt hat. „Um aller Welt zu zeigen, wie porös die Atom-Arsenale des ehemaligen Sowjetreiches sind, inszenierte der BND einen gewaltigen Bluff mit allen Zutaten eines Thrillers. „...Kaum zu glauben, dass nicht zumindest die rechte Geheimdiensthand von Helmut Kohl, Staatsminister Bernd Schmidbauer, in die Aktion eingeweiht war – und sie gebilligt hat: Der Minister zum „SPIEGEL": „Die operativen Details kenne ich nicht"." In dem Gerichtsverfahren wurde keine Urheberschaft des BND für die Aktion festgestellt. Die Täter erhielten hohe Strafen.

Betrachtungen zu den inszenierten Ereignissen.

Da die Urheberschaft des BND gerichtlich nicht festgestellt wurde, müsste auch gefragt werden, inwieweit dieser Teil der Geschichte, der sie erst wahrhaft spannend und zu einer illustren Nachricht machte, seinerseits die mediale Inszenierung eines Verdachts gewesen ist. Diese Frage ist für den politischen Teil der Inszenierung jedoch ohne Interesse.

Für das Verständnis des Verhältnisses von Herstellung, Selbstdarstellung und medialer Darstellung von Politik ist der Hintergrund der Geschichte und die Frage nach der eigentlichen Urheberschaft des Vorgangs ohne Belang. Entscheidend ist allein die Differenz zwischen den Vorgängen auf allen drei Ebenen politischen Handelns und die Frage, welchen Eindruck der durchschnittlich informierte Bürger vom ganzen Geschehen gewinnen kann.

Alle drei Ebenen sind deutlich voneinander unterscheidbar und spielen eine Rolle. Entscheidend ist, dass der politische Beobachter das tatsächliche Geschehen in der großen politischen Arena überhaupt nur noch in den Formen seiner medialen Vermittlung.

zur Kenntnis nehmen kann. Das stellen die Planer der politischen Selbstdarstellung bei der Kalkulation ihrer Auftritte von vornherein in Rechnung. Sie führen auf der Ebene der politischen Selbst-Darstellung Aktionen vor, von denen sie annehmen können, dass sie zunächst unabhängig von den Netto-Leistungen auf der Herstellungsebene in den Medien als politische Ereignisse dargestellt werden und beim größeren Teil des Publikums als solche den gewünschten Eindruck hinterlassen.

Auf der Herstellungsebene ergab sich als politisches Produkt die vage Vereinbarung über eine gegenseitige Unterrichtung, die keine Klärung über die Verursachung des anlassgebenden Falles enthielt und unter anderem schon deswegen keinerlei effiziente Regelungen für künftige Fälle ähnlicher Art.

Auf der politischen Selbst-Darstellungsebene wurde eine Art Heldenepos ins Bild gesetzt, die Reise des tatkräftigen Beauftragten mitten in die Höhle des Löwen, belegt mit vielen Scheinhandlungen und weit über die Herstellungsleistungen hinaus weisenden Selbstdeutungen des Geschehens und seiner Erfolge.

Am Dramatischsten im Fernsehen, in moderierenden Abstufungen aber auch in den Print-Medien wurden zunächst die politischen Selbst-Darstellungen nur abgebildet. Weil sie wie wirkliche Ereignisse als Tathandlungen körperlich und durch mitgelieferte Interpretationen vollzogen wurden, wirkten die Scheinereignisse der Reise und der Politiker-Statements wie untrügliche Bildbelege für die in Anspruch genommenen Handlungserfolge. Die mediale Darstellung reproduzierte zunächst im Wesentlichen die politische Selbst- Darstellung. Das lag allein schon in der Art der politischen Handlungsinszenierung begründet, die ja für den unvoreingenommenen Beobachter alle Anzeichnen dessen trug, was sie ihrer Selbst-Interpretation zufolge sein wollte.

Es waren dann aber auch die medialen Darstellungen, die den tatsächlichen Handlungsertrag auf der Herstellungsebene eindeutig erkennbar machten. Da dieser jedoch keine demonstrative Verkörperung in starken Bildern, beweiskräftigen Aktionen und rhetorisch wirkungsvollen Statements fanden, sondern in eher nachgeordneten, abstrakten und knappen kurzen Sachberichten zur Sprache gebracht wurden, traten sie weit hinter die Wirkungen der politischen Selbst-Darstellung zurück und wurden überwiegend zur Nachricht für die politisch besonders interessierten und vorinformierten Bürger.

Ein Fazit

Die Regeln der Mediendemokratie, so lässt sich an diesem Fall beobachten, erleichtern den politischen Akteuren und ihren professionellen Medienberatern die Entkoppelung von Herstellungs- und Darstellungshandeln zu ihren Gunsten. Sie erschweren das Verständnis und die Kontrolle des politischen Herstellungshandelns für die durchschnittlich interessierten und informierten Bürger, die vom medialen Angebot her häufig den Eindruck gewinnen können, Zeuge der Herstellung politischer Produkte zu sein, wo sie in Wahrheit nur Zuschauer wohl kalkulierter Selbst-Darstellungen sind. Gleichwohl: die Unterschiede zwischen den drei Ebenen bleiben erhalten und sie bleiben, wenn auch mit Mühe, in aller Regel in den medialen Darstellungen der Politik selbst erkennbar.

IV. Schwerpunkte
Neue Themen und Fragen

15. Kapitel
Globalisierung

Die neue Lage

Kommunikation

Globalisierung ist an der Wende zum einundzwanzigsten Jahrhundert in wichtigen Handlungsbereichen eine Tatsache. Am offenkundigsten ist dies im Bereich der Kommunikation. Was an dem einen Ende der Welt geschieht, geht in Echtzeit als Fernsehbild rund um die Welt und kann überall wahrgenommen werden. Die Vision *Marshall Mc Luhans* vom Globalen Dorf, das die neuen Kommunikationsmittel unvermeidlich herbeiführen, ist im Großen und Ganzen heute Wirklichkeit geworden. Globalisierung bedeutet vor allem die drastische Schrumpfung des Raumes auf unserer Welt in nahezu jeder denkbaren Hinsicht. Kommunikationsinseln, vom Rest der Welt abgetrennt, etwa wenn ein Land von den Informationsströmen der Welt künstlich abgeschottet werden soll, lassen sich im Zeitalter von Internet und Satelliten-Fernsehen nicht mehr für längere Zeit aufrechterhalten.

Kulturen

Auf der Ebene der *Kulturen* haben die Flüchtlingsströme, der internationale Handel, der Tourismus und der unablässige Strom der Arbeitsmigranten in alle Himmelsrichtungen dazu geführt, dass so gut wie alle Gesellschaften dieser Welt, wenn auch in unterschiedlichem Maße, kulturell vielfältig geworden sind. Menschen höchst unterschiedlicher ethnischer Abkunft und Anhänger verschiedener Religionen leben überall auf Welt in engster Nachbarschaft zusammen. Die räumliche Isolation der Kulturen und Religionen voneinander gehört der Vergangenheit an. Aber nicht nur die Anlässe für kurze interkulturelle Bekanntschaft und zu erster Information werden zahlreicher, dichtes Zusammenleben in denselben Lebenswelten wird zur Regel. Die kulturelle Vielfalt der Welt ist im Sinne gelebter Nachbarschaft global geworden.

Zivilgesellschaft

Auf der Ebene der *Zivilgesellschaft* sind die Verflechtungen, die Kontakte und die Formen der Zusammenarbeit über alle Ländergrenzen hinweg zahlreich und vielfältig geworden. Bürgerinitiativen, etwa im Bereich der Menschenrechte oder der Umwelt arbeiten im transnationalen Rahmen zusammen, ebenso wie Universitäten, Städteverwaltungen, Unternehmerverbände und Gewerkschaften. Wenn auch nicht systematisch und flächendeckend, so doch in ungekanntem Umfang und neuer Intensität verflechten sich gesellschaftliche Handlungszusammenhänge ungeachtet nationalstaatlicher Grenzen. Die Organisationen der transnationalen Zivilgesellschaft melden sich zu Wort, wenn auf internationalen Konferenzen, etwa den UN Menschenrechtskonferenzen oder Tagungen der Weltbank, oder in den politischen Institutionen der Weltgesellschaft Entscheidungen anstehen.

Wirtschaft

Besonders folgenreich ist aber die weitreichende, wenn auch keineswegs alle Teile der Welt gleichermaßen erfassende Globalisierung der *Wirtschaft*. Transnationale Konzerne, die seit Jahrzehnten tätig sind, verfeinern ihre weltweiten Produktions- und Absatznetze sowie die internen Techniken der transnationalen Verlagerung und Koordination ihrer Aktivitäten in wachsenden Maße. Komponenten einzelner Güter, wie Fernsehgeräte, Automobile oder Computer, werden je nach Zweckmäßigkeit in den unterschiedlichsten Ländern erzeugt und je nach Kostenkalkulation dort zum Endprodukt zusammengefügt, wo die wirtschaftlichen Bedingungen am günstigsten sind. Die Güter- und Dienstleistungsmärkte haben, mit geringen Einschränkungen, ein globales Ausmaß erreicht. Produkte, die in Ostasien erzeugt werden, finden sich auf den Märkten Europas und den USA und umgekehrt. Computerdienstleistungen, die deutsche Unternehmen benötigen, werden on-line über Nacht in indischen Städten erbracht und geliefert. Die große Industrieberatungsfirmen operieren weltweit. Die Kapitalmärkte überwinden alle Grenzen. Je nach Profitabilität und Sicherheitskalkül können Investitionen kurzfristig von Land zu Land verlagert werden.

Als für die Politik problematisch haben sich insbesondere die Finanzmärkte erwiesen. Hochgradig vermittelte indirekte Finanzgeschäfte mit spekulativen Finanzierungs- und Sicherungstechniken, die durch Güter und Warenströme nicht mehr gedeckt sind, machen mit großem Abstand das Hauptgeschäft der weltweiten Finanztransaktionen aus. Sie können, wie sich immer wieder zeigt, wegen ihrer Größenordnung und der Plötzlichkeit ihres Vollzugs, etwa beim überraschenden Abzug kurzfristig angelegten Kapitals in hohen Milliardebeträgen, ganze Volkswirtschaften und Währungen in die Krise stürzen. Die nationalen Regierungen der davon betroffenen Gesellschaften haben häufig keine Chance zur Gegenwehr und zur politisch verantwortlichen Gestaltung der daraus folgenden wirtschaftlichen Abläufe.

Abb. 29: Politik und Globalisierung

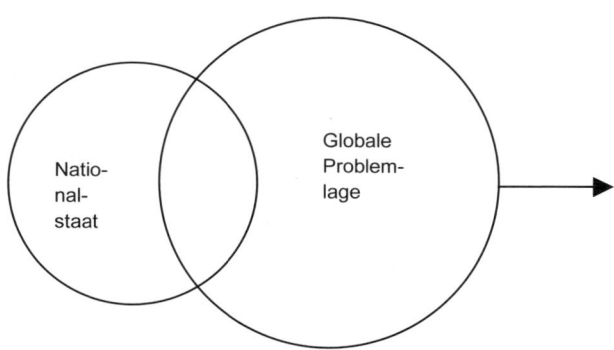

Eigene Darstellung

Negative und positive Globalisierung

Der Prozess der Globalisierung steht keineswegs an sich im Widerspruch zu Normen des politisch Wünschenswerten. Er hat selbst in seiner gegenwärtigen negativen, der verantwortlichen Gestaltung weitgehend entzogenen Form viele positive Folgen, etwa wachsender Wohlstand in ehemaligen Drittweltländern, bedingt durch eine sie begünstigende neue weltweite Arbeitsteilung oder eine Verringerung der Preise für Güter und Dienstleistungen auch in den entwickelten Dienstleistungsgesellschaften selbst. Das grundlegende politische Problem der Globalisierung besteht vielmehr darin, dass sie zu einer schwerwiegenden Entkoppelung der Arena, in der politisch folgenreiche Wirkungen erzeugt werden und der Arena, in der politische Gestaltung möglich ist, führt. Der Wirkungskreis politischer Entscheidungsmacht und der Horizont politisch wirksamer Problemketten sind nicht mehr deckungsgleich. Es entsteht ein prinzipielles politisches Diskrepanzproblem.

Der legitime Anspruch von Politik überhaupt, erst recht von demokratisch entschiedener Politik, bestand aber immer darin, dass die Ursachen und Wirkungen politisch folgenreicher Entwicklungen in Wirtschaft und Gesellschaft von den legitimierten politischen Entscheidungsinstanzen auf politischem Wege bearbeitet werden können. Die moderne Demokratie hat sich auf den Nationalstaat gestützt, weil er eine klar abgegrenzte Arena schuf, in der die Reichweiten politischer Problemlagen und politischer Entscheidungskompetenzen im Wesentlichen deckungsgleich waren. Es war dann immer nur eine politische Entscheidung, welche gesellschaftlichen Problemlagen politisch behandelt und entschieden werden sollten. In ihrer gegenwärtigen Phase verläuft die Globalisierung in dem Sinne überwiegend negativ, dass zumeist nur die bisher wirksamen nationalen Grenzen und Regelungen abgebaut, nicht aber neue, dem weiteren globalen Wirkungshorizont angemessene Instrumente der Entscheidung und Regulierung aufgebaut werden.

Viele der Wirkungen der gesellschaftlichen und wirtschaftlichen Globalisierung entziehen sich daher zum gegenwärtigen Zeitpunkt prinzipiell der politischen Entscheidbarkeit und Gestaltungschance, weil die politischen Entscheidungskompetenzen im Wesentlichen immer noch nationalstaatlich, allenfalls, wie in der Europäischen Union, teilweise regional organisiert sind. Nur in wenigen Teilbereichen gelingt bislang transnationale Kooperation, während die Problemursachen und -wirkungen mit immer empfindlicheren spürbaren Folgen die Ländergrenzen überschreiten.

Entmachtung der Politik

Eine solche *strukturelle Entmachtung der Politik* wirft schwerwiegende Probleme auf. Diese können zu weitreichenden politischen Krisen in den Gesellschaften führen, die davon in besonderer Weise betroffen sind.

In *legitimatorischer* Hinsicht entsteht das Problem, dass große Menschengruppen sowohl in den entwickelten Dienstleistungsgesellschaften wie in den Entwicklungsgesellschaften der „Dritten Welt" massiven sozialen, wirtschaftlichen, ökologischen und anderen Folgen ausgesetzt sind, für die sich in überschaubarer Zeit kein verantwortlicher Adressat finden lässt, der ihre wirksame politische Überwindung garantieren kann. Auf Dauer kann eine solche Entwicklung nur zur Entlegitimierung der neuen Formen der Globalisierung und sogar der Demokratie selber führen, wenn sie sich in lebensentscheidenden Fragen als politisch ohnmächtig erweist.

In *funktionaler* Hinsicht ist nach aller historischer Erfahrung zu erwarten, dass unterschiedliche Varianten extremistischer, populistischer und fundamentalistischer politischer Bewegungen in erheblichem Maße Auftrieb gewinnen können, die das ganze Weltsystem, die etablierte Politik, die Demokratie oder die mächtigsten Staaten der Welt zum Objekt scharfer Anklagen macht, verbunden mit vagen Versprechen durch nationalistische oder fundamentalistische Patentrezepte die gegenwärtigen Probleme zu lösen. Da solche Kräfte innerhalb der jeweiligen Gesellschaft erheblichen Druck ausüben können, dem sich auch die verantwortlichen politischen Kräfte oftmals nicht ganz entziehen können, wenn die entsprechenden Bewegungen erst einmal eine bestimmte Stärke erreicht haben, wird dann durch eine solche Entwicklung paradoxerweise die Möglichkeit transnationaler politischer Kooperation zusätzlich verringert.

Da andererseits eine nennenswerte Begrenzung der globalen politischen Wirkungszusammenhänge durch eine Politik der nationalstaatlichen Abschottung in der gegenwärtigen Welt weder durchführbar noch politisch sinnvoll ist, bleibt nur der Weg einer Perspektive der Rückgewinnung politischer Gestaltungs- und Entscheidungsmacht über die global gewordenen politischen Wirkungszusammenhänge. Dabei kann und muss es nicht darauf ankommen, schnelle Rezepte für eine vollständige Lösung des *politischen Diskrepanzproblems* der Globalisierung zu finden. Glaubwürdige und realisierungsfähige Perspektiven für eine schrittweise Überwindung der bestehenden Widersprüche sind jedoch geboten und möglich.

Politik der positiven Globalisierung

Für die Rückgewinnung der politischen Entscheidungsfähigkeit und Gestaltungsmacht über die den nationalstaatlichen Grenzen entwachsenen politischen Probleme bedarf es aus Gründen der Legitimation zwingend einer positiven Globalisierung. Sie entsteht durch den Aufbau neuer Entscheidungs- und Regulationsformen, die in ihrer Reichweite und Wirksamkeit den globalen Wirkungszusammenhängen angemessen sind. Die Demokratie muss so global werden, wie die politischen Probleme, die sie lösen soll. Nur auf diesem Wege kann das prinzipielle Legitimationsdefizit der negativen Globalisierung abgebaut werden. In einem zugleich realistischen und an den Bedingungen von Demokratie und Menschenrechten orientierten Ansatz ist eine solche Rückgewinnung der politischen Verantwortung über die Prozesse der Globalisierung nur als ein *regulatives Konzept* aussichtsreich. Es entwirft ein politisches Vorgehen, das sich auf mehreren Ebenen und in mehreren Bereichen schrittweise dem gesetzten Ziel annähert, ohne dass vorab fertige Modelle entworfen werden können, die den möglichen Endzustand einer solchen Entwicklung vorgeben.

Global Governance

Es sind vier Ebenen, auf denen ein Ausbau transnationaler politischer Zusammenarbeit die schrittweise Rückgewinnung der politischen Gestaltung der Weltgesellschaft möglich macht:

Erstens: Stärkung, Erweiterung und teilweise Veränderungen der globalen, auch wirtschaftspolitischen Aufgaben der *UNO*.

Zweitens: Ausbau und Vernetzung der Systeme *regionaler* politischer Zusammenarbeit (z.B. in Europa: Europäische Union; in Süd-Ost-Asien: ASEAN, in Süd-Asien: SAARC. in Nord -und Südamerika: Mercosur, Nafta, APEC und weitere in anderen Regionen).

Drittens: Bereichsbezogene transnationale Kooperation, sog. transnationale *Regime* (im Bereich des Handels, des Umweltschutzes, der Menschenrechte u.ä.)

Viertens: Transnationale Vernetzung zivilgesellschaftlicher Politik (Bürgerinitiativen, NGOs u.a.).

Ein solches Netzwerk politisch entscheidungsfähiger transnationaler Institutionen, Initiativen, und Kooperationssysteme kann, wenn auch mit unterschiedlichen Erfolgsaussichten, politisch gestaltend tätig werden, wo dies im überwiegenden Teil der Weltöffentlichkeit verlangt wird. Es kann, je nach Erfahrung und Bedarf ergänzt, korrigiert und weiterentwickelt werden und jedenfalls wichtige Schritte zur Schließung der Lücke zwischen globaler Verursachung und national begrenzter politischer Handlungsunfähigkeit gehen. Im globalen Zeitalter wird Politik daher in vielen Bereichen und Hinsichten *informeller* sein, ohne damit aufzuhören, Politik zu sein. Sie wird häufiger in selbstorganisierten, zeitlich begrenzten Formen auftreten, je nach Problemlage, Betroffenheit und Erfolgsaussichten.

Wiedergewinnung der Politik

Die politische Steuerung der Weltgesellschaft im Hinblick auf die ihrer Natur nach politischen Problemlagen, global governance, ist ein Imperativ, der sich aus den Legitimationsbedingungen moderner Politik direkt ergibt. Die Vorstellung eines Weltstaates, der analog zum Nationalstaat weltweit Staatlichkeit organisiert, erscheint weder wünschenswert noch realisierbar. Nicht wünschenswert, weil er ein Moloch zentralistischer Bürgerferne wäre und damit seinerseits ein Problem für demokratische Legitimation und politische Wirksamkeit darstellen würde. Nicht realisierbar, weil kaum einer der gegenwärtigen Nationalstaaten der Welt je bereit sein wird, seine gesamten Souveränitätsrechte an eine übergeordnete Instanz abzugeben. Da aber die negative Globalisierung ein Zustand ist, in dem wichtige politische Probleme ungelöst bleiben und damit die demokratische Legitimation moderner Politik in Frage gestellt ist, erscheint allein der mittlere Weg des allmählichen Aufbaus einer politischen Weltgesellschaft angemessen. Ihre Formen dürfen sich allein daran orientieren, was notwendig ist, um die politischen Probleme der Weltgesellschaft unter gleichberechtigter Mitwirkung der von ihnen Betroffenen politisch bearbeiten zu können. Die Arbeit an den vier Säulen von global governance und ihrer Verbindungen untereinander ist in diesem Sinne für die Wiedergewinnung der verlorenen politischen Gestaltungsmacht zugleich notwendig und realistisch.

16. Kapitel
Identitätspolitik

Demokratie und die multikulturelle Gesellschaft

Die Bundesrepublik Deutschland versteht sich erst seit kurzem als Zuwanderungsland (Zuwanderungsgesetz von 2002). Die Zuwanderung (Immigration) ist auch nach Bekundung des Gesetzgebers selbst nur in dem Maße mit den Funktionsbedingungen des demokratischen Gemeinwesens und der offenen Gesellschaft verträglich, wie die Integration der schon zugewanderten und der künftig noch zuwandernden Bürger gelingt. Gleichzeitig sichert die rechtsstaatliche Demokratie des Grundgesetzes nicht nur das Recht auf Ausübung selbstgewählter Religion, sondern gebietet auch die Achtung vor dem religiös, kulturell oder ethnisch Anderen. Hinter den scheinbar so klaren Begriffen, die hier ins Spiel kommen, verstecken sich jedoch, wie ein Blick auf die in dieser Hinsicht erfahreneren europäischen Nachbarländer zeigt, viele Schwierigkeiten, Probleme und offene Fragen, die eine kulturell vielfältige Demokratie beantworten muss.

Wie genau hängen aus der Sicht der rechtsstaatlichen Demokratie das Recht auf ethnisch-kulturelle bzw. religiös-kulturelle Identität, gesellschaftlich politische Integration und die Achtung vor der rechtsstaatlich-demokratischen Ordnung selbst zusammen? Diese Schlüsselfrage hat ihre besondere Brisanz dadurch gewonnen, dass aus der Mitte einiger der religiös-kulturellen Gemeinschaften überall auf der Welt der Anspruch erhoben wird, dass sich ihr authentisches Selbstverständnis nicht mit dem ganzen Spektrum der demokratisch-rechtsstaatlichen Grundsätze vertrage. Sie verlangen den Vorrang des Rechts auf die Ausübung einer Religion, wie sie sie verstehen, vor den Prinzipien der rechtsstaatlichen Demokratie.

Für eine Reihe europäischer Länder, insbesondere auch die Bundesrepublik Deutschland, ist dabei in erster Linie eine bestimmte, fundamentalistische Art des islamischen Selbstverständnisses zum Thema kontroverser Betrachtungen geworden. Um die in diesem Falle immer naheliegenden Missverständnisse von vornherein auszuräumen, sei zunächst klargestellt, dass solche, mit der rechtsstaatlichen Demokratie kollidierenden Ansprüche nur von einem sehr kleinen Teil der islamischen Gemeinschaften in Europa erhoben werden, und dass andererseits ähnliche Ansprüche in anderen Ländern und Kulturkreisen auch von ähnlich gearteten Gruppierungen innerhalb vieler anderer religiös-kultureller Traditionen erhoben werden (Marty/Appleby 1996). Es geht also nicht um eine Gegenüberstellung von Islam und Demokratie.

Fundamentalistische Identitätspolitik

Fundamentalistische Richtungen innerhalb der einzelnen religiös-kulturellen Traditionen, die u.a. durch eine Gegnerschaft zu Grundrechten der Demokratie charakterisiert sind, gibt es tatsächlich in allen religiösen Traditionen einschließlich der christlichen (Meyer 1989, Marty/Appleby 1996). Die Fragen, um die es hier geht, stellen sich also im Hinblick auf all diese fundmentalistischen Strömungen in allen Religionen und Kulturen: Findet das Recht auf religiös-kulturelle Selbstbestimmung an den Normen von Menschenrechten und Demokratie seine legitime Grenze oder ist es seinem eigenen Wesen nach prinzipiell unbegrenzt? Und: Wo genau verläuft diese Grenze, falls sie legitimerweise gezogen werden muss?

Um eine Antwort auf diese schwierige Frage zu gewinnen, bedarf es zunächst einer kulturbezogenen Klarstellung und einer demokratie-theoretischen Feststellung. Die Klarstellung bezieht sich auf die innere Entwicklung der großen religiösen Kulturen in der Gegenwartswelt wie Islam, Christentum, Judentum, Buddhismus und Hinduismus. Die jüngere Forschung hat in überzeugender Weise zeigen können, dass sich in der Gegenwartswelt alle religiösen Kulturen intern in hohem Maße ausdifferenzieren. Teilweise bedingt durch die Entwicklung der verschiedenen Gesellschaften, in denen sie praktiziert werden, teilweise bedingt durch den zunehmenden Austausch der verschiedenen Kulturen und Religionen untereinander, und teilweise bedingt durch die unvermeidliche Auslegungsbedürftigkeit ihrer Überlieferung im Lichte neuer Erfahrungen bilden sich überall miteinander konkurrierende Lesarten der Aktualisierung religiös-kultureller Überlieferung heraus (Meyer 2002).

Innere Differenzierung der Religionen

Es ist kennzeichnend, dass diese Feststellung für alle großen religiös-kulturellen Traditionen gilt und sich in ihnen allen eine ähnliche Entwicklung beobachten lässt. Überall lassen sich drei große Grundströmungen deutlich von einander unterscheiden: Eine *traditionalistische*, eine *moderne* und eine *fundamentalistische* Strömung.

Die *traditionalistische* Strömung ist dadurch gekennzeichnet, dass sie in einer defensiven Weise so viele als möglich von den überkommenen sozialen und kulturellen Strukturen, Gewohnheiten und Interpretationen des religiösen Erbes bewahren will, aber die unvermeidlichen Anpassungen an den gesellschaftlichen und kulturellen Wandel dennoch gewährleistet. In sozialer Hinsicht versuchen die Anhänger dieser Strömung vor allem die Dominanz der Männer über die Frauen zu erhalten, den Vorrang der religiösen Lehren über die Lebensführung der Menschen, eine privilegierte Rolle der Religion im Staat sowie die überlieferten religiösen und sozialen Hierarchien. Sie verteidigen den Vorrang der Gemeinschaft über das Individuum und der religiösen Überlieferung über die moderne Kritik.

Die *moderne* Strömung hingegen, spätestens seit der Mitte des 19. Jahrhundert auch im Islam von einflussreichen und prominenten Vertretern vorangetrieben, plädiert für die Rechte des Individuums gegenüber der Gemeinschaft, die Trennung von öffentlicher Sphäre (Staat) und Religion, Toleranz gegenüber unterschiedlichen Religionen und Konfessionen, die freie Entfaltung von Wissenschaft und Künsten, die Respektierung von Menschenrechten und Demokratie (Tibi 1995). In diesem Rahmen soll sich die Überlieferung des religiösen Erbes, die religiöse Lebensführung der Einzelnen und die Fortentwicklung der religiösen Traditionen vollziehen. Diese Art der Modernisierung ist nicht gegen die Religion oder ihren Rang im Leben des Einzelnen gerichtet, sie definiert aber die öffentliche Rolle der Religion neu.

Der *Fundamentalismus* schließlich ist die in allen Religionen und Kulturen zu beobachtende Reaktion auf die Erfolge, Probleme und Krisen der Modernisierung. Aus einer Reihe von Gründen will er die Offenheit, die Relativierung, die Dynamik, die Unsicherheit, die Freizügigkeit und die Infragestellungen, die die Modernisierungen mit sich bringen, mit einem einzigen großen Gegenentwurf wieder beseitigen. Dazu greift er auf eine historisch frühe Form der religiösen Lebensform, in deren Tradition er steht, zurück und versucht diese gegen alles Widerstreben für alle Gläubigen wieder verbindlich zu machen.

Politisierte Religion

Fundamentalisten erheben ihr eigenes Verständnis der religiösen Wahrheiten und Forderungen zur absoluten Gewissheit für alle Angehörigen ihrer religiösen Gemeinschaft. Diejenigen, die davon abweichen, werden zu Abtrünnigen erklärt, die nicht lediglich ein anderes Verständnis derselben Überlieferung haben, sondern zu deren Feinden geworden sind. Sie erstreben auf der Basis dieser Gewissheit eine soziale Lebensform und zumeist auch eine politische Verfassung, die die Herrschaft ihres eigenen Verständnisses von religiöser Lebensführung und sozialer Ordnung für alle verbindlich machen soll (Heitmeyer 1998). Den unterschiedlichen Möglichkeiten, dieselbe religiöse Überlieferung auf unterschiedliche Weise zu verstehen und zu aktualisieren, entziehen sie die Rechtfertigung. Dem Spielraum für individuelle Freiheit bei der Praktizierung von Religion und Glauben in der Lebensführung und für die gleichberechtigte Einbeziehung aller sozialen und kulturellen Interessen in die politische Gestaltung soll auf diese Weise der Boden entzogen werden.

Fundamentalisten gehen fast immer davon aus, dass die absoluten Glaubensgewissheiten, über die sie nach ihrer Ansicht allein verfügen, das Recht und die Notwendigkeit einschließen, auch die soziale Ordnung und die politische Herrschaft nach ihren Gewissheiten zu regeln, denn für sie ist es diese absolute Gewissheit selbst und nicht die Zustimmung der von den Entscheidungen betroffenen Menschen, die allein Quelle der Rechtfertigung verbindlicher Lebensführung und öffentlicher Herrschaft sein kann. Aus diesem Grunde widerspricht in ihrem Verständnis schon die Forderung nach einer Trennung von Staat und Religion, von öffentlichem und religiösem Leben dem Wesen ihres Religionsverständnisses. Für universelle Menschenrechte und Demokratie lässt dieses politisierte Verständnis von religiös-kultureller Identität keinen Raum. Die Wirklichkeit zeigt aber, dass es in keiner Tradition als der unangefochtene Ausdruck gemeinschaftlicher religiöser Identität anerkannt ist. Das gilt ausdrücklich auch für den Islam, dessen fundamentalistische Anhänger in der Bundesrepublik nur wenige Prozent seiner Gläubigen ausmachen (Sen/Aydib 2002).

Rechtsstaatliche Demokratie und religiöse Kultur

Die rechtsstaatliche Demokratie beruht auf der Einsicht, dass unter den modernen Bedingungen der unvermeidlichen und allgegenwärtigen religiösen und kulturellen Vielfalt, politische Herrschaft nur noch dadurch gerechtfertigt werden kann, dass sie sich auf die Geltung der Menschenrechte und demokratische Zustimmungsverfahren stützt. Nur in diesem Rahmen können die verschiedenartigen religiösen und nichtreligiösen Ansprüche des Glaubens und der Lebensführung gleichberechtigt miteinander bestehen und bei der Regelung ihrer gemeinsamen Angelegenheiten auch gleichberechtigt zusammenwirken. Keine einzelne Glaubensgewissheit kann sich noch auf eine anerkennenswürdige Legitimation berufen, im Namen aller über alle zu herrschen. Jedem derartigen Anspruch wird überall in der Welt der Gegenwart unverzüglich von anders-denkenden Angehörigen derselben religiös-kulturellen Überlieferung widersprochen. Erst dadurch, dass alle mit gleichen Rechten über die gemeinsamen Angelegenheiten beraten und entscheiden und im Übrigen alle die gleichen, größtmöglichen Spielräume der Entfaltung ihrer Glaubens- und Lebensweisen gewinnen, entsteht eine für alle im Prinzip zustimmungsfähige, legitime Form politischer Herrschaft.

Es ist geradezu der Geltungssinn der rechtsstaatlichen Demokratie, ausschließlich diejenigen Grundrechte und Verfahrensregeln für alle verbindlich zu machen, die allen den gleichen größtmöglichen Spielraum für die Entfaltung ihrer je unterschiedlichen Lebensformen garantieren können. Die rechtsstaatliche Demokratie beruht daher auf dem Einverständnis aller über diese Voraussetzungen und auf der Erwartung, dass alle, die an ihr teilhaben, diese Voraussetzung zu erfüllen bereit sind.

Politische Kultur

Wie wir aus der historischen Erfahrung, insbesondere aus der Erfahrung mit dem Ende der Weimarer Republik in Deutschland wissen, reicht es aber für die Lebensfähigkeit der rechtsstaatlichen Demokratie nicht aus, wenn sich alle politischen Akteure nur äußerlich an ihre Spielregeln halten, solange diese, mit Sanktionsandrohungen bewährt, nun einmal gelten, aber nur, um sie für deren eigenen Abschaffung zu nutzen, sobald sie die Macht dazu haben. Diese Erfahrung ist einer der maßgeblichen Gründe dafür, dass die rechtsstaatliche Demokratie darauf bestehen muss, dass nicht nur im vorübergehenden äußeren Verhalten, sondern auch in der gelebten politischen Kultur ihre Grundwerte und –regeln Gültigkeit besitzen. Nur wenn der Tendenz nach die ganze Gesellschaft auch in ihren politischen Orientierungen, Verhaltensgewohnheiten, Erwartungen, Werten und Überzeugungen, also in ihrer politischen Kultur, von der Legitimität der rechtsstaatlichen Demokratie durchdrungen ist, kann diese das politische Leben eines Landes prägen und seine Institutionen nachhaltig sichern.

Grenzen der Differenz

Die rechtsstaatliche Demokratie macht also ihrem eigentlichen Geltungssinn nach nur diejenigen Normen und Werte für alle verbindlich, die allen das größtmögliche Maß an individueller Freiheit bei der Gestaltung der eigenen Lebensführung ermöglichen. Sie muss darauf bestehen, dass alle, die diese Freiheitsrechte in Anspruch nehmen, auch die Verpflichtung zur Wahrung der gemeinsamen Normen und Institutionen teilen. An dieser Norm findet folglich die Freiheit der religiös-kulturellen Selbstbestimmung im öffentlichen Raum ihre Grenze. Die Gemeinsamkeit der politischen Kultur der Demokratie und die Akzeptanz ihrer grundlegenden Rechte und Institutionen sind für alle verbindlich, die ihre Garantie in Anspruch nehmen wollen. Darum kann und muss die rechtsstaatliche Demokratie auch gegenüber dem Selbstbehauptungsanspruch religiös-kultureller Lebensformen auf dieser Grenze unbedingt bestehen, denn sie bedeutet ja für sie alle auch die Gewähr ihres Schutzes vor den Übergriffen anderer.

Ebene 1	Glauben (Teilüberzeugung)
Ebene 2	Lebensführung (Lebensethik)
Ebene 3	Zusammenleben (politische Kultur)

Eigene Darstellung

Staatsbürgerschaft

Die Minima der staatsbürgerlichen Orientierung, derer die Demokratie als sozialer Realität unbedingt bedarf, wenn ihr institutioneller Bestand gesichert und ihre funktionellen und normativen Ansprüche erfüllt werden sollen, zeigen sich in den Ergebnissen der politischen Kulturforschung, die nach den gegebenen politischen Orientierungen in stabilen Demokratien und den empirisch beobachtbaren Defiziten in labilen Demokratien fragt. Seit den ersten Studien von Gabriel Almond und Sidney Verba weisen die empirischen Forschungsergebnisse immer wieder aus, dass in einer stabilen Demokratie die große Mehrheit aller Bürger zumindest die folgenden Orientierungen in einen ausreichendem Maße habitualisiert haben muss: Vertrauen in die Mitbürger; ausreichende Kenntnisse, sowie emotionale und wertgebunden Zustimmung im Hinblick auf das politische Gesamtsystem, in dem sie leben, dessen Teilhabemöglichkeiten und grundlegenden Leistungen und ihre eigene Verantwortung in ihm; aktive Toleranz; Fähigkeit zur emotional stabilen Verbindung von Konflikten in Sachfragen mit Übereinstimmung in demokratischen Grundüberzeugungen; Emotionale Fähigkeit der Trennung von politischer Differenz und menschlicher Anerkennung (Almond/Verba 1963).

Dieser Minimalkatalog muss um zwei Maßstäbe ergänzt werden, um auf die Bedingungen kulturell vielgestaltiger Gesellschaften bezogen werden zu können: Erstens, die Teilhabe am öffentlichen Diskurs des Gemeinwesens muss zumindest passiv ohne substanzielle Behinderungen möglich sein; und zweitens: Vertrauen, Toleranz und wechselseitige Anerkennung dürfen nicht an ethnokulturellen bzw. kulturell-religiösen Milieu-Grenzen halt machen (Kymlicka 1999). Die konsensuellen Minima demokratischer poli-

tischer Kultur decken sich mit einem aus der Theorie der Staatsbürgerrolle abgeleiteten Grundbestand elementarer Tugenden demokratischer Staatsbürgerschaft. Wir müssen daher in ihnen diejenigen kulturell-politischen Orientierungen sehen, die in der ganzen
Gesellschaft eines demokratischen Gemeinwesens als sozial wirksame Handlungsdispositionen eingelebt sein sollten, wenn diese
funktionsfähig sein und Bestand haben soll.

Alle besonderen Identitäten, die sich innerhalb einer demokratisch verfassten Gesellschaft auf kulturell-ästhetischer, ethno-kultu-
reller, ideologischer oder kulturell-religiöser Basis ausbilden, müssen
die Minima der politischen Kultur der Demokratie teilen können, da
diese in empirischer Sicht die Voraussetzung der nachhaltigen Sys-
temintegration des von ihnen allen geteilten Gemeinwesens ist und in
demokratisch-normativer Sicht eine der Voraussetzungen für die
wechselseitige Anerkennung des Rechts der Selbstbehauptung ihrer
besonderen Identität innerhalb eines geteilten Gemeinwesens.

Für kulturell pluralistische Gesellschaften hat Will Kymlicka auf
dieser Ebene daraus die überzeugende Schlussfolgerung gezogen,
dass die Angehörigen der unterschiedlichen Kollektive in der Lage
sein müssen, in ihrer Staatbürgerrolle den Horizont ihrer kulturellen
Identitäten zu transzendieren (Kymlicka 2000:35). Die nachhaltige
Akzeptanz ihrer Normen und Regeln ist daher die Voraussetzung
und die Grenze für das Recht der Selbstbehauptung religiös-kultureller Identitäten der rechtsstaatlichen Demokratie. Auf dieser Grundlage haben sie alle gegenüber allen anderen ein Recht auf Anerkennung ihrer Verschiedenheit, auf gleichberechtigte Teilhabe an allen
Chancen und Leistungen der Gesellschaft (Integration) sowie an der
gleichberechtigten Mitentscheidung über die Belange des Gemeinwesens.

17. Kapitel
Zivilgesellschaft

Aktualität des Themas

Das Thema Zivilgesellschaft ist aus einer Reihe von gewichtigen Gründen seit den 1980er Jahren in der Politikwissenschaft und in der Politik selbst in den Mittelpunkt der Aufmerksamkeit gerückt. Das ist kein Zufall, sondern Resultat mehrerer bedeutsamer Entwicklungen in der Politik der europäischen Demokratien selbst. Es sind vor allem drei dieser Entwicklungen, die dabei eine Rolle spielen (Klein 2002).

Erstens: In den ehedem kommunistischen Diktaturen Osteuropas hatte sich gezeigt, dass die Demokratiebewegung vor allem durch die Neubelebung der Zivilgesellschaft Auftrieb und Energie erreichen sowie zu angemessenen Handlungsformen gelangen konnte. Die teils neu erwachte teils neu geschaffene Zivilgesellschaft, die spontanen Assoziationen und Initiativen der Bürger, gewannen im dem Maße Selbstbewusstsein und Gewicht, wie sie sich als erfolgreiche Gegenspieler der Diktatur und ihrer Staatspartei behaupten konnten. In ganz Europa wuchs infolgedessen die Aufmerksamkeit für die Schlüsselrolle, die die Zivilgesellschaft für die Demokratie spielt (Merkel 2000).

Zweitens: In der zunehmend komplexen Dienstleistungsgesellschaft der Gegenwart mit ihrer voranschreitenden Ausdifferenzierung in immer mehr eigensinnige Funktionsbereiche erweist sich die Idee eines hierarchisch und zentralistisch die Gesellschaft steuernden Staates in vielen Bereichen als unrealistisch. Die Alternative zu einem hierarchisch regulierenden und bevormundenden Staat ist aber nicht lediglich die Rückübertragung ehedem politischer Belange an private Akteure. Vielmehr erweist sich die Zivilgesellschaft mit ihren vielfältigen Formen kollektiven demokratischen Handelns, von der Beratung bis zur eigenständigen Bewältigung gesellschaftlicher Aufgaben, als eine moderne Möglichkeit *politischer* Selbstregulierung der Gesellschaft.

Drittens: Eine Reihe folgenreicher Veränderungen der modernen Gesellschaft hat zur Folge, dass die Neigung vieler Bürgerinnen und Bürger, insbesondere aus der jüngeren Generation, sich in großen, als anonym empfundenen Organisationen, wie politischen Parteien und Gewerkschaften zu engagieren, deutlich sinkt. Gleichwohl sind viele von ihnen zu einem gesellschaftlichen, sozialen oder politischen Engagement bereit, aber in überschaubaren Formen, bei denen sie selber die Bedingungen und die Folgen ihres Handelns direkt überblicken und kontrollieren können. Sie engagieren sich in den Assoziationen und den Initiativen der Zivilgesellschaft.

Was ist Zivilgesellschaft?

Aus all diesen Gründen gewinnt das politische Handlungsfeld der Zivilgesellschaft für die moderne Demokratie in erheblichem Maße an Bedeutung. Was genau ist die Zivilgesellschaft?

Die moderne Gesellschaft verfügt im Prinzip über drei unterschiedliche soziale Regelungsmechanismen zur Bewältigung ihrer Probleme: den Markt, den Staat und die Zivilgesellschaft. Der Markt reguliert die Versorgung mit Dienstleistungen und Gütern über das ihnen eigene Steuerungsmedium Geld. Der Staat stellt der Gesellschaft die notwendigen verbindlichen und gesamtgesellschaftlich wirksamen Entscheidungen und Leistungen zur Verfügung und ist in der Lage, ihre Geltung durch das Steuerungsmedium Macht zu sichern (Meyer/Weil 2002).

Es gibt neben diesen beiden Regelungsmechanismen in der gesellschaftlichen Entwicklung aber noch einen dritten, nämlich die Zivilgesellschaft. Die Zivilgesellschaft kann soziale oder politische, kulturelle oder ökologische Probleme dadurch lösen, dass sie freiwilliges solidarisches Handeln der Bürgerinnen und Bürger zu gemeinwohlorientierten Zwecken organisiert. Sie kann zugleich auch als ein Forum oder eine Organisationsform wirksam werden, mit denen die Bürgerinnen und Bürger auf den Staat oder auf den Markt einwirken und sie unter Umständen beeinflussen.

Durch ihre Gemeinschaftsformen, ihre öffentliche Wirksamkeit, ihre solidarischen sozialen Energien (Sozialkapital) und die kollektiven Wirkungen ihres Handelns, ist die Zivilgesellschaft ein besonderes Handlungsfeld zwischen Staat und Wirtschaft. Sie folgt ihren eigenen Regeln, die sich von denen des staatlichen und wirtschaftlichen Handelns unterschieden. Das zivilgesellschaftliche Handeln der Bürger ist freiwillig wie in der Wirtschaft, im Gegensatz zu ihr aber zumindest stets *auch* gemeinwohlorientiert; es gleicht in dieser Hinsicht also dem staatlichen Handeln. Aber ohne den Einsatz von Machtmitteln. Solches Handeln zeigt sich z.B. in einer Stadtteilinitiative zur Entfaltung kultureller Angebote für alle dort lebenden Bürger, in einer Bürgerinitiative zur Abwendung eines den Stadtteil bedrohenden Straßenbauprojekts, in einem Diskussionsforum zur gemeinsamen Beratung über die künftige Entwicklung der Stadt oder in einer Selbsthilfegruppe zur Verbesserung des Zusammenlebens der Angehörigen unterschiedlicher Kulturen.

Kriterien und Funktionen

Welche der gesellschaftlichen Aktivitäten zur Zivilgesellschaft gehören, ermisst sich nach weitgehender Übereinstimmung in der politikwissenschaftlichen Betrachtung daran, dass die folgenden drei Kriterien zutreffen (Klein 2001):

a) Die Freiwilligkeit des Engagements
b) Die Selbstorganisation des Handelns
c) Die überwiegende Gemeinwohlorientierung der Handlungsziele.

Dabei kann zivilgesellschaftliches Handeln je nach dem Selbstverständnis und den selbstgewählten Handlungsfeldern sechs mögliche soziale und politische Folgen herbeiführen, die in unterschiedlichen Formen der Kombination untereinander die politischen und sozialen Folgen zivilgesellschaftlichen Handelns charakterisieren:

1. Gemeinschaftliche soziale Selbsthilfe
2. Erzeugung und Regeneration von Solidarität und sozialem Kapital
3. Bürgerlobby gegenüber den Institutionen des politischen Systems *(demokratisch-liberale Interventions-Funktion)*
4. Politische Selbstregierung der Gesellschaft (*demokratisch-republikanische Selbstregulierungs-Funktion)*

5. Politische Dialoge zur öffentlichen Selbstverständigung (*demokratische Öffentlichkeit*)
6. Politische Sozialisation der Bürger

Vielfältige Funktionen

Die Zivilgesellschaft zeichnet sich also durch eine Vielzahl politischer Funktionen aus. Die politische Sozialisationsfunktion, also der Sachverhalt, dass die Bürger durch ihr Engagement innerhalb der Zivilgesellschaft nicht nur politischen Einfluss ausüben können, sondern dabei zugleich auch politische Urteils- und Handlungskompetenzen erlernen, ist allen Aktionsformen der Zivilgesellschaft zu eigen. Durch die aktive Teilnahme am politischen Geschehen entsteht wie von selbst ein praktisches Verständnis dafür, wie politische Prozesse ablaufen, wie die unterschiedlichen Faktoren in ihnen wirksam werden, wie sich politische Anfangsvorstellungen im Laufe dieser Prozesse verändern und was die Rolle der Institutionen, der Macht und der Medien ist.

Dieser Teil der politischen Kultur, also die kognitiven und die evaluativen Kompetenzen, entsteht in der Praxis der Zivilgesellschaft im Normalfall immer als ungeplantes Nebenprodukt des Engagements. Darum ist die Zivilgesellschaft unter anderem auch die beste Schule der Demokratie. Ihre Förderung, die Erleichterung des Engagements der Bürger in ihr, die Schaffung von Gelegenheiten zum bürgerschaftlichen Engagement sind darum auch eine wichtige Aufgabe des demokratischen Staates zur Selbsterhaltung seiner eigenen Handlungsgrundlagen.

In der Politikwissenschaft umstritten ist gegenwärtig hingegen die Frage, ob das Engagement in der Zivilgesellschaft auch automatisch das Vertrauen der Bürger in die Mitbürger erhöht und die emotionale Zuwendung zu ihnen und zu den demokratischen Institutionen verstärkt. Während vieles darauf hindeutet, dass dies häufig der Fall ist, gibt es auch empirische Studien, die in diesem Punkt eher zur Skepsis mahnen (Rothstein 2001).

Politische Kernfunktionen

Es sind vor allem drei der genannten Funktionen der Zivilgesellschaft, die sie zu einer unverzichtbaren Fundierung und wichtigen Ergänzung der institutionalisierten Demokratie machen.

Erstens: Ihre Forumsfunktion schafft Möglichkeiten, immer dann und überall dort, wo Bürger die Notwendigkeit empfinden, öffentliche Angelegenheiten direkt, intensiv und im Dialog unter Anwesenden zu erörtern, solche Gelegenheiten ohne langwierige Entscheidungen, kostspielige Vorbereitungen und die Zustimmung zuständiger Autoritäten zu schaffen. Die Friedensbewegung und die Anti-Atomkraft-Bewegung haben in der Bundesrepublik seit den 1970er Jahren praktisch unter Beweis gestellt, dass auf diesem Wege bei wichtigen Themen eine sehr große Anzahl von Bürgern sich selber rasch und umfassend auch über komplizierte Zusammenhänge aufzuklären vermag, einen beträchtlichen Druck auf die institutionelle Politik ausüben und gleichzeitig auch Einfluss auf die Tagesordnung und die Art der Themenbehandlung in den Medien gewinnen kann.

Zweitens: Damit ist eine andere wichtige demokratisierende Funktion der Zivilgesellschaft schon angesprochen: ihre Fähigkeit, als „Bürgerlobby" Einfluss auf die Organisationen und Institutionen des politischen Systems zu nehmen. Die Friedens- und Anti-Atomkraft-Bewegung hat in den siebziger und achtziger Jahren gezeigt, wie tiefgreifend und nachhaltig solche Einflussnahme das Denken und Handeln der politischen Parteien und über sie dann auch von Parlamenten und Regierungen beeinflussen kann. Der Weg von den ersten Forderungen zum Ausstieg aus einer als lebensbedrohend empfundenen Kernenergie zu Beginn der siebziger Jahre bis zum Gesetz über den Ausstieg der Bundesrepublik aus der Kernenergie am Ende der neunziger Jahre war lang und widerspruchsvoll, am Ende aber in hohem Maße erfolgreich. Freilich zeigten die erfolglosen Versuche der Einflussnahme der Friedensbewegung gegen die Auslandseinsätze der Bundeswehr und die verschiedenen Interventionen der Nato im Kosovo und anderswo am Ende der neunziger Jahre auch deutlich die Grenzen zivilgesellschaftlicher Einflusschancen.

Drittens: Zivilgesellschaftliche Aktivitäten in Form von Foren der bürgerschaftlichen Selbstaufklärung können ebenso, auch das hat diese Bewegung unter Beweis gestellt, vernachlässigte Themen in der Aufmerksamkeit der Massenmedien beträchtlich aufwerten und die Art der Behandlung von Informationen und Argumenten verändern.

Liberale und republikanische Funktionen

All dies sind die liberal-demokratischen Funktionen der Zivilgesellschaft. Mit ihnen wirken sie auf die Institutionen der repräsentativen Demokratie ein, erhöhen deren demokratische Responsivität, verbessern den Einfluss der Bürger auf sie und befähigen die Bürger zu wirkungsvollerem Handeln in ihrem Rahmen.

Die Zivilgesellschaft kann aber darüber hinaus auch unmittelbar selbst zu einer politisch regulierenden, zu einer selbstregierenden Kraft werden. In diesem Sinne wirkt sie dann nicht nur darauf ein, dass die Institutionen, die für die politische Regulation der Gesellschaft eingerichtet sind, auf eine bestimmte Art und Weise tätig werden, sie übernimmt vielmehr Aufgaben der gesellschaftlichen Selbstregulation, freilich ohne die Institutionen der Demokratie dabei zu umgehen oder zu relativieren. Immer dann nämlich, wenn die zivilgesellschaftlichen Akteure selber schon die Probleme lösen, um die es ihnen geht, erfüllen sie diesen Zweck. Das ist etwa der Fall, wenn Bürgerinitiativen in eigener Regie den Schutz und die Verantwortung für Spielplätze oder Grünflächen ihres Stadtteils übernehmen oder die Planung für die Entwicklung ihrs Quartiers in die Hand nehmen.

In der politikwissenschaftlichen Terminologie ist dies ihre *demokratisch-republikanische* Funktion (Klein 2002). Dabei kann es sich um so weitreichende Fragen wie die der Entwicklung einer ganzen Region handeln, wenn Bürgerinitiativen, Wirtschaftsunternehmen, Vertreter politischer Institutionen und Arbeitsämter gemeinsam über den Einsatz ihrer Ressourcen für die Zukunft ihrer Lebenswelt beratend entscheiden und sich dann in ihrem Handeln an diesen Übereinkünften orientieren. Es kann sich um Beschaffung und Erhaltung von Kinderspielplätzen in der Kommune handeln, die in eigener Regie zivilgesellschaftlicher Initiativen erfolgt und um vieles Andere mehr.

Demokratiepotenzial der Zivilgesellschaft

Aus den genannten Gründen wächst die Bedeutung der Zivilgesellschaft für die Entwicklung der demokratischen Substanz der modernen Gesellschaft. Sie bietet politisch beteiligungswilligen Bürgern eine breite Palette von Partizipationschancen, sie stärkt die politische Kultur der Demokratie und sie erhöht die Chancen moderner Gesellschaften zur politischen Selbststeuerung. Das gilt auch für die transnationale Politik. Auch bei der Rückgewinnung transnationaler politischer Handlungsfähigkeit in der globalisierten Welt gewinnt die Zivilgesellschaft eine zunehmende Bedeutung. Die transnationale Zivilgesellschaft mit ihren global verzweigten Netzwerken und vielfältigen Feldern des Engagements – Menschenrechte und Umweltschutz, Armuts- und Korruptionsbekämpfung, humane Arbeitsbedingungen und Abrüstung – ist zu einer der tragenden Säulen im allmählich entstehenden Gebäude einer transnationalen Demokratie (global governance) geworden

Kritik an der Zivilgesellschaft

Gegen eine tragende demokratische Rolle von Zivilgesellschaften können drei Einwände erhoben werden:

Erster Einwand:

Zivilgesellschaftliche Akteure seien stets unzureichend demokratisch legitimiert, weil sie nicht in einem geregelten Verfahren gewählt und abgewählt werden können, sondern allein durch die eigene Entscheidung und die Selbsttätigkeit der jeweiligen Akteure gedeckt sind.

Dieser Einwand ist prinzipiell richtig. Er lässt freilich außer Acht, dass sich zivilgesellschaftliche Akteure in aller Regel im Rahmen der von den förmlich legitimierten demokratischen Institutionen gezogenen Grenzen bewegen und daher ein zusätzliches, nicht der institutionellen Demokratie widersprechendes Element der Demokratisierung repräsentieren. Sie werden sozusagen „im Schatten" der liberal-demokratischen Institutionen tätig. Das gilt auch dort, wo sie auf diese Institutionen durch Mobilisierung und Druck einwirken, denn die letzte Entscheidung darüber, ob solchem Druck nachgegeben werden soll oder nicht, bleibt dabei ja stets bei den Institutionen selbst. Sie ist durch die Einschätzung motiviert, wie groß der Rückhalt für die betreffenden Forderungen in der Gesellschaft sei.

Zweiter Einwand:

Die Zivilgesellschaft prämiere nur den Aktivismus, aber nicht auch die wichtigen Interessen derer, die passiv bleiben.

Auch dieser Einwand ist berechtigt, denn nur dort wo Bürger tatsächlich aktiv werden, können sich die Wirkungen der Zivilgesellschaft entfalten. Das liegt schon in den Grundlagen ihres Selbstverständnisses und ihrer Wirkmöglichkeiten beschlossen. Aber auch dieser Einwand greift zu kurz, denn es ist ja ein Kennzeichen der pluralistischen Demokratie als solcher, dass gesellschaftliche Interessen im Wesentlichen in dem Maße Berücksichtigung finden, wie sie sich zu Wort melden und um Einfluss ringen. Auch hier ist freilich von großer Bedeutung, dass die letzten Entscheidungen immer von den der ganzen Gesellschaft verantwortlichen politischen Institutionen gefällt werden, so dass immer durch Mehrheitsentscheidungen darauf Einfluss genommen werden kann.

Dritter Einwand:

Zivilgesellschaftliche Initiativen seien oft temporär und darum für den Bestand der Demokratie wenig verlässlich.

Auch dieser Einwand trifft für eine große Zahl zivilgesellschaftlicher Initiativen zu. Am Beispiel der Friedens- und Anti-AKW-Bewegung der siebziger und achtziger Jahre ist ja auch deutlich geworden, dass in den unterschiedlichen Handlungsfeldern das zivilgesellschaftliche Engagement seine jeweils eigenen Konjunkturen hat. Der heißen Phase eines massenhaften Engagements, in der die Zahl der in der Zivilgesellschaft engagierten Bürger diejenigen der Parteimitglieder übersteigen konnte, folgte eine Phase der Abschwächung, und unter Umständen sogar des kompletten Verschwindens der Initiativen aus dem politischen Leben. An solchen politischen Zyklen können viele Faktoren mitwirken, z.B. der Erfolg bei der Durchsetzung der ursprünglichen Ziele, oder die Resignation, dass sie doch nicht durchzusetzen seien oder ein Wechsel der Generationen und ihres politischen Verhaltens.

Da der demokratische Funktionssinn zivilgesellschaftlichen Handelns aber gerade darin besteht, den Bürgern dort, wo sie sich einmischen wollen und so lange sie dies für geboten halten, Gelegenheiten und Wege zu öffnen, kann auch dies kein Einwand gegen den demokratischen Wert der Zivilgesellschaft sein. Er verweist aber auf eine wichtige Grenze der Möglichkeiten zivilgesellschaftlichen Handelns. Öffentliche Leistungen, die von der unbedingten Kontinuität ihrer Bereitstellung abhängen, können nicht ausschließlich zivilgesellschaftlichem Engagement überlassen werden, es sei denn, es erfolge in Kooperation mit öffentlichen Instanzen, die ein Abflauen des Engagements jederzeit ausgleichen könnten.

18. Kapitel
Biopolitik

Neue Fragen

Life-and-Death–Politics, unter dieser Problemüberschrift hat der
Soziologie Ulrich Beck seine These formuliert, dass der Politik
durch die neuen Entscheidungsmöglichkeit am Beginn und am Ende des menschlichen Lebens eine neue Dimension zugewachsen sei
(Beck 1993:234ff). Inhalt und Art von Politik sind nach dieser
Auffassung in einem besonders wichtigen Bereich des menschlichen Lebens einem tiefgreifenden Wandel unterworfen, so dass das
Politische hier eine ganz neue Qualität annähme. Nach Beck ist
dieser Qualitätssprung in dem Umstand begründet, dass die neuen
bio-technologischen Möglichkeiten der Humangenetik mit der bal-
digen Aussicht, nun sogar die natürlichen Eigenschaften von Menschen willkürlich bestimmen zu können, unmittelbar durch die pri-
vat-autonomen Entscheidungen der Eltern realisiert werden können, während sie doch im Kern eine hochpolitische Angelegenheit
sind und bleiben.

Das Private wird laut dieser These politisch, indem es sich
unmittelbar an die Stelle der eigentlichen zuständigen Institutionen
– Parlamente, Regierungen, Verwaltungen – setze, denen bei politischen Entscheidungsfragen dieser Dimension eigentlich die Ent-
scheidungsverantwortung vorbehalten bleiben müsse. Welche Antworten die unterschiedlichen Menschen in unserer Zeit aber auf solche Grundfragen des Lebens finden – vom Schwangerschaftsab-
bruch, über die Prä-Implantationsdiagnostik bis hin zur planmäßi-
gen Veränderung des Erbgutes- das hänge nun ausschließlich von
ihrer jeweiligen persönlichen Ethik ab. Über sie, so die Pointe in
Becks Argument, lässt sich aber unter den kulturellen Bedingungen
der Gegenwart kein übergreifender politischer Konsens mehr finden. Das, was seiner Natur nach unvermeidlich politisch sei, werde
durch die neuen medizinischen Möglichkeiten am Anfang und Ende des menschlichen Lebens notgedrungen privatisiert.

Zwang zur Privatisierung?

Ein fortwährender unvermeidlicher Zusammenprall der Fundamentalismen persönlicher Lebens-Ethiken, der weder begründungs- noch kompromissfähigen letzten Grundpositionen der Einzelnen sei darum das Zukunftsschicksal dieser neuen Art privatisierter Politik. In diesem Szenario gerät das Politische in ein unauflösbares Dilemma durch seine zwar unvermeidliche, im Prinzip aber ebenso unangemessene Privatisierung. Die Entscheidungen, um die es geht, bleiben, so das Argument, in der Sache selbst unbestreitbar politisch, während die Entscheidungsverfahren mangels der Aussicht auf Einigung oder sogar Verhandelbarkeit der umstrittenen Fragen dem politischen Entscheidungsprozess entzogen werden müssen.

Den von Beck genannten Fragen über Leben und Tod zu Beginn des menschlichen Lebens müssen noch die auf längere Sicht mindestens ebenso schwerwiegenden Fragen hinzugefügt werden, die das Ende des menschlichen Lebens betreffen: Fragen nach der ethischen Zulässigkeit und der politischen Regelung von selbstbestimmtem Sterben sowie der aktiven und passiven Sterbehilfe. Sie alle haben bezüglich des Verhältnisses von Ethik und Politik ähnliche Eigenschaften.

Neue Möglichkeiten und neue Fragen

Alle diese Fragen sind zum einen durch neue wissenschaftlich-technische Möglichkeiten bestimmt, die es in dieser Weise in der Menschheitsgeschichte zuvor niemals gab. Dazu gehören so weit reichende Fragen wie die Befruchtung der Eizellen außerhalb des Körpers der Frau (In-Vitro-Fertilisation), sei es mit dem Samen des eigenen oder eines fremden Mannes; die Gentechnologie mit ihren neuartigen Möglichkeiten der vorgeburtlichen Diagnose von Erbkrankheiten und der Abtreibung vorgeburtlichem menschlichen Lebens, sowie die Möglichkeiten der Lebenserhaltung schwerstverletzter und schwerstkranker Menschen, die ohne die medizinisch-technische Apparatur nicht mehr lebensfähig wären, durch neue Methoden der Intensivmedizin. Hinzu kommt die schwierige Frage nach dem sicheren Kriterium für den genauen Todeseintritt, das unter anderem bei der Organentnahme bedeutsam ist.

Diese neuen Fragen sind zum anderen ebenso dadurch bedingt, dass sich innerhalb der modernen Gesellschaften der ehedem bestehende Konsens über die wesentlichen ethischen und moralischen Fragen auflöst und einem ethischen Pluralismus weicht, der nunmehr auch Kernfragen des Lebens selbst erreicht. Da aber der Schutz des Lebens und die menschliche Selbstbestimmung zu den höchsten Rechtsgütern in den Verfassungen der moderne rechtsstaatlichen Demokratie gehören, entstehen somit grundlegende Herausforderungen an deren Selbstverständnis und Handlungsfähigkeit angesichts der neuen biomedizinischen Herausforderungen. Was kann in diesen Bereichen noch politisch geregelt werden und was darf der ethischen Selbstbestimmung des Einzelnen und der gesellschaftlichen Gruppen überlassen bleiben (Grewel 2002)?

Die politischen Legitimationsideen der Moderne, Menschenrechte und Demokratie, basieren auch auf dem kulturellen Grundkonsens, dass der Schutz des menschlichen Lebens, die Unverfügbarkeit des Individuums und die individuelle Selbstbestimmung im Rahmen der gleichen Rechte aller, die höchsten Rechtsgüter für die politische Verfassung und in diesem Sinne Zweck und Grenze des politischen Gemeinwesens darstellen.

Dieser kulturelle Grundkonsens wird nun aber durch die neuen oder neu belebten Möglichkeiten der Biomedizin in Frage gestellt. Damit geraten die Grundlagen der Legitimation politischen Handelns ihrerseits in folgenreicher und im Ergebnis noch nicht absehbarer Weise auf den Prüfstand. Das soll im Folgenden an drei Beispielen deutlich gemacht werden (Geyer 2001).

Beispiel Stammzellenforschung

Auf dem Gebiet der molekular-biologischen Forschung an embryonalen Stammzellen geht es um die zwischen großen Teilen der Gegenwartsgesellschaft zutiefst umstrittene Frage, ob die wissenschaftlich erstrebten Experimente nach Maßgabe der Norm der Wissenschaftsfreiheit und der humanen Norm des Heilens menschlichen Leids zulässig sein sollen. Oder ob sie strikt zu verbieten sind, da die für solche Forschungen benötigten embryonalen Stammzellen nur dadurch gewonnen werden können, dass ein im Prinzip lebensfähiges menschliches Embryo getötet wird.

Die eine Seite vertritt in dieser Auseinandersetzung das Argument, menschliches Leben entstehe im Augenblick der Befruchtung der Eizelle und stehe fortan unter dem vollen Schutz des Tötungsverbots der Rechtsordnung. Dieses folge aus der obersten Verfassungsnorm der Unantastbarkeit der menschlichen Würde. Somit seien alle Handlungen, die dem zuwider laufen, und damit auch die embryonale Stammzellenforschung nicht nur moralisch, sondern auch gesetzlich strikt zu verbieten. Die andere Seite führt dagegen zwei Argumente an. Zum einen sei das unter dem uneingeschränkten Schutz der rechtsstaatlichen Verfassung stehende Leben erst das geborene menschliche Leben. Und zum anderen sei das menschliche Recht auf Heilung von Krankheiten ebenfalls ein hohes Rechtsgut und in der Abwägung unter Umständen höher zu werten als die Rechte des noch ungeborenen menschlichen Lebens. Auch das ungeborene Leben genießt nach dieser Auffassung weitgehende Schutzrechte, sei aber im Gegensatz zum absolut geschützten *geborenen* menschlichen Leben für Abwägungen mit anderen hohen Rechtsgütern, die das menschliche Leben betreffen, zugänglich.

In dieser Auseinandersetzung ist also fragwürdig geworden, zu welchem Zeitpunkt seiner Entwicklung genau dasjenige menschliche Leben beginnt, das unter dem absoluten, nicht abwägbaren Schutz der Norm der Unantastbarkeit der menschlichen Würde steht: schon im Augenblick der Befruchtung oder erst mit der Geburt. Konsens zwischen den Vertretern dieser unterschiedlichen Ethiken des Lebensbeginns besteht dabei darin, dass die Definition des Beginns des menschlichen Lebens nicht allein aus biologischen Tatbeständen folgt, sondern ein Ergebnis kultureller Zuschreibung ist, d.h. wir müssen uns auf den Zeitpunkt verständigen. In dieser, das oberste Rechtsgut der Verfassung berührenden, Frage ist also, wie die Kontroverse zeigt, der kulturelle Grundkonsens, den rechtstaatlich-demokratische Politik in einer solchen zentralen Gemeinschaftsfrage verlangt, nicht mehr gegeben. Jede Seite verlangt aber, da es für sie um eine elementare ethische Lebensentscheidung geht, die Anerkennung ihrer ethischen Grundentscheidung durch die ganze Gemeinschaft.

Beispiel Sterbehilfe

Die Selbstbestimmung des Menschen über das eigene Leben, das Recht der privaten autonomen Entscheidungsfreiheit, ist neben dem Schutz des Lebens eines der wichtigsten Grundrechte. Mehrere unterschiedliche Entwicklungen haben seit einiger Zeit die Frage aufgeworfen, ob zur Selbstbestimmung über das eigene Leben auch das selbstbestimmte Sterben gehöre. Zu diesen Entwicklungen gehört einerseits die Verlängerung der durchschnittlichen menschlichen Lebensspanne durch die Fortschritte der Medizin mit der Folge, dass immer mehr Menschen ein sehr hohes Alter erreichen. Manche von ihnen erleben in der Endphase ihres Lebens schwerste Behinderungen oder nicht mehr zu heilende Leiden, die in ihnen den Entschluss auf ein selbstbestimmtes Sterben reifen lassen. Dazu gehört, das die moderne Intensivmedizin das Weiterleben von Menschen mit schwersten Behinderungen oder Verletzungen möglich macht, die ohne die medizinische Apparatur nicht lebensfähig wären, von denen manche dauerhaft ohne Bewusstsein oder handlungsunfähig sind, aber in einem früheren Abschnitt ihres Lebens bekundet haben, dass sie bei Eintritt einer solchen Situation den Tod wünschen. Dies betrifft die passive Sterbehilfe durch das Abschalten der allein lebenserhaltenden medizinischen Apparatur.

In den Debatten über aktive Sterbehilfe ist die Frage aufgeworfen worden, ob Menschen, die infolge unheilbar schwerer Krankheiten, etwa einem tödlichen Krebs oder voranschreitende Lähmung, den Wunsch zum Sterben haben, das Recht in Anspruch nehmen können, unter bestimmten Bedingungen ärztliche Hilfe für einen schmerzlosen und nach ihrem eigenen Verständnis würdigen Tod zu finden. Der Freitod und die Beihilfe zu ihm sind wegen der Natur der Sache ja straffrei, aber ebenso der gescheiterte Versuch dazu. Die Tötung auf Verlangen hingegen ist ein schwerwiegender Straftatbestand. Die „passive Sterbehilfe", das Abschalten der medizinischen Apparatur, wo nur noch sie allein das Lebens eines bewusstlosen Patienten erhält, der zuvor bekundet hat, dass er in einem solchen Fall zu sterben wünscht, ist ebenfalls straffrei. Sollte daher nicht konsequenterweise auch, so lautet die umstrittene Frage, die „aktive Sterbehilfe" straffrei sein, die ärztliche Tötung auf Verlangen, in Fällen, in denen der den Tod begehrende Mensch für sich keine Aussicht auf ein selbstbestimmtes Leben in Würde mehr sieht?

In Belgien und den Niederlanden hat eine solche Regelung nach heftigen Debatte Gesetzeskraft erlangt. In der Bundesrepublik bleibt die Frage leidenschaftlich umstritten, wohl auch in Erinnerung an das staatlich erzwungene „Euthanasieprogramm" zur Zeit der Nazi-Diktatur gegen behinderte Menschen. In Zweifel gerät wiederum unser Verständnis vom menschlichen Leben selbst. Darf sich die Selbstbestimmung über das eigene Leben in der Weise auf das eigenen Sterben erstrecken, dass medizinische Hilfe, die ja nach traditionsreicher ärztlicher Ethik allein Hilfe zu Gesundheit und Leben sein soll, zur Tötung menschlichen Lebens in Anspruch genommen werden darf? Oder ist das Leben etwas dem Menschen für ihn selber unverfügbar Gegebenes, dem kein Fremder, und erst recht kein Arzt ein Ende setzen darf. Verschwimmt im anderen Falle nicht die Grenze zwischen Leben und Tod, wird nicht das Rechtsgut des Lebensschutzes allmählich relativiert?

Auch bei dieser Frage wird eine alte, von der christlichen Kultur Europas über viele Jahrhunderte hinweg ausgeprägte kulturelle Selbstverständlichkeit in Frage gestellt. Es ist nun umstritten, was die der rechtsstaatlichen Demokratie zugrundeliegenden Vorstellungen von der Selbstbestimmung des Menschen und vom Schutz des Lebens in der neuen Situation bedeuten sollen. Selbstbestimmung und Leben finden unterschiedliche ethische Auslegungen, die gleichermaßen den Anspruch erheben, nicht mehr als eine zeitgemäße Deutung der kulturell selbstverständlichen Werte zu sein. Wie kann unter diesen Umständen ein politischer Konsens über gesetzliche Regeln noch zustande kommen, auf die jede Seite mit Bezug auf ihr Verständnis dieser obersten Rechtsgüter Anspruch erhebt?

Beispiel Menschliche Gen-Veränderung

In rasch zunehmendem Maße ist in jüngster Zeit das menschliche Genom entschlüsselt worden mit der Folge, dass eine wachsende Zahl genetischer Erbkrankheiten schon kurz nach der Befruchtung festgestellt werden kann. Im Falle der Befruchtung außerhalb des menschlichen Körpers der Frau (In-Vitro-Fertilisation) kann die Erkenntnis genetischer Defekte schon die Entscheidung beeinflussen, ob das Embryo überhaupt in den Mutterleib eingepflanzt werden oder absterben soll. Im Falle der natürlichen Befruchtung entsteht im gegebenen Falle die Frage des Schwangerschaftsabbruchs. Heftig werden die ethischen und politischen Fragen erörtert, die sich aus diesen neuen Möglichkeiten ergeben. Darf im Falle der In-Vitro-Fertilisation überhaupt eine Genanalyse vorgenommen werden, die ja offenkundig stets das Ziel verfolgt, bei entdeckten Gen-Schäden das betroffene Embryo sterben zu lassen? Dürfen wir vorgeburtliches, behindertes Leben geringer achten als unbehindertes und nach eigenem Ermessen vor der Geburt beenden? Welche Folgen hat das für die in unserer Gesellschaft lebenden behinderten Menschen? Würden sie in der Folge der Normalisierung der vorgeburtlichen Tötung menschlichen Lebens womöglich als Wesen betrachtet, deren Existenz eigentlich zu verhindern gewesen wäre? Wird damit ihre Menschenwürde nicht systematisch verletzt?

Noch gravierender sind die Fragen, die aus den konstruktiven Möglichkeiten der Gentechnik entstehen. Dürfen wir durch zielgerichtete Gen-Veränderung nach dem Wunsch der Eltern oder Dritter künftig Menschen nach gewollten Merkmalen herstellen, z.B. mit besonderer Musikalität, Schönheitsmerkmalen, Kraft, Ausdauer oder was immer. Abgesehen davon, dass solche Möglichkeiten in absehbarer Zeit in zuverlässiger Weise gentechnisch (noch) gar nicht gegeben sind, entsteht doch heute schon die beunruhigende Frage, ob solche genetischen Konstruktionen menschlicher Wesen nach dem Willen Dritter moralisch zulässig und rechtlich erlaubt sein sollten. Würden wir mit ihrer zielstrebigen Nutzung menschliches Leben auf eine Weise „optimieren", die die Vermutung rechtfertigt, die so erzeugten Menschen würden später der Manipulation ihrer Entstehung nachträglich in Freuden zustimmen?

Oder entstehen auf solche Weise Wesen, die von vornherein ihrer Würde beraubt sind, da sie schon in ihrem inneren Wesen das Produkt des Willens anderer Menschen sind (Habermas 2001)? Untergraben wir daher auf diese Weise die biologischen und kulturellen Voraussetzungen dessen, was wir bisher unter Menschsein und menschlicher Würde verstanden und in der Moderne den rechtlichen und politischen Formen unseres Zusammenlebens immer als kulturelle Selbstverständlichkeit zugrunde gelegt haben? Wird nicht auf diese Weise schon die Voraussetzung der menschlichen Würde selbst in Frage gestellt?

Das politische Problem

Liegt, so müssen wir im Hinblick auf die Folgen dieser neuen bio-medizinischen Möglichkeiten für das Politische nun fragen, die neue Form ihrer politischen Beantwortung, wie Ulrich Beck annimmt, darin, dass sie der nur noch privaten Entscheidung, also den miteinander nicht mehr versöhnbaren Fundamentalismen privater Ethik überlassen werden müssen? Jeder entscheidet diese Fragen für sich, Politik und Rechtssetzung bleiben den im ethischen Streit vertretenen Alternativen gegenüber neutral? Oder würde eine solche Lösung die ethisch-kulturellen Grundlagen des Gemeinwesens zerstören, weil sein einer Teil nun in der Gewissheit lebte, seine moralische und politische Verantwortung fortwährend zu verletzen, weil er die gravierenden Rechtsbrüche des anderen Teils duldet? Liegt also die allein noch mögliche Lösung des politischen Problems, das diese Fragen aufwerfen, in der Privatisierung der politischen Entscheidung oder gibt es weiterhin politische Wege für sie?

In den Kapiteln 4 und 9 wurde dargestellt, dass die Frage, welche gesellschaftlichen Entscheidungsprobleme in einer Gesellschaft jeweils als politische gelten, in einem legitimen politischen Verfahren geregelt werden muss und ihrerseits eine politische Angelegenheit ist, die im Laufe der historischen Entwicklung auf höchst unterschiedliche Weise behandelt worden ist. Als zwei historische Handlungsbereiche, die in der Moderne erst spät und nach langem Ringen politisiert werden konnten, wurden die Sozialpolitik und die Geschlechtergleichstellung genannt. Nun wäre es prinzipiell ja auch möglich, dass Bereiche, die ehedem als politische galten und darum nur in dem als legitim geltenden politischen Entscheidungsverfahren geregelt werden konnten, im Zuge der historischen Entwicklung, etwa aufgrund eines Wandels in den ethischen Orientierungen der Gesellschaft, im allgemeinen Konsens, also in einem legitimen politischen Verfahren, wieder privatisiert werden. Zu den Regeln eines legitimen politischen Entscheidungsanspruchs gehört ja keineswegs automatisch auch die prinzipielle Unumkehrbarkeit der Politisierung von Entscheidungsfragen.

Wäre es also Konsens in der Gegenwartsgesellschaft und mit den Verfassungsregeln über den Schutz der Menschenwürde verträglich, also in diesem zweiteiligen Sinne politisch legitim, dass die dargestellten neuen Entscheidungen am Anfang und am Ende des menschlichen Lebens aufgrund der Pluralisierung der individuellen Ethiken künftig wieder Privatsache würden, so wäre das politische Problem durch eine legitime Entpolitisierung prinzipiell gelöst. Tatsächlich findet in den Gegenwartsgesellschaften jedoch eine ganz andere Auseinandersetzung statt, die hartnäckige und im Kern auch ungelöste politische Probleme aufwirft. Was umstritten bleibt, ist nämlich genau die Meta-Entscheidung, ob Entscheidungen dieser Art legitimerweise privatisiert werden dürfen oder auch künftig zum Kernbereich für die ganze Gesellschaft verbindlich zu regelnden Angelegenheiten gehören müssen. Mindestens eine Seite in dieser Kontroverse beharrt darauf, dass die dargestellten Streitfragen wegen ihres nicht verhandelbaren absoluten ethischen Status für alle verbindlich, also politisch geregelt werden müssen. Ein Konsens über die Entpolitisierung ehedem politischer Fragen ist nicht entstanden. Welchen Ausweg gibt es?

Die Alternativen

Einen Königsweg aus diesem Dilemma kann es nicht geben. Politische Entscheidungen ebenso wie die Entscheidung darüber, was politisch zu entscheiden ist, setzen ja einen kulturellen, also vorpolitischen Konsens über die zugrundeliegenden ethischen Fragen und eine gemeinsame kulturelle Interpretation der politisch zu entscheidenden Regeln über grundlegende Rechtsgüter wie Leben, Würde und Freiheit voraus. Die Geschlechter-Gleichstellung als Thema politischer Reglungen war erst in einer Situation möglich, in der sich ein weitgehender kultureller Konsens über den gleichen Wert und die gleiche Würde der Geschlechter herausgebildet hatte. Der Aufbau eines Sozialstaates als politisches Entscheidungsthema geriet auf die Tagesordnung der Politik, als sich eine kultureller Konsens darüber abzeichnete, dass die Sicherung menschenwürdiger materieller Lebensbedingungen auch zur Würde des Menschen gehört.

Die neue Situation erzeugt also zunächst ein politisches Dilemma. Der vorausgesetzte kulturelle Konsens löst sich ja bei der Konkretisierung der Frage gerade auf, was die neuen Handlungsmöglichkeiten zu Beginn und am Ende des menschlichen Lebens für die weiterhin auf einer allgemeineren Verständnisebene von allen gemeinsam akzeptierten ethischen Rechtsgüter der Menschenwürde, des Lebensschutzes und der menschlichen Selbstbestimmung zu bedeuten haben. Da aber nicht der unbedingte Wert der obersten ethischen Rechtsgüter selbst, sondern nur ihre Konkretisierung im Hinblick auf die neuen Handlungsmöglichkeiten in Frage gestellt sind, besteht ein hohes Potential der Verständigung über die unterschiedlichen Auffassungen, das die Aussicht auf die Rückgewinnung gemeinsamer politischer Handlungsfähigkeit offen hält (Dworkin 1994).

Entscheidend ist daher zunächst der ernsthafte Versuch aller Beteiligten, die Motive, Wertentscheidungen und Absichten der anderen Seite genau und unvoreingenommen zu verstehen, statt die Gunst einer situativ gegebenen Mehrheit für übereilte politische Festlegungen auszunutzen. In dem Maße wie jeder Seite in einem kulturellen Prozess der Wertverständigung klar werden kann, dass nicht die fundamentalistische Alternative „Werteverteidigung" gegen „Werteverrat" zur Debatte steht, sondern begründbare Unterschiede im Verständnis derselben Grundwerte, beginnt die Selbstrelativierung der eigenen Position. Das Bewusstsein, etwas gegen andere erzwingen zu müssen, weicht in bestimmtem Maße dem Bewusstsein, einen Kompromiss zwischen gleichermaßen begründbaren Regelungsansprüchen suchen zu sollen.

Ethische Konsequenz und politische Logik

Auf diese Weise werden Mischlösungen möglich, bei denen wirklicher Missbrauch gemeinsam definiert und ausgeschlossen wird (etwa eine unbegründete Abtreibung in jedem Stadium der Schwangerschaft) sowie Ausnahmeregeln gefunden werden, die unter genau definierten Bedingungen auch die alternativen Wertentscheidungen zum Zuge kommen lassen (Abtreibung in besonders zu begründenden Fällen schwerwiegender Rechtsgüterkonflikte). Solche Mischlösungen halten die umstrittenen Fragen vorsichtig im gemeinsamen politischen Entscheidungsprozess, so dass möglichst viele der ethischen Alternativen Berücksichtigung finden und die Ausnahmen in dem Bewusstsein (fast) aller zugelassen werden, damit letztlich einer ebenfalls begründbaren Ethik Raum gegeben werden kann. Nur das macht den politischen Kompromiss in ethischen Grundfragen, die der gesetzlichen Regelung bedürfen, für alle Seiten erträglich.

Der politische Zusammenhang, die politische Entscheidbarkeit grundlegender Rechtsfragen der Gesellschaft und der Zusammenhang zwischen Rechtsetzung und Ethik des Gemeinwesens bleiben gewahrt, zum beträchtlichen Teil allerdings durch Kompromisse, die keine der beteiligten Seiten ganz befriedigen, aber jeder Seite eine noch als ausreichend empfundene Sicherung ihrer ethischen Ansprüche erlaubt. In der Bundesrepublik ist ein solcher Kompromiss bei der Gesetzgebung über die Stammzellenforschung im Frühjahr 2002 getroffen worden. Einerseits dürfen keine Embryonen zum Zwecke der Stammzellenforschung getötet werden. Damit ist dem ethischen Interesse derer entsprochen, die schon dem vorgeburtlichen Leben einen absoluten Schutz geben wollen. Andererseits dürfen zum Zeitpunkt der Gesetzgebung bereits bestehende Stammzellenkulturen für die Forschung eingeführt und verwendet werden. Damit ist dem ethischen Interesse derer Raum gegeben, die in der Abwägung zwischen den Lebensrechten des vorgeburtlichen menschlichen Lebens und der Ethik des Heilens schwerer Krankheiten dem letzteren Wert den Vorrang geben.

Eine solche Lösung enthält oft zahlreiche Widersprüche, erscheint aber aus politischer Perspektive keineswegs unlogisch. Für ihre dauerhafte Tragfähigkeit kommt es darauf an, dass das Wechselverhältnis zwischen dem kulturellen Prozess der Verständnissuche in ethischen Grundfragen und dem politischen Prozess der entscheidungsorientierten Verständigung lebendig und für neue Erfahrungen und Argumente offen bleibt.

V. Fragen und Ausblick

19. Kapitel
Das Ende der Politik?

Eine wiederkehrende These

Politik, die Reichweite ihres Gestaltungsanspruchs, die Art ihres Vollzugs, ihre Ansprüche und Leistungen, die Rolle, der Auftritt und die Leistungen der Menschen, die für sie leben, stehen in der modernen Welt so gut wie immer auf dem Prüfstand. Die moderne Kultur kennt keine Selbstverständlichkeiten mehr, alles kann in Frage gestellt werden. Die Infragestellung von Politik scheint zu moderner Politik hinzuzugehören. Dabei geht es nicht allein um ihre konkreten Vollzüge, die in vielerlei Hinsicht tatsächlich häufig genug Anlass zu prinzipieller Kritik bieten. Auch das Politische selbst wird in seinem Anspruch, in offener Entscheidung über alternative Möglichkeiten Gesellschaft zielorientiert zu gestalten, in Zweifel gezogen. In diesem Sinne kehrt die Diagnose vom *Ende der Politik* in den öffentlichen Debatten über ihren Zustand regelmäßig wieder.

Das Ende der Politik ist in der Zeit nach dem Zweiten Weltkrieg des Öfteren erklärt oder prognostiziert worden, besonders in der Dekade vor der Jahrhundertwende. Wo es sich dabei nicht um spektakuläre Übertreibungen handelte, die ohnehin in der ernsthaften Debatte keine Beachtung fanden, liegt diesen Diagnosen entweder ein besonders anspruchsvoller Politikbegriff zugrunde oder besonders hohe Ansprüche an die Qualität politischen Handelns, politischer Gestaltungsmacht oder politischer Beteiligung. Diese Diagnosen sind für ein aktuelles Verständnis von Politik durchaus auch dann informativ, wenn sich, wie zu erwarten, ihr zugespitztes Urteil im Lichte sachlicher Argumente nicht vertreten lässt. Fünf Typen von Theorien lassen sich in dieser Hinsicht unterscheiden.

Erstens: Hannah Arendt

Der *Verfall des Politischen* im Urteil *Hannah Arendt*s (Arendt 1993). Die politische Philosophin sah schon in den fünfziger Jahren die Gefahr eines Endes der Politik im Sinne ihres Begriffs des Politischen. Diesem Urteil zufolge besteht der Sinn von Politik in Freiheit, nämlich der Möglichkeit eines gleichberechtigten Verständigungshandelns aller im öffentlichen Raum. Dadurch erschließt sich dem Einzelnen die Welt und er entscheidet gemeinsam mit den anderen über alles, was allen gemeinsam ist. Macht entsteht dann allein als Ergebnis der freien Verständigung der gleichen Bürger. Das Politische ist daher nicht nur Voraussetzung, sondern ein wichtiger Teil des individuellen Lebenssinns. Hannah Arendt beobachtete in den beiden Jahrzehnten nach dem Zweiten Weltkrieg, wie öffentliches Leben und Politik zunehmend nur noch als Vollzug der Zwänge erschien, die sich aus der wechselseitigen Bedrohung der Weltmächte mit atomarer Vernichtung ergaben. Politik erschien immer weniger als Vollzug der Freiheit in öffentlicher Verständigung und immer mehr als Diktat aus unabwendbaren Drohungen. Diese wurden durch die großen Ideologien rationalisiert, die Verständigung ausschlossen, so dass der öffentliche Raum vorausschaubar für das Politische verloren schien.

Zweitens: Die These vom technischen Staat.

In den sechziger Jahren prognostizierten eher konservative Staatstheoretiker, wie *Ernst Forsthoff,* das Ende des politischen Staates (Forsthoff 1971). Infolge der unüberschaubaren Komplexität der modernen wissenschaftlich-technischen Zivilisation und der Verwaltungsstrukturen der modernen Gesellschaft, verschwinde allmählich der Spielraum für politische Alternativen, Erörterungen und Entscheidungsspielräume. Der technische, von Experten gelenkte, geleitete und verantwortete Staat verdränge infolgedessen unvermeidlich den politischen Staat mit seinem Anspruch auf Richtungsalternativen und demokratischer Entscheidbarkeit der grundlegenden Fragen.

Drittens: Die Prinzipielle Kulturkritik

Die prinzipielle kulturkritische Bewertung der *Ästhetisierung des öffentlichen Raumes*, etwa bei dem einflussreichen amerikanischen Medienwissenschaftler *Neil Postman* sieht als deren Folge nicht lediglich Veränderungen oder Einschränkungen des Spielraums für argumentative Verständigung über Politik, sondern deren definitives Ende (Postman 1985). Wenn in den Mediengesellschaften der Gegenwart öffentliche Kommunikation ausschließlich zu einer strategischen Inszenierung unter dem Diktat der Unterhaltsamkeit wird, dann verliert zumindest demokratische Politik ihre Grundlage. Sie wird, wie schon von Jürgen Habermas zu Beginn der sechziger Jahre konstatiert, zu einer höchst problematischen unpolitischen Veranstaltung, bei der, vor dem Publikum verborgen, einige Repräsentanten ökonomischer Großinteressen sich über ihre Geschäfte einigen, in der medialen Öffentlichkeit aber nur noch deren fertige Ergebnisse als Gemeinwohl dargestellt und mit den Mitteln von Werbung und Unterhaltung rhetorisch „verpackt" werden (Habermas 1990). Fritz Plassers These, wonach Politik sich im Zeitalter der elektronischen Massenkommunikation im großen, an den medialen Unterhaltungswerten allein noch orientierten, politisch-medialen Supersystem auflöst, ist die jüngste Variante dieses Befunds (Plasser 1985). Politik, in irgend einem in der Moderne legitimierbaren Sinne, werde unter diesen Umständen unmöglich. Demokratie werde zur bloßen Hülse funktionsentleerter Institutionen.

Viertens: Souveränitätsverlust des Staates nach außen

Die unbestrittene Tatsache der beträchtlichen Verringerung nationalstaatlicher Handlungsmacht durch die zunehmende Rolle transnationaler Verflechtungen (Globalisierung) hat viele Autoren zu dem Urteil veranlasst, nun sei eine Grenze überschritten (Guéhenno 1994). Die Ohnmacht des Nationalstaats gegenüber außerhalb seiner Grenzen veranlasster, aber innerhalb seiner Grenzen wirksamer politischer Problemlagen sei so weitreichend, dass nunmehr von einem Ende der Demokratie und daher letztlich für die Legitimationsmaßstäbe moderner Gesellschaften auch von einem Ende der Politik gesprochen werden müsse. Wirkliche Gestaltungschancen, über die demokratisch entschieden werden kann und die dann von einem sanktionsfähigen politischen Akteur auch umgesetzt werden können, existierten, dieser Auffassung zufolge, in den politischen Kernbereichen kaum noch.

Fünftens: Souveränitätsverlust des Staates nach innen

Die These vom inneren Souveränitätsverlust des Staates. Diese These wird in zwei Varianten vertreten. In der ersten, auf *Ulrich Beck* zurückgehenden, basiert sie auf der Beobachtung, dass in der modernen technologisch-wissenschaftlichen Risikogesellschaft ihrer unbestreitbaren Qualität nach *politische* Entscheidungen in beispiellosem Ausmaß in „sub-politischen" gesellschaftlichen Bereichen auf *unpolitische* Weise gefällt werden (Beck 1993). Das Politische wandert unter diesen Umständen allmählich in die verschiedenen Teilbereiche von Wirtschaft und Gesellschaft ab, wird dort aber nicht auf politisch angemessene Weise bearbeitet.

In ihrer zweiten Variante geht diese These auf Schlussfolgerungen aus der Systemtheorie von Niklas Luhmann zurück (Siehe Kap. 1). Sie besagt in dieser Fassung, dass die modernen Gesellschaften so hochgradig komplexe Systeme aus vielfältigen Teilsystemen seien, dass eine bewusste Gestaltung und Steuerung ihrer Strukturen und Entwicklungsabläufe aus gesamtgesellschaftlichen Handlungs- und Machtzentren heraus ein für allemal der Vergangenheit angehöre. Das Politische werde zu einem Teilsystem neben den anderen und verliere seine gesamtgesellschaftliche Gestaltungs- und Verantwortungsrolle.

Bilanzierung

Für all diese Prognosen vom Ende der Politik wird bei sorgfältiger Betrachtung das Fazit, das aus ihnen zu ziehen ist, deutlich. Sie beschreiben teils neuartige, teils neuerdings verstärkt hervortretende Entwicklungstendenzen des Politischen. Einige von ihnen, wie die Globalisierung, werfen Fragen auf, für die überzeugende Gesamtantworten sich in der Theorie zwar abzeichnen, aber in der Praxis noch ausstehen (Siehe Kapitel 15). Andere, wie die herrschenden Tendenzen der Mediatisierung, sind für die Qualität der demokratischen Öffentlichkeit zwar beunruhigend, aber sie geben nicht das ganze Bild wieder und sind keineswegs ohne die Alternative der Selbstkorrektur (Siehe Kapitel 13). Sie alle stellen tatsächliche Herausforderungen für das Politische dar, oder, wie im Falle der These Hannah Arendts, für bestimmte seiner gerechtfertigten Qualitätsanforderungen dar (Siehe Kapitel 4).

Indessen stellt im Ganzen gesehen aber keiner dieser Trends die Substanz von Politik und Demokratie in einem solchen Maße in Frage, dass beide nicht mehr mit den ihnen zur Verfügung stehenden eigenen Mitteln der Problemdefinition, der Problembearbeitung und, wenn auch in neuen Formen, der Problemlösung darauf angemessen reagieren *können*. Die Bewältigung der neuen Gefährdungen der Politik durch die Politik, so viel ist richtig, lässt auf all diesen Problemfeldern zu wünschen übrig. Das ist jedoch, wie in den einzelnen Kapiteln dieses Buches dargestellt worden ist, keine Absage an Politik, sondern eine zusätzliche Herausforderung an sie. Solange ihre Defizite im öffentlichen Raum thematisiert und engagiert diskutiert werden, ist Politik lebendig und hat immer die Chance der Erneuerung. Die Diagnosen von ihrem Ende erweisen sich häufig als Fermente ihrer Regeneration.

Ausblick: Die Zukunft der Politik

Komplexe Gesellschaft

Politik hat in den komplexen Gesellschaften der Gegenwart einen schweren Stand. Einerseits erscheint sie häufig als überfordert, wenn es um die Lösung von vielen für grundlegend gehaltenen Problemen geht. Die über Jahrzehnte anhaltende Massenarbeitslosigkeit ragt als Beispiel hervor. Gleichzeitig gerät die Politik im Falle von Skandalen und offensichtlichem Versagen einzelner Spitzenrepräsentanten oft schnell als ganze in Verruf. Die zunehmende Komplexität moderner Gesellschaften im Inneren und die neuartigen globalen Verflechtungen nach außen verengen fürs erste die Handlungskorridore der Politik.

Ihre fortschreitende Mediatisierung erweitert zwar das teilnehmende Publikum in beispiellosem Maße, erschwert aber in der Regel die angemessene Differenzierung der Darstellung und Vermittlung der Probleme und Lösungschancen, um die es tatsächlich geht. Politik ist inzwischen zu einem gesellschaftlichen Handlungsfeld geworden, das die Neigungen, Beteiligungsinteressen und auch die Wertschätzung der Menschen immer weniger anzusprechen vermag. Politik ist im Begriff, zu einem Expertentum eigener Art, zur Berufspolitik zu werden. Der Brückenschlag zwischen den Alltagserfahrungen vieler Menschen und der Innenansicht der professionellen Politik wird schwieriger.

Globalisierung und Biopolitik zeigen beispielhaft, dass Politik heute vor Herausforderungen steht, deren Meisterung eine Veränderung dessen verlangt, was wir bisher als Politik verstanden haben. Politik muss sich selbst verändern, um den veränderten Problemlagen der Gegenwart gerecht werden zu können. Das allmähliche Entstehen neuer Formen von global governance und das anwachsende Selbstbewusstsein der Zivilgesellschaft zeigen aber auch beispielhaft, dass Politik ein offener und innovativer Prozess ist, mit dem Potenzial, kreativ auf die Veränderungen der Welt zu reagieren.

Politik ohne Ende

In jüngster Zeit sind immer neue Anlässe gefunden worden, das Ende der Politik zu deklarieren. Der nüchterne Blick zeigt, dass trotz der in Teilbereichen bedenklichen Entwicklungen von einem Ende der Politik keine Rede sein kann. Allerdings spricht vieles dafür, dass Politik in vielen Bereichen Terrain zurückerobern muss, das ihr verloren gegangen ist oder verloren zu gehen droht.

Nichts spricht dafür, dass die bestandsnotwendige Aufgabe der Politik für jede Gesellschaft, nämlich die Erzeugung der notwendigen verbindlichen Regelungen durch Diskussion und gemeinsame Entscheidung, in Zukunft an Bedeutung verlieren wird. Im Gegenteil, viele der vermeintlichen Zwänge, die die gegenwärtige Form der Globalisierung schafft, und ebenso der Vorrang vermeintlicher und tatsächlicher ökonomischer Zwänge sind schon im Begriff, die Gegenkräfte hervorzubringen, die darauf hinwirken, wieder verstärkt politische Verantwortung und Gestaltung, auch über Ländergrenzen hinweg, in ihre Rechte einzusetzen.

Es ist zu hoffen und zu erwarten, dass das Politische in den Selbstdarstellungen des politischen Systems und in seinen medialen Darstellungen im Maße der Entfaltung der Mediendemokratie seine Rolle neu bestimmen und sein Eigenrecht behaupten kann. Das Politische lebt in der Demokratie von der Teilhabe vieler. Sie kann durch ein realistisches Verständnis von Politik erleichtert werden. Es bleibt daher eine Aufgabe, aufmerksam, kritisch und unvoreingenommen zu verfolgen, wie sich Politik unter dem wachsenden Einfluss des Mediensystems entwickelt, verändert, letztlich aber als Politik immer auch erhält. Denn abschaffen kann sich Politik durch Selbstlähmung immer nur für kurze Übergangszeiten selbst. Sie wird absehbar auch in Zukunft stets binnen kurzem zurückkehren, denn die politischen Probleme, die jede Gesellschaft hat, lassen sich dauerhaft nur auf politische Weise lösen.

Literatur

Adorno, Theodor W. 1969: Zur Logik der Sozialwissenschaften. In: Adorno, Th. W. u.a.: Der Positivismusstreit in der deutschen Soziologie. Neuwied. Berlin

von Alemann 1995: Grundlagen der Politikwissenschaft. Ein Wegweiser. Opladen

von Alemann, Ulrich (Hg.) 1995: Politikwissenschaftliche Methoden. Opladen

von Alemann, Ulrich Lors,K.Vowe, G. (Hg.)1994: Fachwissen für Journalisten. Politik; Eine Einführung. Opladen

von Alemann, Ulrich Tönnesmann, W.: Einführung in die Methoden der Politikwissenschaft, 2. Aufl. Hagen 1994

von Alemann, Ulrich 1994: Grundlagen der Politikwissenschaft, Opladen

von Alemann, Ulrich 1997: Parteien, Reinbek 1997

von Alemann, Ulrich/Forndran, Erhard 1990: Methodik der Politikwissenschaft. Eine Einführung in Forschungspraxis und Arbeitstechnik. Stuttgart.

Almond, GabrielVerba, Sidney 1963: The Civic Culture. Boston.

Amery, Carl 1976: Natur als Politik – Die ökologische Chance des Menschen. Reinbek.

Arendt, Hannah 1993: Was ist Politik? Aus dem Nachlaß herausgegeben von U. Ludz. München.

Aristoteles 1994: Politik. Nach der Übersetzung von F.Susemihl mit Einleitung, Bibliographie und zusätzlichen Anmerkungen von W.Kullmann. Reinbek.

Augustinus, Aurelius 1977: Vom Gottesstaat. München

Barnes, Samuel H.Max Kaase 1979: Political Action. Mass Participation in Five Western Democracies. London.

Beck, Ulrich 1986: Die Risikogesellschaft. Frankfurt/M.

Beck, Ulrich 1993: Die Erfindung des Politischen, Frankfurt/M.

Bellers, Jürgen/Kipke, Rüdiger 1993: Einführung in die Politikwissenschaft, Oldenburg, München.

Berg-Schlosser, Dirk 1972: Politische Kultur. München.

Berg-Schlosser, Dirk/Maier, Herbert/Herbert Stammen, Herbert 1985: Einführung in die Politikwissenschaft. 4. Auflage. München

Berg-Schlosser, Dirk/Quenter, Sven 1999: Literaturführer Politikwissenschaft. Eine kritische Einführung in die Standardwerke und „Klassiker" der Gegenwart. Stuttgart.

Berg-Schlosser, Dirk/Rytlewski, Ralf 1993: Political Culture in Germany. Houndmills et.al.

von Beyme, Klaus 2000a: Die politischen Theorien der Gegenwart. Eine Einführung. 8. neubearb. u. erw. Auflage Opladen.

von Beyme, Klaus 2000b: Parteien im Wandel. Von den Volksparteien zu den professionalisierten Wählerparteien. Wiesbaden.

von Beyme, Klaus 1984: Parteien in westlichen Demokratien. München. Zürich.

von Beyme, Klaus: Politikwissenschaft, Stuttgart 1987

Böhret, Carl/Jann, Werner/Kronenwett, Eva 1988: Innenpolitik und politische Theorie. Ein Studienbuch. neuberab. u erw. Auflage. Opladen.

Branahl, Udo 1996: Medienrecht. Eine Einführung. 2. Auflage. Opladen.

Brandt,Karl-Werner/Büsser, Detlef/Rucht, Dieter 1983: Aufbruch in eine andere Gesellschaft. Neue soziale Bewegungen in der Bundesrepublik. Frankfurt/M. New York.

Brocosz, André/Schaal, Gary S. (Hg.) 1999: Politische Theorien der Gegenwart. Eine Einführung. Opladen.

Burke, Edmund 1967: Betrachtungen über die französische Revolution. Hg. D. Henrich. Frankfurt/M.

Burke, Peter 1993: Ludwig XIV. Die Inszenierung des Sonnenkönigs. Berlin.

Coser, Lewis A. 1965: Theorie sozialer Konflikte. Neuwied.

Czempiel, Ernst-Otto 1991: Weltpolitik im Umbruch. Das internationale System nach dem Ende des Ost-West-Konflikts. München.

Deutsch, Karl. W. 1960: Politische Kybernetik. Modelle und Perspektiven; Freiburg i.Br.

Dörner, Andreas 2001: Politainment. Politik in der medialen Erlebnisgesellschaft. Frankfurt/M.

Donsbach, Wolfgang/Jarren, Otfried/Kepplinger, Hans Mathias/Pfetsch, Barbara (Hg.) 1993: Beziehungsspiele – Medien und Politik in der öffentlichen Diskussion. Gütersloh.

Dworkin, Ronald 1994: Life's Dominion. An Argument about Abortion, Euthanasia, and Individual Freedom. New York.

Eagleton, Terry 1993: Ideologie. Eine Einführung. Stuttgart.

Etzioni, Amitai 1995: Die Entdeckung des Gemeinwesens. Stuttgart.

Fenske, Hans, u.a. 1996: Geschichte der politischen Ideen, Frankfurt/M.

Fetscher, Iring/Münkler, Herfried (Hg.) 1988: Pipers Handbuch der politischen Ideen. München, Zürich.

Flaig, Bertold Bodo/Meyer Thomas/Ueltzhöffer, Jörg 1993: Alltagsästhetik und politische Kultur. Bonn, 3.Auflage.

Forsthoff, Ernst 1971: Der Staat der Industriegesellschaft. Dargestellt am Beispiel der Bundesrepublik Deutschland.München.

Gerhard, Volker 1990: Der Begriff der Politik. Bedingungen und Grundzüge politischen Handelns. Stuttgart.

Geyer, Christian (Hg.) 2001: Biopolitik. Die Positionen. Frankfurt/M.

Greiffenhagen, Martin 1971: Das Dilemma des Konservatismus in Deutschland. München.

Greven, Michael Th. 1999: Politische Gesellschaft. Opladen.

Grewel, Hans 2002: Lizenz zum Töten. Der Preis des technischen Fortschritts in der Medizin. Stuttgart.

Guéhenno, Jean-Marie 1994: Das Ende der Demokratie. Düsseldorf.

Habermas, Jürgen 1969: Analytische Wissenschaftstheorie und Dialektik. In: Adorno, Th.W., u.a.: Der Positivismusstreit in der deutschen Soziologie. Neuwied. Berlin.

Habermas, Jürgen 1982: Theorie des kommunikativen Handelns 2 Bände. Frankfurt.

Habermas, Jürgen 1990: Strukturwandel der Öffentlichkeit. Untersuchungen zu einer Kategorie der bürgerlichen Gesellschaft. Frankfurt/M. (Neuauflage mit aktualisiertem Vorwort).

Habermas, Jürgen 1992: Faktizität und Geltung. Beiträge zur Diskurstheorie des Rechts und des demokratischen Rechtsstaats. Frankfurt/M.

Habermas, Jürgen 2001: Die Zukunft der menschlichen Natur. Auf dem Weg zu einer liberalen Eugenik? Frankfurt/M.

Habermas, Jürgen/Luhmann, Niklas 1971: Theorie der Gesellschaft. Frankfurt/M.

Hartmann, Jürgen 1995: Politikwissenschaft. Eine problemorientierte Einführung in Grundbegriffe und Teilgebiete. Chur

Hartwich, Hans-Hermann 1970: Sozialstaatspostulat und gesellschaftlicher status quo. Köln. Opladen.

Hegel, Georg Wilhelm Friedrich 1955: Grundlinien der Philosophie des Rechts. Mit Hegels eigenhändigen Randbemerkungen in seinem Handexemplar der Rechtsphilosophie. Hg. von J.Hoffmeister. Hamburg.

Heidelmeyer, Wolfgang 1972: Die Menschenrechte. Erklärungen, Verfassungsartikel, Internationale Abkommen. Paderborn.

Heitmeyer, Wilhelm (Hg.) 1998: Politisierte Religion. Frankfurt/M.

Hobbes, Thomas 1965: Leviathan oder Wesen, Form und Gewalt des kirchlichen und bürgerlichen Staates. Reinbek.

Holz, Klaus(Hg.) 2000: Staatsbürgerschaft. Soziale Differenzierung und politische Inklusion. Wiesbaden.

Houweling, Christian/Junne, Christian/Overbeek, H. 1994: Einführung in die internationale Politik aus der Perspektive des modernen Weltsystem, 4. Aufl. Hagen.

Inglehart, Ronald 1989: Kultureller Umbruch. Wertewandel in der westlichen Welt. Frankfurt/M.

Jarren, Otfried/Arlt, Hans-Jürgen 1997: Kommunikation-Macht-Politik. Konsequenzen der Modernisierungsprozesse für die politische Öffentlichkeitsarbeit. In: WSI-Mitteilungen.H.7.S.480-486.

Jarren, Otfried/Sarcinelli, Ulrich/Saxer, Ulrich (Hg.) 1998: Politische Kommunikation in der demokratischen Gesellschaft. Ein Handbuch mit Lexikonteil. Opladen. Wiesbaden.

Kant, Immanuel 1968: Über den Gemeinspruch: Das mag in der Theorie richtig sein, taugt aber nicht für die Praxis; ders.: Der Streit der Fakultäten; beide in: Kant, Immanuel: Werke. Hg. Von Wilhelm Weischedel. Band 9. Darmstadt.

Kees van der Pijl 1996: Einführung in die internationale Politik aus der ideengeschichtlicher Perspektive, Opladen

Kepplinger, Hans Mathias 1987: Darstellungseffekte. Experimentelle Untersuchungen zur Wirkung von Pressefotos und Fernsehfilmen. Freiburg, München.

Kepplinger, Hans Mathias 1998: Die Demontage der Politik in der Informationsgesellschaft. Freiburg, München 1998.

Klein, Ansgar 2001: Der Diskurs der Zivilgesellschaft. Politische Hintergründe und demokratietheoretische Folgerungen. Opladen.

Knapp, Manfred/Brock, Lothar 1996: Einführung in die internationale Politik, 3. Aufl.

Kulawik, Teresa 1996: Grundlagen feministischer Politikwissenschaft, Frankfurt

Lange, Stefan/Braun, Dieter 2000: Politische Steuerung zwischen System und Akteur. Eine Einführung, Opladen.

Lassalle, Ferdinand 1970: Reden und Schriften. Mit einer Lassalle-Chronik. Hg. Von Friedrich Jenaczek. München.

Lexikon der Politik 1994: Hg. v. Dieter Nohlen. 2 Bände. München.

Leinemann, Jürgen 1998: Ein Kampf um jeden Schritt. In: Der Spiegel. Nr. 39/98.

Locke, John 1966: Zwei Abhandlungen über die Regierung. Reinbek.

Löwenthal, Richard 1974: Sozialismus und aktive Demokratie. Essays zu ihren Voraussetzungen Deutschland. FrankfurtM.

Luhmann, Niklas 1998: Der Staat des politischen Systems. In: Beck, Ulrich (Hg.): Perspektiven der Weltgesellschaft. Frankfurt/M. S. 345-380.

Machiavelli, Niccolo 1963: Der Fürst. Übersetzt und herausgegeben von Rudolf Zorn. Stuttgart.

McLuhan, Marshall 1995: Die magischen Kanäle. Basel.

Maier, Hans 1971: Politik als Gegenstand wissenschaftlicher Forschung. In: Reinisch, L. (Hg.): Politische Wissenschaft heute. München.

Marshall, Thomas H. 1992: Bürgerechte und soziale Klassen. Frankfurt/M.

Marshall, Thomas, H. 1973: Class, Citizenship and Social Development. Westpoint, Conn.

Marty, Martin E./Appleby, Scott R. 1996: Herausforderung Fundamentalismus. Radikale Christen, Moslems und Juden im Kampf gegen die Moderne. Frankfurt/M./New York.

Meier, Christian 1989: Die Entstehung des Politischen bei den Griechen. Frankfurt/M.

Merkel, Wolfgang 2000: Systemwechsel 5. Zivilgesellschaft und Transformation. Opladen.

Meyer, Thomas 1989: Fundamentalismus. Aufstand gegen die Moderne. Reinbek.

Meyer, Thomas 1991: Demokratischer Sozialismus. Soziale Demokratie. Eine Einführung.3. überarbeitet und aktualisierte Auflage. München.

Meyer, Thomas 1992: Die Inszenierung des Scheins. Frankfurt/M.

Meyer, Thomas 1994: Die Transformation des Politischen. Frankfurt.

Meyer, Thomas 2001: Mediokratie. Die Kolonisierung der Politik durch die Medien. Franfurt/M.

Meyer, Thomas 2002: Identitätspolitik. Vom Missbrauch kultureller Differenz. Frankfurt/M.

Meyer, Thomas/Kampmann, Martina 1998: Politik als Theater. Berlin.

Meyer, Thomas/Ontrup, Thomas/Schicha, Christian 2000: Die Inszenierung des Politischen. Opladen.

Meyer, Thomas/Brosda, Crasten/Schicha, Christian 2001: Politische Diskursinszenierung. Wiesbaden.

Meyer, Thomas/Weil, Reinhard (Hg.) 2002: Die Bürgergesellschaft. Perspektiven für Bürgerbeteiligung und Bürgerkommunikation. Bonn.

Mickel, Wolfgang (Hg.)1986: Handlexikon zur Politikwissenschaft. Bonn.

Mols, Manfred/Lauth, Hans-Joachim/Wagner, Christian (Hg.) 1994: Politikwissenschaft. Eine Einführung. Paderborn, München/Wien/Zürich

Münkler, Herfried 1990: Machiavelli. Die Begründung des politischen Denkens der Neuzeit aus der Krise der Republik Florenz. Frankfurt/M.

Münkler, Herfried 1994: Metatheorie(n). In: Nohlen, Dieter 1994, S.258-262.

Nassmacher, Hiltrud 1998: Politikwissenschaft. München.

Neumann, Franz (Hg.) 2000: Handbuch politische Theorien und Ideologien. 2 Bände. 2.überarbeitete und erweiterte Auflage. Opladen.

Nohlen, Dieter (Hg.)1994: Lexikon der Politik. Band 2: Politikwissenschaftliche Methoden. München.

Parsons, Talcott 1951: The Social System. New York.

Patzelt, Werner J. 2001: Einführung in die Politikwissenschaft. Grundriss des Faches und studiumbegleitende Orientierung, 4. Aufl. Passau.

Pipers Lexikon der Politik 1994. Hg. v. Dieter Nohlen. Band 1. München.

Plasser, Fritz 1985: Elektronische Politik und politische Technostruktur reifer Industriegesellschaften – Ein Orientierungsversuch. In: Plasser, Fritz/Ulram, Peter A./Welan, Manfred (Hg.) Demokratierituale. Zur politischen Kultur der Informationsgesellschaft. Wien u.a.: 9-31.

Platon 1985: Sämtliche Werke. In der Übersetzung von F. Schleiermacher mit der Stephanus-Numerierung herausgegeben von Otto, W.F./Grassi, E./Plamböck, G.. Reinbeck. Bd.III (Phaidon,Politeia), Bd.VI (Nomoi).

Plessner, Helmut 1975: Die Exzentrizität des Menschen und ihre Folgen. In: ders.: Die Stufen des Organischen und der Mensch. Berlin.

Popper, Karl R. 1966: Logik der Forschung. Tübingen.

Postman, Neil 1985: Wir amüsieren uns zu Tode. Urteilsbildung im Zeitalter der Unterhaltungsindustrie. Frankfurt/M.

Reichel, Peter 1981: Politische Kultur der Bundesrepublik. Opladen.

Reichel, Peter 1991: Der schöne Schein des Dritten Reiches. München.

Rohe, Karl 1994: Politik. Begriffe und Wirklichkeiten, 2. Aufl. Stuttgart.

Rothstein, Bo 2001: Sozialkapital im sozialdemokratischen Staat – das schwedische Modell und die Bürgergesellschaft. In: Putnam, Robert D.: Gesellschaft und Gemeinsinn. Sozialkapital im internationalen Vergleich. Gütersloh: 115-196.

Rousseau, Jean-Jacques 1968: Der Gesellschaftsvertrag oder die Grundsätze des Staatsrechts. In der verbesserten Übersetzung von H. Dehnhardt. Hg. und eingeleitet von H. Weinstock. Stuttgart.

Rucht, Dieter 1994: Modernisierung und neue soziale Bewegungen. Deutschland, Frankreich und USA im Vergleich. Frankfurt/M./New York.

Rudzio, Wolfgang 1991: Das politische System der Bundesrepublik. 3. Auflage, Opladen.

Sarcinelli, Ulrich (Hg.) 1998: Politikvermittlung und Demokratie in der Medien-Gesellschaft. Opladen/Wiesbaden.

Sartori, Giovanni 1992: Demokratietheorie. Darmstadt.

Schmidt, Manfred G. 1995: Demokratietheorien. Opladen.

Schmidt, Siegfried J. 1987: Der Diskurs des radikalen Konstruktivismus. Frankfurt/M.

Schmidt, Siegfried J. 1990: Funkkolleg Medien und Kommunikation. Konstruktionen von Wirklichkeit. Einführungsbrief. Deutsches Institut für Fernstudien an der Universität Tübingen. Tübingen: 33-49.

Schmitt, Carl 1991: Der Begriff des Politischen. Berlin.

Schreyer, Bernhard/Schwarzmeier, Manfred 2000: Grundkurs Politikwissenschaft: Studium der politischen Systeme. Wiesbaden

Schulz, Wilfried 1990: Die Konstruktion von Realität in den Nachrichten. Analyse der aktuellen Berichterstattung. München.

Stammen, Theo 1997: Grundwissen Politik, Frankfurt, 2. Aufl.

Sternberger, Dolf 1978: Drei Wurzeln der Politik. Frankfurt.

Ströbele, Wolfgang/Wacker, Holger 1995: Einführung in die Theorie der Politik. München

Weber, Max 1993: Politik als Beruf, Berlin.

Weber, Max 1980: Wirtschaft und Gesellschaft. Grundriß der verstehenden Soziologie, Tübingen.

Welsch, Wolfgang 1991: Ästhetisches Denken. Stuttgart.

Wiesendahl, Elmar 1998: Parteien in Perspektive. Theoretische Ansichten der Organisationswirklichkeit politischer Parteien. Opladen/Wiesbaden.

Winkler, Heinrich August 2001: Der lange Weg nach Westen. München.